A Theory of Care and Welfare

介護福祉論

成清 美治
笠原 幸子 編著

学文社

執 筆 者

*成清　美治　神戸親和女子大学（第1章）
多田　鈴子　大阪城南女子短期大学（第2章）
多田　千治　鴻池生活科学専門学校（第2章）
鴻上　圭太　大阪健康福祉短期大学（第3章）
片山　千佳　羽衣国際大学（第3章）
武田　卓也　大阪人間科学大学（第4章）
片山　貴子　鴻池生活科学専門学校（第5章）
高森　藍子　大阪国際福祉専門学校（第6章）
上山　明淑　大阪国際福祉専門学校（第6章）
川東　光子　大阪国際福祉専門学校（第6章）
能田　茂代　四天王寺大学短期大学部（第7章）
*笠原　幸子　四天王寺大学短期大学部（第8章）
井上　香里　鴻池生活科学専門学校（第9章）
新野三四子　追手門学院大学（第10章）
藤田美知枝　近大姫路大学（第11章）
髙野　惠子　甲子園短期大学（第12章）

（執筆順：＊は編者）

はじめに

　今日，高齢者あるいは障がい者分野における介護専門職の果たす役割は，日々増しています。介護の業務を担う専門職は介護福祉士ですが，同資格は「社会福祉士及び介護福祉士法」に基づいて設置された国家資格です。

　介護福祉士は，専門的知識および技術をもって，身体上または精神上の障害があることにより日常生活を営むのに支障がある者につき，心身の状況に応じた介護（喀痰吸引等）を行うとともに介護者に対する指導を行う介護専門職です。今日，わが国の65歳以上の人口は，全人口の20％を超えていますが，今後ますますこの状況が続き，高齢化率が上昇する傾向にあり，社会保障・社会福祉において，介護サービスの問題が大切となります。こうした状況下で，このたび介護についてのテキストを企画・出版することになりました。

　今回の出版の目的は，大学・短大・専門学校において介護専門職である介護福祉士の養成あるいは現任者のリカレント教育にあたって，学生・社会人が理解しやすい介護の基本のテキストを作成することにあります。そのため，学習者の理解の助けになるようできるだけ，平易な文章と内容を理解する助けとして，図表・重要用語の解説・プロムナード等を用いることにしました。また，当書の構成は，介護福祉士養成課程科目「介護の基本」のカリキュラムに基づいて作成しております。

　テキストの執筆者に関しては，大学や短大・専門学校で介護護福祉士養成教育，看護師養成教育並びに社会福祉教育に携わるベテラン教員から新進気鋭の教員まで広範囲に至る先生方に執筆をお願いいたしました。なお，当書では，介護に携わる人びと並びにこれから介護に従事しようとする学生が介護の専門性を理解し，その機能と役割等について理解できるように努めました。

　介護福祉を学ぶ学生並びに現場の介護職員の方々が，当書を「介護知識」の糧にしていただければ執筆者一同望外の喜びです。

　最後に今回の出版にあたり，多大なる支援を頂いた学文社代表の田中千津子氏に深く謝いたします。

2015年2月吉日

執筆者を代表して　成清　美治

笠原　幸子

目　次

第1章　介護福祉の概念 ——————————————————— 1

1. 介護の定義 ……………………………………………………………………… 2
2. 介護とケアの関係 ……………………………………………………………… 3
3. 介護福祉・ケアワーク ………………………………………………………… 5
4. ケアワークの原理 ……………………………………………………………… 7
   (1) 人権尊重の原理　7／(2) 公的責任の原理　8／(3) 自立・自己決定（主体性）の原理　9／(4) 全体性の原理　9／(5) ノーマライゼーションの原理　9
5. ケアワーカーの専門性と資格制度 …………………………………………… 11
6. ケアワーク援助の基本原則 …………………………………………………… 12
7. ケアワーカーの共通基盤を構成する3要素 ………………………………… 14
   (1) 専門的知識：専門職として，もっておくべき知識　14／(2) 専門的技能・技術：利用者を援助する際に必要な専門的援助方法　14／(3) 価値：人間性／倫理：守るべきルール　14
8. 介護と看護の関係 ……………………………………………………………… 15

第2章　わが国の介護の歴史 ————————————————— 19

1. 古代・中世社会における介護 ………………………………………………… 20
   (1) 古代社会における介護　20／(2) 中世社会における介護　21
2. 近代社会における介護 ………………………………………………………… 21
   (1) 明治時代における介護　21／(2) 大正時代における介護　22／(3) 第二次世界大戦前における介護　22
3. 現代社会と介護 ………………………………………………………………… 23
   (1) 第二次世界大戦後における福祉に関する法律の整備　23／(2) 老人福祉法の成立によって示された介護の新たな展開　23／(3) 介護福祉専門職の誕生：「社会福祉士及び介護福祉士法」の成立　25／(4) ホームヘルパーの誕生から介護保険の成立まで　25／(5) 介護保険法における自立支援としての介護　26／(6) 今後の介護が目指すべきもの　27

第3章　介護問題の背景 ———————————————————— 31

1. 少子高齢化 ……………………………………………………………………… 32
   (1) 少子高齢化を招いた歴史的・社会的背景　32／(2) 少子高齢化によって発生する老人問題と老後問題　33／(3) 少子高齢社会の今後の課題　33
2. 家族機能の変化 ………………………………………………………………… 34
   (1) 日本の家族と「いえ」制度　34／(2)「いえ」制度と家族制度　34／(3) 核家族の機能　35
3. 介護の社会化 …………………………………………………………………… 36
   (1) 介護の社会化とは何か　36／(2) 介護の社会化に貢献する理念と原理・原則　37
4. 高齢者虐待 ……………………………………………………………………… 39
   (1) 高齢者虐待の実態　39／(2) 虐待をした人の属性の違いによる虐待の状況と，虐待発生の背景　40／(3) 高齢者の虐待防止に向けた取り組み　43
5. 介護ニーズの変化 ……………………………………………………………… 45
   (1)『恍惚の人』にみる，家族中心の介護　45／(2) 少子高齢化時代と介護サービスの転換　46／(3) 介護の社会化と高齢者の権利の獲得　47／(4) 生活や人生の質の追求へのニーズ　48

第4章　介護福祉士の役割と機能を支えるしくみ ———————— 51

1. 介護福祉士をとりまく状況 …………………………………………………… 52

(1) 介護専門職の誕生　52／(2) 高齢者の尊厳を支えるケアの確立と求められる介護福祉士像　53
　2　社会福祉士及び介護福祉士法……………………………………………………………54
　　　(1) 社会福祉士及び介護福祉士法の成立と改正　54／(2) 社会福祉士及び介護福祉士法の概要　55
　3　介護福祉士と専門職能団体との関係……………………………………………………60
　　　(1) 専門職能団体である日本介護福祉士会の設立　60／(2) 日本介護福祉士会の役割と事業　61
　4　介護福祉士と倫理…………………………………………………………………………63
　　　(1) 介護福祉士の専門性と倫理　63／(2) 日本介護福祉士会の倫理規定　64／(3) 介護の倫理的問題の理解　65

第5章　尊厳を支える介護 ─────────────────────── 69

　1　尊厳を支える介護とは……………………………………………………………………70
　2　人権尊重の考え方…………………………………………………………………………70
　　　(1) 人権とは何か　70／(2) 日本国憲法にみる人権　71／(3) その人自身をみるということ　72／(4) 高齢者・障がい者の人権　73
　3　QOLの考え方 ……………………………………………………………………………74
　　　(1) QOLとは　74／(2) クオリティ＝質　とは　75／(3) 人生において，何に重きを置くのか　75／(4) 医療におけるQOL　76／(5) 各分野におけるQOLの考え方　76
　4　ノーマライゼーションの考え方と実現…………………………………………………77
　　　(1) ノーマライゼーションとは　77／(2) ノーマライゼーションの原理とその実現　78
　5　利用者主体の考え方と実現………………………………………………………………80
　　　(1) 私と人は同じではない　80／(2) 主人公は利用者である。　81／(3) 利用者主体の実現　82

第6章　自立に向けた介護 ─────────────────────── 85

　1　自立・自立（自立支援）の考え方………………………………………………………86
　　　(1) 自立と自律　86／(2) 福祉の自立　87／(3) 高齢者の自立　87／(4) 自立支援　87
　2　生活支援としての介護……………………………………………………………………88
　　　(1) 生活とは　88／(2) 日本人の生活時間　88／(3) 介護における生活分類　90／(4) 高齢者の生活　90／(5) 生活を支援する　91
　3　自立支援の具体的展開……………………………………………………………………91
　　　(1) 介護福祉士としての自立支援　91／(2) 生活のなかの自立支援　92／(3) 道具を活かした自立支援　93／(4) 環境からの自立支援　94
　4　個別ケアの考え方…………………………………………………………………………94
　　　(1) 集団ケアから個別ケアへ　94／(2) 個別ケアの考え方　95／(3) 生活空間と個別ケア　95／(4) 個別ケアの具体的な展開　96
　5　ICFの考え方 ……………………………………………………………………………96
　6　介護とリハビリテーション………………………………………………………………99
　　　(1) リハビリテーションとは　99／(2) 医学的リハビリテーションと生活リハビリテーション　99／(3) 介護と生活リハビリテーション　100

第7章　介護を必要とする人の理解 ──────────────────── 103

　1　人間の多様性，複雑性の理解……………………………………………………………104
　　　(1) 人間の多様性の形成　104／(2) 人間の多様性・複雑性の理解　105
　2　高齢者の暮らしの実像……………………………………………………………………108
　　　(1) 高齢者と健康　108／(2) 高齢者の生活　111
　3　障がいのある人のくらしの理解…………………………………………………………114

（1）障がい者(3区分)の理解　114
　4　介護を必要としている人の生活環境の理解：施設の理解･････････････････････････116
　　　（1）高齢者施設　116／（2）障害者施設　117

第8章　介護サービス ─── 121

　1　介護サービスの概要･･122
　　　（1）インフォーマルな介護サービスとフォーマルな介護サービス　122／（2）ケアプランとケアマネジメント　122／（3）介護保険制度における介護サービスの種類　124／（4）介護報酬と算定基準　127
　2　介護サービス提供の場の特性･･127
　　　（1）居宅における介護サービスの場　127／（2）施設における介護サービスの場　128
　3　居宅における介護サービスの特性･･128
　　　（1）訪問介護における介護サービスの特性　129／（2）認知症対応型共同生活介護(認知症グループホーム)における介護サービスの特性　129
　4　施設における介護サービスの特性･･130
　　　（1）ユニット型介護老人福祉施設における介護サービスの特性　130／（2）介護老人保健施設における介護サービスの特性　132

第9章　介護実践における連携 ─── 135

　1　多職種連携(チームアプローチ)の意味･･136
　　　（1）専門職スタッフの役割と連携　136
　2　保健医療職種との連携の意義と役割･･137
　　　（1）主な保健医療職種の役割と連携　138／（2）医行為と介護　140／（3）医行為に該当しない行為　141
　3　地域連携の意義と目的･･142
　　　（1）地域連携に関わる機関の理解　143
　4　地域包括支援センターの機能と役割と連携････････････････････････････････････144
　　　（1）地域包括支援センターの概要　144／（2）地域包括ケアとは　145／（3）地域包括ケアシステムを実現するための5つの取り組み　146
　5　市町村，都道府県の機能と役割･･147

第10章　介護従事者の倫理 ─── 151

　1　職業倫理･･152
　　　（1）職業倫理という語をめぐって　152
　2　実践の大義をさぐる･･153
　　　（1）何のためにどのようにケアワークの仕事をするのか　153
　3　プライバシーの保護･･161
　　　（1）秘密保持の原則と守秘義務　161／（2）個人情報保護法の意義　162／（3）個人情報の適切な取り扱いのためのガイドラインの意義　163

第11章　介護における安全の確保とリスクマネジメント ─── 167

　1　介護における安全の確保とリスクマネジメント･･････････････････････････････････168
　　　（1）安全を確保することの意義　168／（2）介護福祉サービスにおけるリスクマネジメント　168
　2　事故防止，安全対策･･171
　　　（1）介護事故防止への取り組み　171／（2）介護場面における安全対策　172／（3）誤　嚥　173／（4）内出血・皮膚剥離　174
　3　感染対策･･174
　　　（1）感染と感染症に関する基礎的知識　175／（2）感染予防対策　175／（3）感染症予防にお

ける共通の標準予防策（スタンダード・プリコーション）　177／(4) 高齢者に多い代表的な感
　　　染症　177

第12章　介護従事者の安全・健康管理 ─────────────────────── 181

1　介護従事者の心身の健康管理 ··182
　　(1) 介護従事者の健康管理はなぜ必要か　182／(2) 介護従事者を取り巻く労働環境の課題
　　182／(3) 介護従事者の心身の健康　185
2　腰痛対策 ··189
　　(1) 介護従事者と腰痛　189／(2) 腰痛の対策　191
3　事故防止と対策 ··193
　　(1) 介護従事者自身に関わる事故　193
4　労働安全 ··195
　　(1) 労働安全の確保　195／(2) 労働安全への支援　196

索　　引 ···199

第1章

介護福祉の概念

1 介護の定義

　高齢者あるいは障がい者の介護サービスを提供する福祉専門職である介護福祉士について，「社会福祉士及び介護福祉士法」の第2条（定義）で「介護福祉士の名称を用いて，専門的知識及び技術をもつて，身体上又は精神上の障害があることにより日常生活を営むのに支障がある者につき心身の状況に応じた介護（「喀痰吸引」等）を行い，並びにその者及びその介護者に対して介護に関する指導を行うことを業とする者をいう」と定義しています。

　2011（平成23）年の介護保険法改正により，これまでの介護の主たる業務が，「入浴，排せつ，食事」から「心身の状況に応じた介護」に変更されました。この背景には，介護ニーズ（介護に対する要望・需要等のことをいう：たとえば認知症高齢者の増加）の変化が考えられます。

　また，介護福祉士及び一定研修をうけた介護職員等に対して，喀痰吸引（口腔内，鼻腔内，気管カニューレ（内部）：呼吸困難になった場合に気管切開をした患者の気管に装着し，気道を確保するためのチューブ），経管栄養（胃ろう，腸ろう，経鼻経管栄養）等を医師の指導の下で行うことが認められました。

　以上，介護の定義についてみてきましたが，次に介護の用語の意味について述べることにします。「介護」という用語の意味を『広辞苑（第5版）』（岩波書店）で調べてみると「高齢者・病人などを介抱し，日常生活を助けること」と記述してあります。また『社会福祉実践基本用語辞典（改訂版）』（川島書店）では，「介護とは，ひとりで動作できなかったり，日常生活に支障をきたしている人に提供するサービスで，具体的には食事や排せつの世話，掃除，洗濯などからなる」としています。(1)

　また，『エンサイクロペディア社会福祉学』（中央法規）では「自分でできていた生活が高齢や障害によって，自分らしい生活として継続できなくなったために他者の援助により，自分らしい生活を継続していくことである」(2)と意味づけています。

　この介護の用語がわが国の法律で用いられ始めたのは60年以上前からです。たとえば，①身体障害者福祉法（1949）の第30条（身体障害者療護施設）では，「身体障害者療護施設は身体障害者であつて常時の介護を必要とするものを入所させて，治療及び養護を行う施設とする」とあります。また，②児童扶養手当法施行令「別表第2」の第9号～11号（1961）では，「常時の介護を必要とする程度の障害を有するもの」「労働することを不能ならしめ，かつ，常時の監視又は介護を必要とする程度の障害を有するもの」「長期にわたる高度の安静と常時の監視又は介護とを必要とする程度の障害を有するもの」等と記してあります（第2章第2節参照）。

　また，現③老人福祉法（1963）の第11条第2項（老人ホームへの入所等）

でも「65歳以上の者であつて，身体上又は精神上著しい障害があるために常時の介護を必要とし，かつ，居宅においてこれを受けることが困難なものが，やむを得ない事由により介護保険法に規定する地域密着型介護老人福祉施設又は介護老人福祉施設に入所することが著しく困難であると認めるときは，その者を当該市町村の設置する特別養護老人ホームに入所させ，又は当該市町村以外の者の設置する特別養護老人ホームに入所を委託すること」とあります（下線は筆者）。

そこで，介護の定義ですが，次のようにまとめました。「介護とは，人間が長年培ってきた生活の技法（「生活力」）の支障・喪失に対する援助と人間の発達過程における生活習慣の取得（「身辺の自立」）に対する援助の両側面から高齢者・病弱者・障がい者（児）に対する援助を行うこととなります。すなわち，要支援，要介護を必要とする高齢者や障がい者（児）身体的（食事，排泄，入浴等）や生活支援（洗濯，着脱衣，買物，金銭管理等）並びに精神的・心理的援援助を行うことによって，利用者の自立・自己決定を目指す福祉専門職です。

2 介護とケアの関係

人類が地球上に誕生した時期は，ほぼ170万年から1万年前の洪積世から沖積世であろうといわれています。洪積世に入り，現生人類（私たちの直接の祖先）は，道具の製作・使用，火の利用，言語の使用等を覚え現生人類として，人間らしい生活を営むようになりました。その後，人類は狩猟・農耕等の生活・生産手段を獲得し，青銅器の使用，灌漑農耕の開発，貨幣の使用のもとで古代文明が成立しました。中世に入り印刷機，ガラス・繊維・金属の使用拡大等のもとでギルド（同業種組合）の組織化もあり都市文明が発展し，人びとの生活水準も向上しました。

しかし当時の社会の弱点は貧困・疾病に対する対策が脆弱であったことです。貧困対策として，懲罰を原則としたエリザベス救貧法（1601）が施行されました（図表1－1参照）。しかし，疾病に対しては，パスツール（Pasteur, L.）の病原菌やコッホ（Koch, R.）の結核菌等の発見等がなされた19世紀の近代医学を待たねばならなかったのです。当時のヨーロッパで猛威を振るったのは，感染病である黒死病（ペスト）の大流行（中世末期のペストによりヨーロッパ全人口の3分の1が失われたとみられています）でした。

人類は原始・古代社会から疫病除け，治療として宗教的儀式（シャーマニズム）や薬草を用いるあるいは血縁関係（愛情，扶養，保護，義務等）や地縁関係（資材，金銭，労働力等）を基本とした相互扶助（「相互扶助論」として，クロポトキンが著名）により，同地域内にて相互の助け合いを行いました。相互扶助の典型として，中世ヨーロッパの都市において商工業者間の同職仲間と

> **エリザベス救貧法**
> （英：1601）
> 1601年，エリザベスⅠ世のもとで完成したイギリスの救貧法で，1834年に改正された法律を新救貧法とよぶのに対して，旧救貧法ともよばれています。この法律の目的は，封建制度崩壊により生み出された浮浪貧民を治安維持のため収容し，産業化によって要請された労働力を確保することにありました。労働力のある貧民（健康な者）を労役場に，労働力のない貧民（児童・妊産婦・高齢者）は救貧院に収容しました。

図表 1 － 1　エリザベス救貧法とケア

- 有能貧民（able bodied poor）：麻，亜麻，羊毛，鉄等の材料と道具を揃えて強制就労を強いた。尚，労働拒否者は懲治院か監獄に送致する。
- 無能貧民（impotent poor）：救貧院（poor House）に収容（ただし，親族扶養優先）
- 児童：男子24歳，女子結婚年齢まで徒弟奉公（ただし，親族扶養優先）

⇒ キリストのもとでの救済される貧民から抑圧される貧民へ
（救済としてのケアから管理としてのケアへ）

出所）成清美治（2009：104）

してのギルド（ギルドは商人ギルドと同職者ギルドとに大別される）が有名です。近代医学が存在しない当時の社会において疾病やけが等を治療（cure）する行為は困難を極めました。しかし，病者を思いやり世話をしたり，思いやるというケア（care）（宗教者や為政者が患者の部位に手を当て摩ったり揉んだりする）は古代・中世社会から慈善行為，治世手段として存在していたのです。このケアの概念の確立に中心的役割を果たしたのが，19世紀のデンマークの有神論実存主義者のキルケゴール（Kierkegaard, S.）と彼の思想を継承した20世紀のドイツの無神論実存主義者であるハイデガー（Heidegger, M.）でした。ハイデガーは「ケアは人間の存在のあり方そのものであり，私たちにおいてケアが存在していなければ人間としての存在意義を失うことになる。他人への無関心は自らの存在を否定することになる」(3)と指摘しています。

ところで，ケアの語源はラテン語の「カルー」（caru）に求めることができます。ケアの語意には，①「心配」「気苦労」「不安」「気がかり」（配慮），②「注意」「用心」「留意」「気配り」，③「世話」「保護」「看護」「介護」「養護」「監督」（『ランダムハウス英和大辞典（第2版）』小学館）等が含まれており，今日では一般的にケアは「世話」と理解されています。ケアについて，広井良典は『ケアを問いなおす』のなかで，ケアには3つの側面があると述べている。それは，①臨床的／技術的レベル：個々の現場的な場面での「ケア」の在り方であり，同時に介護技術，看護技術，カウンセリング手法，ケア計画といった技術論としての側面をもっています。②制度／政策的レベル：個々の現場を超えた，制度やシステムに関わる次元であり，介護保険制度，ケアマネジメントシステム等であります。③哲学／思想的レベル：ケアとはなにか，また，人間にとってどういう意味をもつのかといった基本的なものです。(4)この3つの側面（レベル）は相互に深い関係にあり，互いに分離することはできません。上記のことを踏まえてケアと介護との関係を説明します。「ケアは一般的に社会福祉の専門用語ではなく，対人援助分野全般に使用されているもので，その意味はすでに記述しましたように「世話」「保護」「心配」「看護」「監督」「養護」等の意味が含まれています。「介護」は「ケア」とはまったく同意語では

キルケゴール，S
（デンマーク：1813-1855）

実存主義哲学の創始者であるキルケゴールの思想の特徴は，宗教的体験に基づいたもので，ドイツのヘーゲル哲学（観念哲学）を批判するところから成り立っています。キルケゴールはヘーゲルの精神的（＝理性的）なものだけが現実的であるという考え方に反対し，信仰絶対主義の立場に立ちました。そして，個々の存在こそ現実であり，もっとも大切なものは個人の主体性（＝意思決定）であり，自らの選択により，自己が形成されるとしました。

ハイデガー，M
（ドイツ：1889-1976）

ハイデガーは実存主義者（無神論）で人間の存在の意義・意味について問いかけました。彼は実存主義（有神論）の先駆者とされるキルケゴールと現象学のフッサールの影響をうけました。
彼によると人間は本質的に他者に対する気遣い・関心・配慮（ケア）をもち合わせたもので，このケアが存在しない人間は存在（＝実存）する意義を失うことになると指摘しています。

図表 1 − 2　介護とケアの関係

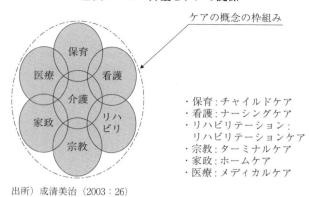

・保育：チャイルドケア
・看護：ナーシングケア
・リハビリテーション：
　リハビリテーションケア
・宗教：ターミナルケア
・家政：ホームケア
・医療：メディカルケア

出所）成清美治（2003：26）

ありませんが，ケアの領域のなかに介護も含まれており，ケア≧介護の関係が成立します」[(5)]（図表 1 − 2 参照）。

　図表 1 − 2 のように介護の隣接領域には保育・看護・リハビリテーション・宗教・家政・医療等の専門領域があり，これらはすべてケアの概念に含まれるのです。

　すなわち，ケアは広範囲にわたる対人援助の総合概念です。この考えを前提とすると，ケアの対象はすべての年齢層となりますが，日本の介護保険制度では，介護サービスの対象を原則 65 歳以上としているので，「児」は対象に含まれていません。しかし，欧米（ドイツやオランダ等）の介護保険制度では全年齢を対象としています。わが国では児（障害児）に対する介護サービス（居宅介護，短期入所等）は，「障害者自立支援法」（2005）の改正法である「障害者総合支援法」（「障害者の日常生活及び社会生活を総合的に支援するための法律」，2012）に基づいて実施されています。

3　介護福祉・ケアワーク

　「介護福祉」を「ケアワーク」と表記したのは，中央社会福祉審議会企画分科会，身体障害者福祉審議会企画分科会及び中央児童福祉審議会企画部会小委員会合同会議（福祉関係三審議会合同企画分科会）の「福祉関係者の資格制度について（意見具申）」（1987 年 3 月 23 日）です。このなかで「社会福祉士」をソーシャルワーカーとして，「社会福祉士の名称を用いて，専門的知識及び技術をもって，身体上又は精神上の障害があること等により，日常生活を営むのに支障がある者の福祉に関する相談に応じ，助言，指導等を行うことを業とする者をいう」と定義しています。また，「介護福祉士」をケアワーカーとして，「介護福祉士の名称を用いて，専門的知識及び技術をもって，身体上又は精神上の障害があって日常生活を営むのに支障がある者に対する入浴，排泄，

食事その他の介護及び介護に関する指導を業とする者をいう」と定義しています。このことより，ケアワーカーは社会福祉の分野で働く社会福祉専門職であり，介護福祉士には専門的知識・技術・価値／倫理が求められています。ここでケアワークについて考察することにします。

ケアワークのケアの意味には医療，看護，介護等を含む人間の健康から生活介護に関する全域を網羅していることはすでに第2節で述べました。また，ドイツ，オランダの介護保険制度（オランダでは，特別医療費補償制度）等では，ケアの対象は児童から大人までとなっています。以上のことから，ケアワークとは，「社会福祉分野の専門教育をうけたケアワーカー（介護福祉士）が，高齢者・障害者（児）が抱えている痛み，苦しみ，悩み，損傷，発達障害，身辺自立等によって社会生活上困難を抱える人びとや成長発達過程において援助を必要とする人に対する対人援助です。その方法は，専門的技術（ケア並びにソーシャルワーク領域等）を媒介とし，ケアワーカーによる，自立・自己実現を目標とする対人援助活動である」と定義することができます。さて，ケアワークの業務内容ですが，図表1-3の通りです。業務内容をみると，介護領域（ケア・サービス）においては，直接的・具体的サービスとして身体介護と生活援助があります。次に福祉領域（ソーシャルワーク・サービス）として，対人援助サービスがあり，心理・精神的援助（直接援助技術）と地域・社会的援助（間接援助技術）があります。そして，関連業務としてケアマネジメント，スーパービジョン等があります。その他として，介護者への介護指導，介護講習会の開催・参加等となっています。なお，ケアワークの業務はケア・サービスが主で，ソーシャルワーク・サービスの業務は従となっています。

図表1-3 ケアワークの業務内容

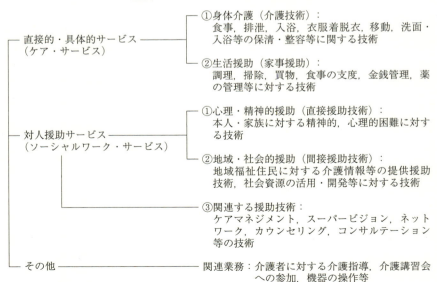

出所）成清美治（2009：30）一部変更

4 ケアワークの原理

　ここでは，ケアワーク（介護福祉）の原理を明らかにしますが，それは同時に共通基盤に立脚している社会福祉の原理を明らかにすることにもなります。すなわちケアワークの原理＝社会福祉の原理となります。

　本来，原理（principle）とは，哲学や教学（教育と学問）を論ずる場合の法則や原則です。

　現代社会におけるケアワークの原理とは，ケアワークの実践・方法とケアワークに関連する制度・政策とその理念（根本的な考え方）であるといえます（図表1－4参照）。

　ゆえに，ケアワークの原理は，利用者にとって普遍的かつ共通理念に基づいたものでなければならないのです。

　以下の項目（1）〜（5）がケアワークの原理となります。

図表1－4　ケアワーク（＝社会福祉）の原理

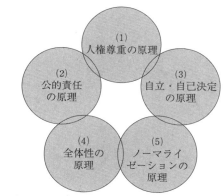

出所）成清美治（2009：54）

（1）人権尊重の原理

　すべての原理に優先し，かつ介護福祉の原理の中核となる「人権尊重の原理」について述べます。まず，人権（human rights）の意味ですが，すべての人が生まれながらにしてもっている権利であり，誰にも侵されない権利をいいます。

　すなわち，法の下では思想，良心，宗教の自由，表現の自由，集会・結社の自由等が保障されています。歴史的に人権宣言として有名なのは，イギリスとの戦争後，13の植民地が独立するきっかけとなったジェファーソン（Jefferson, T.）が起草した「アメリカ独立宣言」（1776）とフランスのラファイエット（La Fayette, M. J.）が起草した「フランス人権宣言」（1789）があります。ともに「すべての人間は平等である」と唱え，国家構築の基本理念となりました。人

権保障の国際的規範（基本原理）となったのは，第2次世界大戦後，国際連合総会で採択され成立した「世界人権宣言）」(1948)です。

この世界人権宣言の特徴は，すべての人間は生まれながらに自由であり，かつ，尊厳と権利とについて平等であり，人は人種・皮膚の色・性・言語・宗教・国等において差別されないとしています。世界人権宣言は法的拘束をもたなかったため限界がありました。そこで同宣言に法的拘束をもたせた「国際人権規約」が1966年の国連総会において採択され，わが国は1979年に同規約を批准しました。

現在，日本国憲法において，基本的人権は，①平等権，②自由権，③社会権等として保障されています。まず，①平等権とは私たちは法の下における平等を意味し，「国民の平等性」を定めています。また，②自由権とは基本的原則として個人の自由を保障するもので「信教の自由」「表現の自由」「職業選択の自由」「学問の自由」等があります。そして，③社会権とは国に対する人間らしい生活を営むことを請求する権利です。

この基本的人権をケアワーカー（介護福祉士）は利用者に対して，遵守しなければなりません。しかし，残念ながらケアワークの場面において利用者の基本的人権を無視した事例があります。たとえば利用者の高額預金をホームヘルパーが着服した事件，あるいは特別養護老人ホームでの入所者に対する介護職員の身体的虐待等があります。この背景には，ケアワーカーの倫理観，人間性の欠如を考えることができます。利用者の尊厳（その人が生まれながらに有している人格，あるいは人間が人間らしくあること）を尊重するところにケアワーカーの原理・原則の意義があります。

(2) 公的責任の原理

公的責任の法的根拠は，日本国憲法第25条（国民の生存権，国の保障義務）に「すべて国民は，健康で文化的な最低限度の生活を営む権利を有する」，②「国は，すべての生活部面について，社会福祉，社会保障及び公衆衛生の向上及び増進に努めなければならない」と，第13条（個人の尊重）「すべて国民は，個人として尊重される。生命，自由及び幸福追求に対する国民の権利については，公共の福祉に反しない限り，立法その他の国政の上で，最大の尊重を必要とする」とあります。かつて，わが国の社会福祉は措置制度のもとで国の公的責任が明確化されていましたが利用者制度の導入により，公的責任がやや後退し，現在は，サービス利用者とサービス提供事業者間の調整役としての役割を担っています（第2章第3節参照）。

社会保障制度の財政の逼迫並びに維持・継続という目的のもと措置から利用契約に社会福祉サービス供給体制が変わりましたが，社会福祉の目的が「人間の生活問題の諸困難を援助する」ものであり，社会福祉の対象が全国民である

今日において，日本国憲法第25条の「生存権」，同第13条「個人の尊重」（＝幸福追求権）の規定のみならず，個人あるいは家族・地域社会の抱える生活者問題は，社会問題としてとらえる必要があります。その基本的視点は，人権の保障，人間の尊厳であり，そのサービスは，社会全体が責任をもって提供すべきものです。故に国・公の責任が欠如した「福祉サービス」でなく，国・公の責任が明示された「社会福祉サービス」でなければならないのです。よって，社会福祉サービスは社会的責任として，公的責任（公的部門）が主であり，非公的責任（私的部門）が従となる社会福祉サービス供給体制であるべきだと思います。

（3）自立・自己決定（主体性）の原理

「自立」とは，他者の援助や支配をうけることなく物事の判断を決定する自己決定権あるいは自己管理能力をいいますが，介護福祉の対象は自立・自己決定権が脆弱あるいは欠如したため援助を必要とする人びととであるので，ケアワークは，自立・自己決定を促すための援助でなければならないのです。なお，「じりつ」には，他者の力を借りないで生活することができる「自立」（independence）と精神的に依存しない「自律」（autonomy）がありますが，介護福祉におけるサービスの領域は，前者は主として経済的支援の領域に属し，後者は精神的，心理的支援の領域に属しますが，両者とも自立・自己決定に関わる援助であり，当事者の主体性を尊重したもので，介護福祉の原理の一翼を担っています。

（4）全体性の原理

全体性の原理は，援助の対象である個人・家族と社会（制度）との間に介在する困難・影響を発見，除去し個々の「生活を全体として理解する」ことが必要です。つまり，ケアワークは社会生活上の基本的要求（介護）を充足するためにさまざまな社会的困難（経済的，精神的・心理的，家族問題等）を発見し取り除くための援助を行い，利用者の生活と家族，あるいは地域社会との関係を調和させることが大切です。そのためには，まず，利用者の生活の回復，自立を促進するため，フォーマルな側面においては，ケアワーカー（介護福祉士，ホームヘルパー，介護職員等）はケアの実践・方法と社会福祉制度・政策並びに社会保障等関連施策に対する研鑽が必要となります。また，インフォーマルな側面では，利用者の自立への支援のため家族や近隣住民の相互扶助・ボランティア等が必要となります。

（5）ノーマライゼーションの原理

ノーマライゼーション（normalization）の理念は，デンマークのバンク＝ミ

バンク＝ミケルセン，N. E
（デンマーク；1919-1990）
「知的障害者の生活をできるだけノーマルな生活状態に近づける」というノーマライゼーションの理念を提唱・普及させ「ノーマライゼーションの父」とよばれています。彼は第2次世界大戦中，反ナチ運動を行った罪で悲惨な収容所生活を送りました。戦後は，社会省知的障害福祉課に勤務し，収容所での非人間的な処遇の経験を生かし，知的障害者の親の会の活動に加わり知的障害者の社会的地位向上を謳った「1959年法」の作成に携わりました。

ケルセン（Bank-Mikkelsen, N. E.）によって提唱されました。この理念は当初，知的障がい者の全人的復権を目的として，彼によって提唱されましたが，その目的はすべての人びとが共に生きる社会，すなわち共生社会の実現にあります。この理念を理論化したのが，スウェーデンのニーリエ（Nirje, B.）である。彼は，ノーマライゼーションの具体的目標を「8つの原理」とし，①1日のノーマルなリズム，②1週間のノーマルなリズム，③1年間のノーマルなリズム，④ライフサイクルでのノーマルな体験，⑤ノーマルな要求の尊重，⑥異性との生活，⑦ノーマルな経済的基準，⑧ノーマルな環境基準，等としました。これらの原理は，どんなに障害が重くとも生きる権利として保障されるべきとしています。また，アメリカのヴォルフェンスベルガー（Wolfensberger, W.）は，地域性を強調し，地域における文化的手段を活用すべきであるとし，ノーマライゼーションと地域における文化との関係性を重視しました。

　このように，ノーマライゼーションの原理は，障がい者を特別扱いせずいかに地域社会のなかで一般の人びとと同じ日常生活を送ることができるよう支援することです。このことは障害者のみならず高齢者や児童等ハンディを負ったすべての人びとに対して地域社会で自立した生活を営むことができるよう援助することを意味しています。

　私たちは生活の基盤を従来から慣れ親しんだ地域社会で継続して営むことが理想です。そこには友人・知人等近隣社会での交友・友情関係が存在し，心の「安堵」と生活上の「安全」が保障されています。つまり，長年慣れ親しんだ地域社会での生活の継続が情緒の安定を生み出し，近隣住民とのコミュニケーションを持続させ，日常生活に充実感をもたらすことになります。ノーマライゼーションの思想は障害者だけのものではなく，すべての社会福祉ニーズを必要とする人びとにとって，地域社会での生活の継続・継承を具現化するための原理です。そのためには，在宅福祉サービスの充実等の地域生活での自立支援の整備が必要となります。

　ノーマライゼーションの原理を支える理念として，クオリティ・オブ・ライフ（Quality of Life：QOL）があります。QOL の考え方は，社会の進展とともに，人びとのニーズが多様化，高度化するなかで，人びとの生活の基準に対する考え方も従来の「量」的なものから「質」的なものに変化しました。たとえば，これまでの利用者は日常生活動作（Activities of Daily Living：ADL）を基準として，リハビリテーションを実施していたため，ADL が「自立」の可能な障害者に対するものでした。そのため重度の障害者は自立が不可能なためリハビリテーションから除外されていました。しかし，QOL の理念は，重度障害者であっても介助者をつけることにより，日常生活の「自立」が可能となります。すなわち，この考え方によって，ADL に基づく自立が不可能であってもケアをうけながら地域社会で QOL を高めることによって，日常の生活が可能とな

図表1-5　QOLの構造

```
        ┌─ ①生活の質（生物レベル）：摂食，起居動作，整容，排泄，入浴，家事等
QOL ────┼─ ②生命の質（個人レベル）：疲労，痛み，嚥下障害，食欲不振，呼吸困難等
        └─ ③人生の質（社会レベル）：仕事，住居，社会参加，文化・レジャー等
```

出所）成清美治（2009：62）

ります。

5　ケアワーカーの専門性と資格制度

　ケアワーカー（介護福祉士）が援助活動を実践するにあたり問われるのが介護福祉士の専門性と資格制度です。日本学術会議社会福祉・社会保障研究連絡委員会は「社会福祉におけるケアワーカー（介護職員）の専門性と資格制度について（意見）」（1987年2月22日）で両者に関して述べています。

　まず，専門性に関して「ケアワーカーの専門性はまず，社会福祉に働く者としての倫理性や，みずからの役割意識，さらに社会福祉制度への理解を前提として，現在の家政学などの成果を十分組み入れた家事援助，個々の高齢者の自立度や病状などの個別の事態に対応できるような介護，さらに医療関係者とチームワークを組めるだけの教養を必要とするものである」と記述しています。

　一般的に専門職は専門としての基本的属性を備え，特定分野で業務として従事する者をいいます。介護福祉士の基本的属性とは，①専門的技術，②専門的知識，③基礎的教養，④倫理綱領，⑤専門職団体，⑥資格試験，⑦処遇理念，⑧自律性等です（図表1-6参照）。

　これらの基本的属性は相互補完関係にありますが，唯一該当しないのが，自律性の存在です。実際の業務に当たっては，医師その他の医療関係者との連携が必要です。すなわち，「社会福祉士及び介護福祉士法施行規則」，第27条第1項「社会福祉士及び介護福祉士は，その業務を行うに際し，医療が必要となつた場合の医師を，あらかじめ，確認しなければならない」，同条第2項「社会福祉士及び介護福祉士は，その業務を行うに当たり，医師その他の医療関係者の関与が必要となつた場合には，医師その他の医療関係者に連絡しなければ

図表1-6　介護福祉士（ケアワーカー）の専門性における属性と相互補完関係

出所）成清美治（1996：39）

ならない」と規定しています。このように介護福祉士は医療行為に関して，医師あるいは医療関係専門職に必ず確認・連絡が必要となっています。ちなみに，デンマークの社会保健介護士の養成は共に1年の準備教育を経て，初級社会保健介護士が1年半，上級社会保健介護士が1年半課程となっています。卒業後，前者はホームヘルパーとして，後者はアシスタントとして共に公務員として勤務します。なお，初級社会保健介護士の養成課程は，理論が3分の1，実習が3分の2となっており，医学関係科目として，基礎看護，病気の症状，病気予防，救急処置等があります。そのため，ホームヘルプサービスにおいて基本的な医療行為の権限はホームヘルパーに移譲されています。なお，上級社会保健介護士の養成課程においては，カリュキュラムのうち看護学が30％，医学が25％の配分で看護学・医学中心となっています（上級社会保健介護士の卒業後の進路先は，病院や精神障がい者の専門施設となっています。なお，くわしくは第8章の3を参照）[6]。

次に，資格制度に関しては，「ホームヘルパーや寮母職あるいは『介護士』は，採用前・採用後に一定期間の研修が必要」（同意見書の報告は「社会福祉士及び介護福祉士法」が成立する以前に報告されたため介護福祉士の名称でなく，介護士の名称を用いています）と記述しています。その研修内容には以下の4点の知識と実技を必要とし，① 社会福祉の倫理性および制度，さらに方法，② 援助に必要な家政学知識と食，衣，住生活援助のための家事技法，③ 摂食，排泄，衣服の着脱，入浴など介護に関する理解と援助技術，④ 保健・医療に関する理解等があげられています。

この研修を修了することで，一定の知識と実技を取得することにもなり，介護福祉士の社会的認知や地位向上に繋がるのです。

6 ケアワーク援助の基本原則

ケアワーク援助の過程で重要となるのはサービスの利用者との関係です。戦後，わが国の社会福祉サービスは措置制度のもとで提供されてきました。しかし，介護保険法導入と共に，サービス提供の基本は利用者と業者の「契約」に基づいて実施されることになりました。この結果，福祉サービス提供のあり方が選別（措置）から選択（契約）関係に変化し，従来の行政主導型から利用者主導型に移行しました。このことは，従来の介護の援助における関係が上下関係（卑屈な関係）から対等関係になることを意味します。つまり，介護サービス提供事業者の選択権は原則として利用者側にあり，ケア場面においてもケアの送り手とケアの受け手が対等な人間関係（両者の間に優劣・上下の関係がないこと）により双方に相互信頼関係を成立させることになります。すなわち，ケアの送り手はケアの受け手に対して成長を願望すると同時に，ケアの受け手

図表1－7　介護福祉（ケアワーク）における援助関係

出所）成清美治（2003：39）

は成長を希望するという相乗効果を生みだすのです。

　また，ケアワークの援助展開において，一般的に利用者の要介護度が重度化するに伴って，介護業務の占める割合が高くなり，相談業務の割合が減少します。逆に要介護度が軽度化するにしたがって，相談業務の割合が増し，介護業務が減少します。ただし，認知症（脳の障害による記憶，見当識障害，判断力の低下等による適切な行為能力が落ちた状態で知的能力低下を中核症状とし，症状に伴う心理症状（BPSD）が互いに関連しながら進行する）の場合，軽度であっても感情的な変化や精神的不安定な行動に陥りやすくなります。そのため身体的ケアに比較して，相談業務の割合が高くなります。

　認知症高齢者のケアに関して，高齢者介護研究会が「高齢者介護研究会報告書」（2003年6月26日）を発表しました。そのなかで，新しいケアモデルの確立：認知症高齢者ケアが明示されています。その基本理念は，①認知症高齢者ケアの基本＝「尊厳の保持」，②日常の生活圏を基本としたサービス体系，③ケアの標準化，方法論の確立，④認知症高齢者と家族を支える地域の仕組み，等となっています。

図表1－8　介護福祉（ケアワーク）業務の傾斜化

出所）成清美治「ケアワーク」糸川嘉則総編集（2008：359）

　最後に，『ケアの本質』（1993）の著者メイヤロフ（Mayeroff, M.）のケアの援助展開の考え方について触れておきたいと思います。彼は同書のなかで「一人の人格をケアするとは，最も深い意味でその人が成長すること，自己実現することをたすけることである」「他の人々をケアすることをとおして，他の人々に役立つことによって，その人自身の生の真の意味をいきているのである」[7]。つまり，ケアすることは，「ケアをされる側」の成長・自己実現への援助のみ

ならず,「ケアをする側」の人間の成長を促すことになると示唆しています。

7 ケアワーカーの共通基盤を構成する3要素

(1) 専門的知識：専門職として，もっておくべき知識

ケアワーカーが社会福祉専門職である以上，社会福祉に関する知識の基盤である福祉六法と関連領域（保健・医療・看護・リハビリテーション・栄養学等）に関する知識並びに人間に関する知識，教養としての人文科学，社会科学，自然科学等の習得が必要となります。

(2) 専門的技能・技術：利用者を援助する際に必要な専門的援助方法

① 身体・生活援助に関する技能
・生活援助に関する技能
  生活援助の内容は，食事援助の他，洗濯，炊事，掃除，金銭管理，移動，買物，寝具の整理・整頓に関する技能
・身体介護に関する技能
  入浴，食事，排泄・排尿等に関する介助・介護技能
・健康や生活に関する観察技能や記録・情報の収集並びに活用技能
・生活環境調整技能
② ソーシャルワークに関する技術と方法
③ コミュニケーション技能とケアマネジメント
・コミュニケーション技能（カウンセリング，社会福祉援助技術）
・他職種―医師・看護師・保健師・OT・PT・SW・栄養士等）との連携・協働技能
・ケアプラン作成技能
・社会資源活動技能

(3) 価値：人間性／倫理：守るべきルール

価値はサービス提供者が利用者の「善」を感得し，承認することによって成立する。すなわち，利用者のニーズを充足するケアワーカーの人間性（態度・能力）によって，自立援助の程度が決定されるのです。なお，価値への3つのアプローチとして，①自立支援，②人権の尊重，③ノーマライゼーション，QOLの理念の遂行をあげることができます。

また，倫理は社会生活上自然にできたもので道徳，礼儀，習俗等の意味があります。つまり，人間が社会生活において遵守すべきルールといえます。ケアワーカーは高齢者，障がい者等の対人援助に関わる職業であるので自ずと厳しい倫理観が求められます。

図表 1－9　ケアワークにおける知識・技術・価値／倫理の関係

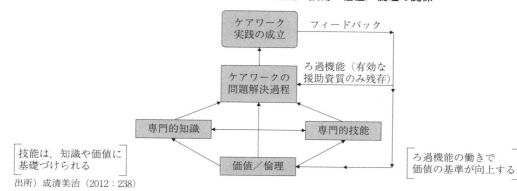

出所）成清美治（2012：238）

　具体的には，①利用者の基本的人権を尊重する，②利用者の尊厳（人間がもっている侵してはならないもの）を傷つけない，③利用者からえた情報を他人に漏らしてはならない（秘密保持），④利用者の自立・自己決定を尊重する，⑤利用者の自己実現を尊重する，等が考えられます。なお，職能団体である介護福祉士会は「日本介護福祉士会倫理綱領」（1995年11月17日）を定めています。前文「私たち介護福祉士は，介護福祉ニーズを有するすべての人々が，住み慣れた地域において安心して老いることができ，そして暮らし続けていくことのできる社会の実現を願っています。そのため，私たち日本介護福祉士会は，一人ひとりの心豊かな暮らしを支える介護福祉の専門職として，ここに倫理綱領を定め，自らの専門的知識・技術及び倫理的自覚をもって最善の介護福祉サービスの提供に努めます」を定めています。項目として，①利用者本位，自立支援，②専門的サービスの提供，③プライバシーの保護，④総合的サービスの提供と積極的な連携，協力，⑤利用者ニーズの代弁，⑥地域福祉の推進，⑦後継者の養成，となっています。

8　介護と看護の関係

　「社会福祉士及び介護福祉士法」（以下「法」）の登場以降，介護と看護の関係が問われてきました。
　その理由は，両者の業務領域に世話や介助・介護が含まれているため，業務上の混在化をもたらしており，介護福祉サービスにおける混迷の一因となっています。介護の定義（業務内容）については，すでに第1節で述べてきましたので，ここでは看護師の業務内容について触れます。
　看護師の業務内容は「保健師助産師看護師法」に則っています
すなわち，「この法律において『看護師』とは，厚生労働大臣の許可を受けて，傷病者若しくはじょく婦に対する療養上の世話または診療の補助を行うことを

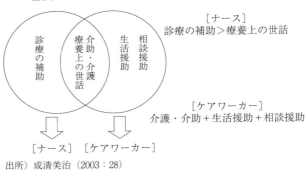

図表1-10　ケアワーカーとナースの業務領域

出所）成清美治（2003：28）

業とする者をいう」（「保健師助産師看護師法」第5条（下線は筆者）とあります。

　図表1-10のように両者は「介護」業務（ナース：療養上の世話，ケアワーカー：介助・介護）が課せられています。つまり，共通した業務領域を共有しているのです。そこで，この両者の関係を歴史的に考察することによってこの関連性を明らかにします。

　「医療の父」ヒポクラテスは医療を合理的・経験的方法を用いることによりそれまでの神殿医療（宗教的医療）を否定し，患者の自然治癒力を治療に生かすことを示唆しました。彼の治療理論は医療をキュア（cure）とケア（care）に分類し，前者を狭義（治療），後者を広義（治療に介助・世話を加える）とする今日の医学概念のなかにも継承されています。

　彼の「自然治癒理論」はその後18世紀まで健在でしたが，19世紀以降の西洋の近代医学の登場により衰退しました。しかし，今日の現代医学の限界性に対する「治療」から「癒し」の回帰現象のもとで再び脚光を浴びています。

　中世に入り，キリスト教の支配下のもとで病人救済の場として修道院が活躍し，修道女が直接看護・介護しました。彼女たちは病人の看護や世話に関わることとなり，ケアの担い手としてその役割を果たしました。こうしてケアの対象が拡大化するなかで近代的ケアの原理がイギリスの救貧院における看護改革活動を通じて確立されました。それは，ナイチンゲール（Nightingale, F.）によって成し遂げられました。

　彼女の業績は，①看護理論の体系化と，②救貧院での看護職の改革とに分類することができます。すなわち，ケアを看護的ケアの必要な「病気の貧民」と福祉的ケアの必要な「健康な貧民」に分類することによりケアの効率化・能率化を図りました。ナイチンゲールによって近代的ケアの原型が構築されたのです。ここに「近代ケア論」の源流をナイチンゲールに求めることができます。

　しかし，介護福祉士の登場により，「看護」と「介護」の業務内容並びに相違点がクローズアップされました。既述したように歴史的には両者の関係は明らかです。そこで看護業務について介護との関係についてみることにします。

> **ナイチンゲール, F**
> （イギリス；1820-1910）
> 　看護・介護行為を専門的な知識と技術で裏づけし，専門的な教育訓練へと高め，近代看護の創始者といわれました。1854年にクリミヤ戦争でイギリス陸軍病院の看護に従事し，医療的処置にとどまらず，病人の食事，清拭や病院の衛生管理，環境整備など，病気を回復させる直接・間接的援助の改善を行いました。

図表 1 – 11　ナイチンゲールの看護的ケアと福祉的ケア

	分類	対象者	援助方法	援助目的
ケア	看護的ケア	病気の貧民（無能貧民）	病気・衰弱への援助（身体的・心理的支援）	健康回復
	福祉的ケア	健康な貧民（有能貧民）	生活・社会的自立援助（経済的援助）	社会復帰

出所）成清美治（2009：112）

　すでに明らかなように「保健師助産師看護師法」において、看護業務のなかに介護業務（「療養上の世話」）が含まれています。看護の歴史においてもこの点に関して、明らかになっています。たとえば、ナイチンゲールはこの点について『看護覚え書』のなかで看護とは治療補助のみならず、日常生活全般に対する配慮（介護）の必要性を明らかにしています。[8]また、ヘンダーソン（Henderson, V.）も主著『看護の基本となるもの』のなかで、基本的看護の構成因子として14項目をあげている。そのうち、「適切な飲食」「あらゆる排泄経路から排泄する」「からだを動かし適切な姿勢を」「適当な衣類を選び脱着する」「身体を清潔に保ち身だしなみをよくし、かつ皮膚を保護する」が介護業務としてあげることができるとしています。[9]すなわち、看護業務のなかに介護業務が含まれていることを明らかにしています。

　最後に、ケアワーカーとナースの相違点は、看護領域におけるケアは患者の治療・回復の視点からケアを実践するのに対して、福祉領域におけるケアはあくまでも生活者の視点から利用者の介護業務を遂行するのであり、業務上両者の関係は相互補完的関係にあるのです。

注）

(1)　日本社会福祉実践理論学会編『社会福祉実践基本用語辞典』川島書店、1995年、p.11
(2)　仲村優一・一番ケ瀬康子・右田紀久恵監修『エンサイクロペディア社会福祉学』中央法規、2007年、p.728
(3)　高田珠樹『ハイデガー――存在の歴史』講談社、1999年、pp.200–219
(4)　広井良典『ケアを問いなおす』ちくま新書、1997年、pp.16–17
(5)　成清美治「専門職としての介護福祉士――ケアワークとソーシャルワークの緊張関係の中で」『ソーシャルワーク研究』1993年、Vol.19、No.2、p.147
(6)　野村武夫『「生活大国」デンマークの福祉政策』ミネルヴァ書房、2010年、pp.68–71
(7)　ミルトン・メイヤロフ著、田村真・向野宣之訳『ケアの本質』ゆみる出版、1993年、pp.13–15
(8)　ナイチンゲール著、湯槇ます他訳『看護覚え書』現代社、1991年、pp.2–3
(9)　ヘンダーソン著、湯槇ます・小玉香津子訳『看護の基本となるもの（改訂版）』日本看護協会、1973年、p.9、p.22

参考文献

西村洋子『介護福祉論』誠信書房，2005 年
岡本民夫・久恒マサ子・奥田いさよ編『介護概論』川島書店，1989 年
糸川嘉則総編集，交野好子・成清美治・西尾祐吾編集『看護・介護・福祉の百科事典』朝倉書店，2008 年
成清美治『ケアワークを考える』八千代出版，1996 年
成清美治『ケアワーク論』学文社，1999 年
成清美治『新・ケアワーク論』学文社，2003 年
成清美治『ケアワーク入門』学文社，2009 年
成清美治『私たちの社会福祉』学文社，2012 年
成清美治・加納光子代表編集『現代社会福祉用語の基礎知識（第 11 版）』学文社，2013 年

プロムナード

　2014 年 6 月 18 日に持続的な社会保障確立の一翼として介護・医療の大改革であります「医療介護総合確保法」（正式名称：「地域における医療及び介護の総合的な確保を推進するための関係法律の整備等に関する法律」）が成立しました。同法の目的は地域における医療と介護の総合的な確保と推進です。主な改正点は，①介護保険の自己負担割合を現行の一律 1 割負担から年間の年金収入が 280 万円を超える者は 2 割負担，②特別養護老人ホームの入所要件を要介護 3 以上とする，③要支援 1 ～ 2 の者に対する介護サービス（訪問介護，通所介護）は段階的に各市町村事業とする，④特別養護老人ホームあるいは介護老人保健施設に入所者のホテルコスト（部屋代，食事代等）の認定基準が厳しくなる，⑤低所得者の介護保険料の軽減対象者を拡大する，⑥病院の役割分担化等となっています。

学びを深めるために

村上紀美子『納得の老後―日欧在宅ケア探訪』岩波新書，2014
　著者は，今後のわが国の超高齢社会を見据えて，欧米，特にドイツ，オランダ，デンマーク，イギリスを訪問して在宅ケアの現場を取材しました。そこで，学んだ「利用者の希望にそう，柔軟な在宅ケア」を日本で生かした近未来の在宅ケアの事例紹介並びに高齢者の老後の暮らし方を具体的に提起した良書です。ぜひ一読してください。

第 2 章

わが国の介護の歴史

1 古代・中世社会における介護

　人間は，ひとりで生きて行くことはできない存在です。人類は，その誕生と同時に共同体（家族，近隣，地域）を形成し，さまざまなことを共有し，生きてきました。そこでは，弱い者や病人に対する手助けや手当も行われていたとされています。その自然発生的な人間どうしの愛から生じる「世話」が，今日の介護の源であると考えられます。

　人類は，世話の文化をもっていたとする面がある一方で，生産性が乏しく，一人ひとりが生きて行く時代が厳しい時代を経験したこともありましたが，その後，牧畜や農耕などにより，生産性が高まるにつれて，支配階層が誕生し，文化の発展へと時代は動き出しました。同時に，貧富の差も出現し，多くの人びとは，苦しい暮らしを余儀なくされ，病人や高齢者や弱い立場にある人びとを世話するのが難しいなどの困窮した時代が長く続くことになりました。このようななかで，個々人の努力や相互扶助的なものや人道的な宗教家や支配層に属する一部の人たちによる世話や福祉的な援助自体は存在していましたが，それは，限られた範囲でしか行われていなかったのです。

（1）古代社会における介護

　7万5,000年前，重度の障がいをもちながらも，手厚い介護をうけ，死後には，草花とともに埋葬されたネアンデルタール人の老人の化石や1万年以上前の旧石器時代，左腕麻痺後においても，長い間介護をうけて生存したとされるベラ人（以前は，ピテカンドロップスと呼ばれたが，現在はホモ・エレクトスと呼ばれる一種）の埋蔵骨の存在が確認されています。わが国については，律令時代の養老律令（718年）の「戸令」11条の給侍條のなかに病人や老人を世話する「侍丁」という役職が定められていることがあげられます。

　古代社会においては，仏教の慈悲思想に基づいて社会的弱者を世話・救済する活動が行われました。たとえば，593年，聖徳太子が四天王寺に設立した四箇院（悲田院・療病院・施薬院・敬田院）は，貧弱者や孤児や病人などの施薬や収容を目的として設立されたのです。次に，僧侶である行基は，諸国を訪れ，民衆に仏教の伝道と救済を行い，布施屋を設置して貧しい人や疲労に苦しむ旅人などを救いました。これが，日本における民間慈善的な救済制度の始まりとされています。そして，光明皇后は，貧困層やハンセン病者などの救済活動を行った人物として知られています。

　国家による救済制度としては，718年に制定された養老律令のなかに，高齢者や障害者に対する記述が残されています。ここでは，家制度が基本となり，高齢者や障害者，身寄りのない人の家族の扶養・隣保扶助（近隣・地域社会で扶養する体制）を原則としたものでした。

ハンセン病
　らい菌を原因とする感染症を意味する。潜伏期間が長いことから，先天性の疾患であるとの誤解をうけ，歴史的な流れのなかで，患者は，さまざまな差別や偏見を社会からうけ，現在に至っている。

家制度
　家長を中心とした家族関係を生活の基礎に置く制度。その精度においては，個人の意思よりも家を尊重する場合が多かったとされる。

（2）中世社会における介護

　中世社会に入ると，過酷な年貢や度重なる飢饉，そして，疫病に苦しむ人が多く存在しました。そのなかで，極貧者やハンセン病者，孤児らの救済に叡尊，忍性，重源らの僧侶が活躍し，ミゼリコルディアとよばれるキリシタンの慈善活動などが活発に行われました。また，1722（享保 7）年に，小川笙船は，極貧病者に対する救護施設としての小石川養生所の設立を当時の将軍であった徳川吉宗に進言し，その後，約130年間にもわたって，貧しい人びとの治療を行ったのです。しかしながら，農民の生活は，苦しみを増すことになり，堕胎（妊娠中絶），間引き，捨て子などの口減らしと呼ばれる行為を余儀なくされ，繰り返し発生した大飢饉によって，餓死者も続出すると同時に，百姓一揆も頻発しておこっていた時代でした。

2　近代社会における介護

（1）明治時代における介護

　封建時代が終わり，明治時代を迎えた日本では，富国強兵・殖産興業・文明開化政策による急激な政治や社会の変革が行われ，多くの新たな困窮者を生み出すことになったのです。

　1874（明治 7）年には，「恤救規則」が制定されました。これは，人民相互の情誼（同情心）によって，お互いに救済の手をさしのべるべきであり，どうしても放置しておくべきことのできない「無告の窮民」と呼ばれる，親族や家族がなく誰の助けも期待できない困窮者だけは，例外的に，国家によって救済するというものでした。結果として，家制度による私的扶養や村落共同体による相互扶助が公的扶助よりも優先させた制度となっていました。

　江戸時代の末期から明治期に当たる時期は，浮浪者の増加やスラム化も問題となり，わが国における慈善事業の展開も多く示されていました。1864（元治元）年には小野慈善院が，1872（明治 5）年には窮民の収容施設として東京府養育院が，1883（明治16）年に大歓進養育院などがつくられ，高齢者や障害者や孤児などを収容する救護施設が設立されました。高齢者のみを救済の対象とする施設は，1895（明治28）年，東京市芝区（現在の東京都港区）に登場した聖ヒルダ養老院が最初であるといわれています。その後，1899（明治32）年には友愛養老院が，1901（明治34）年には空也養老院が，1902（明治35）年には大阪養老院が設立されました。先駆的な慈善救済施設として，石井十次が設立した岡山孤児院，アダムス（Adams, A. P.）の岡山博愛会，留岡幸助の家庭学校，石井亮一が創設したわが国最初の知的障害児施設である滝乃川学園などをはじめ，各地に救貧施設や高齢者を救済する養老院が，宗教家によって設けられました。

1923（大正12）年に発生した関東大震災によって、身寄りを失った高齢者の保護を目的として1925（大正14）年には、財団法人浴風会が浴風園を創設しました。ここでは、従来の養老院の生活援助に加え、1928（昭和3）年に医療部門を設け、生活援助に加えて、老人医療とリハビリテーションを含めた今日の医療と福祉を統一した処遇が展開されていたのです。

(2) 大正時代における介護

近代化が定着しはじめた大正時代においても、貧困者の生活は、ますます苦しくなり、1918（大正7）年には、各地で米騒動が発生しました。国は、これらの救済事業のひとつとして、方面委員制度（現在の民生委員制度）を組織し、地域の篤志家が知事の委嘱をうけて、救護・相談・調査を行ったのです。

第一次世界大戦や関東大震災や世界恐慌などの影響によって、多くの人が失業し、今までの恤救規則では、生活困窮に適応できなくなり、1929（昭和4）年に、救護法が制定されました。同法の特徴は、公的扶助責任を日本救貧史上初めて法令の文章に示したことです。さらに、同法の成立によって、養老院も救護施設として認められ、公費扶助によって増設されました。一方で、家庭制度や隣保相扶の情誼（同情心）を強調していたため、救済の対象は限定的でした。このような経過のなかで、福祉施設に入る人は、身寄りのない貧しい人という認識が、社会全体に広まることになったのです。

(3) 第二次世界大戦前における介護

現在の「介護」という用語は、1892（明治25）年の「陸軍軍人傷痍疾病恩給等差例（明治25年12月24日陸達第96条）」から用いられるようになったとされています。これは、軍人が職務によって、障害や疾病を抱えた場合、支給される恩給額を「介護を要するもの」の程度で区分される規定です。条文で示されている介護は、その世話のなかでも、起居動作や食事のような日常生活の援助を示し、家族による介護を必要とする心身状態を示している用語でした。それ以降においては、「恩給法」（1923年）や「身体障害者福祉法」（1949年）などの法律においても、「介護」の用語は、家族による介護の支援策として、対象の生活状況における障害の程度を表す用語として使われていたにすぎないのです（第1章第1節参照）。

第二次世界大戦前のわが国においては、家制度における家長が、介護のコーディネート役を担い、親族を含む大きな家族の単位や地域での結びつきや支えを基本としていたのが、家族介護であったと考えられます。

篤志家（とくしか）
社会福祉活動を積極的に援助する人。

関東大震災
1923（大正12）年9月に、関東地方と隣接地域とされる山梨県や静岡県を襲ったマグニチュード7.9の地震を指す。この地震の発生によって、死者と行方不明者の合計が14万人を数えたとされる。

恩給法
恩給の支給について定めた法律であり、恩給とは、恩給法に規定される公務員であった者が、退職または死亡した後、本人またはその遺族に安定した生活を確保するために支給される金銭のこと。

3 現代社会と介護

(1) 第二次世界大戦後における福祉に関する法律の整備

　第二次世界大戦後，焦土と化したわが国は，失業や食糧難を抱えた国民総スラム化様態から復興する歩みを始めました。1946（昭和21）年に公布された日本国憲法第13条において，すべての国民は，個人として尊重され，生命・自由および幸福追求に対する権利を有するとされました（第1章第4節参照）。その結果，戦前の慈恵的制度とは異なり，権利としての社会福祉が進められることになったのです。具体的には，1946（昭和21）年には，（旧）生活保護法が制定され，無差別平等に扶助が行われることになりました。その後，1950（昭和25）年には，（新）生活保護法となり，今日の生活保護法に至っています。さらに，1947（昭和22）年に成立した児童福祉法と1949（昭和24）年の身体障害者福祉法とを合わせた福祉三法体制が整備され，日本の社会福祉の骨格が成立していくことになりました。

　さらに，1951（昭和26）年には，社会福祉事業法が成立し，社会福祉の実施機関としての社会福祉事務所が各都道府県と市に設立されることになりました。その後，1960（昭和35）年には精神薄弱者福祉法（1998年には知的障害者福祉法に名称変更），1963（昭和38）年には高齢者福祉に関する世界単独の法律である老人福祉法が，1964（昭和39）年には母子福祉法（2014年には母子及び父子並びに寡婦福祉法に名称変更）が制定されました。この3つの法律に，すでに説明した福祉三法を併せて福祉六法体制が実現したのです。

(2) 老人福祉法の成立によって示された介護の新たな展開

　介護に関する新たな展開が，福祉の法制度に示されたのは，1963（昭和38）年に成立した老人福祉法です。同法においては，特別養護老人ホームの設置と同時に，家庭奉仕員の派遣事業が明記され，介護を主な業務とする寮母や家庭奉仕員が誕生したのです。

1）特別養護老人ホームの設置

　1950（昭和25）年の（新）生活保護法の成立によって，救護法時代の養老院は，養老施設という名称に変更されました。しかし，養老施設は，生活保護者のための施設であり，その保護をうけられる高齢者は極めて限られた状態になっていました。そのため，老人福祉法の制定に向けたさまざまな動きが展開されていくことになります。

　このような状況のなかで，病弱や寝たきりの高齢者に対する医療機能をもつ老人ホームの制度化や支援施策が強く求められていた結果，常時介護を必要とする高齢者の施設として，「特別養護老人ホーム」が設立されることになった

のです。

老人福祉法の成立によって、救貧施設であった養老施設は、経済問題のある高齢者を対象にした養護老人ホームになり、介護や医療の必要な高齢者には、特別養護老人ホームが新たにつくられ、軽費老人ホームとともに、高齢者に対する福祉サービスが全国に広まりました。そして、これらの施設や在宅における高齢者や障害のある人びとの世話に従事する家政婦や寮母（当時）などの必要性も高まっていくことになるのです。

2）ホームヘルパー（家庭奉仕員）派遣制度の創設

わが国で、最初に在宅介護派遣事業が登場したのは、1950年代です。当時のわが国は、高度経済成長の波のなかで、都市部への人口流動や核家族が進む一方で、経済成長から取り残された低所得者や高齢夫婦世帯、独居の高齢者の増加が問題視され始めた時期でありましたが、生活保護法による養老施設の数は限られていました。そのような状況のなかで、在宅の高齢者に対する援助や在宅福祉活動のサービスに注目が集まるようになったのです。

1956（昭和31）年4月から、長野県上田市や諏訪市などの13市町村が各社会福祉協議会に委託して実施したのが、「家庭養護婦派遣事業」です。この派遣事業は、日常生活を維持する家事サービスが主な内容でした。その後、大阪市が、1958年4月から「臨時家政婦派遣制度（翌年には、家庭奉仕員制度に改称）」を採用しました。この制度においては、その対象に関して、独居被保護老人であることや家庭奉仕員の派遣によって問題解決ができることという限定を行っていました。その後、1960（昭和35）年には、名古屋市が家庭奉仕員制度を、神戸市がホームヘルパー制度を発足させ、1961（昭和36）年には、東京都が東京都社会福祉協議会に委託して、家庭奉仕員制度を実施する動きがみられました。そして、ホームヘルプサービスの実施は、各地に広がりました。この動きをふまえて、国は、1962（昭和37）年、老人家庭奉仕員派遣事業として補助金を計上し、やがて、老人福祉法のなかに盛り込まれた全国的な制度として確立されていくことになりました。その後、1967（昭和42）年の身体障害者福祉法の改正によって、身体障害者もその対象となりました。そして、1969（昭和44）年には、寝たきり老人を抱える家庭についても、ホームヘルプサービスの利用が可能となりました。

1962（昭和37）年発行の『厚生白書（現在の厚生労働白書）』によると、老人家庭奉仕員派遣制度については、対象も貧困階層にある老衰の著しい高齢者が大半であり、家庭奉仕員の業務は、容易なものといえず、奉仕的な気持ちが必要となるにもかかわらず、報酬については、月12,000円程度であり、身分も、臨時あるいは嘱託が多いという問題を指摘しています。一方で、よい点としては、居宅を離れたがらない高齢者を施設に収容することなく、安心して家庭に

高度経済成長
日本経済が飛躍的に成長を遂げた1950年代半ばから1970年代初頭までの経済成長を指す。なお、高度経済成長は、1973（昭和48）年の石油ショックによって終わったとされる。

核家族
夫婦のみの世帯、夫婦またはひとり親と未婚の子どもからなる家族であり、核家族化とは、その社会の家族の典型的な家族として核家族が浸透すること。

起居させることで施設の代替的役割を果たしているという点と中年婦人に就業の機会を与えるという点の2つを説明しています。このように，家庭奉仕員派遣事業創設の目的は，十分な保護施設が整備されていないことを背景として，施設入所を補う施策となったのです。さらに，奉仕員の業務が中年層の婦人に適していたことから，母子世帯の就労を促進するための福祉施策のひとつとしても考えられていました。

老人福祉制度において，家庭奉仕員が設けられましたが，介護は非専門職という位置づけになっていました。介護には，専門的な知識と技術が必要であると認識されていたにもかかわらず，家族に代わって行う行為ということで非専門的な職業とみなされていました。

（3）介護福祉専門職の誕生：「社会福祉士及び介護福祉士法」の成立

1980年代には，高齢化の急速な進展に伴って，介護を必要とする高齢者は，今後増加していくことが確実視されていました。さらに，核家族の増加などによる家族機能や扶養意識が変化していったことによって，介護を要する高齢者を家族だけでは支えられない状況になっていました。結果として，多様なライフスタイルに対応する介護ニーズを援助する専門職の確立への期待が高まっていくことになるのです。

このような社会の動きのなかで，福祉の分野においても，国家資格をもつ専門職が求められるようになり，「社会福祉士及び介護福祉士法」が制定されました。そして，わが国において，相談援助業務を専門とする社会福祉士と介護を専門業務にする介護福祉士という国家資格が初めて誕生したのです（第4章第1節参照）。

この法律が制定された当時は，増大する介護需要に対応するため，専門的能力を有する人材を養成・確保して，社会的に支援することが目的とされ，特に，寝たきり老人等の介護等を行うことを業とすることが介護福祉士に対する主な業務として想定されていました。

（4）ホームヘルパーの誕生から介護保険の成立まで

ホームヘルプサービス自体については，介護が社会化される以前から私的な家政婦派遣事業としての長い歴史を有していましたが，老人福祉における施策は，施設福祉が基本とされていました。しかし，1990（平成2）年の福祉関係八法改正以降は，在宅福祉へと方向転換されました。それと同時に，「老人家庭奉仕員派遣事業」の名称が変更され，「老人居宅介護等事業（老人ホームヘルプサービス事業）」となり，「家庭奉仕員」は，「ホームヘルパー」に名称変更されたのです。その後，「高齢者保健福祉推進10か年戦略（ゴールドプラン）」（1989年）に続き，「高齢者保健福祉推進10か年戦略の見直しについて

（新ゴールドプラン）」（1994年）が策定され，当面の緊急に行うべき高齢者介護サービス基盤の整備目標を引き上げ，1999（平成11）年度までにホームヘルパーを全国で17万人として，サービス提供の担い手の中心となるマンパワーの養成と確保の対策が急がれたのです。さらに，同年12月に提出された高齢者介護・自立支援システム研究会による「新たな高齢者介護システムの構築を目指して」と題する報告書では，介護の基本理念として，高齢者の自らの意思に基づき，自立した質の高い生活が送れるように支援する高齢者の自立支援を掲げ，障害の程度に関係なく，自分自身の生活を楽しみ，自立した生活を実現することができるように積極的に支援することが求められるようになったのです（第4章第1節参照）。

わが国の高齢化の動向としては，1970年代には，高齢化率は，7％を超えて，高齢者社会を迎えていました。同時に，当時から進行していた少子化や医療制度の進歩などの社会状況にも影響をうけ，それまでの体制では，対応できないほどの高齢者の介護問題が表面化してきました。福祉元年と称された1973（昭和48）年には，老人医療費支給制度が開始されましたが，その後の1982（昭和57）年に成立した老人保健法（現在の高齢者の医療の確保に関する法律）によって，老人医療費の一部は有料化になりました。この老人保健法の成立によって，老人保健施設という新たな施設の誕生もありました。

1980（昭和55）年に入ると，高齢者人口の急激な増大によって，寝たきり高齢者や家族介護の深刻な状態も明らかになり，介護問題は，老後生活の大きな不安要因にもなっていきました。特に，この時期に発行された有吉佐和子氏による『恍惚の人』は，当時の状況を描いたものであり，反響をよびました。このことは，家族介護の限界を社会に示したと同時に，介護＝在宅または病院というわが国の伝統的介護のスタイルから，介護を必要とする人びとを社会全体でみていく必要があるとする介護の社会化を生むきっかけとなったのです。さらに，家族の介護ができない場合は，老人病院への入院も増加し，長期間の入院を余儀なくされる社会的入院をしている高齢者が増加し，医療費がかさみ，医療保険財政への負担が大きくなっていました。このような状況を背景として，国民誰もが，必要な介護サービスを身近に，スムーズに手に入れられるシステムの必要性が叫ばれることになり，このような介護の社会化の流れが，後の介護保険法成立への背景となっているのです。

(5) 介護保険法における自立支援としての介護

介護が必要な人を社会全体で支えるという考え方に基づいた社会保険方式による新たな介護システムは，社会福祉施策や介護福祉教育だけではなく，現場の介護業務を行う者に対しても，大きな影響を与えました。

介護保険開始後も，団塊の世代とよばれる人びとが高齢者になることで，高

社会保険方式
一定の要件の者を強制加入させて，老齢・疾病・負傷・死亡・障害・退職等の保険事故に対し，それらにかかる費用や収入を保障する制度。財源は，主として，被保険者本人や雇用主から徴収する保険料であり，その他の保険料の運用収入や税金も充当される場合もある。

団塊の世代
一般的な定義として，第一次ベビーブーム時代とされる1947（昭和22）年から1949（昭和24）年までの3年間に出生した世代を指し，第二次世界大戦直後に生まれて，文化的な面や思想的な面で共通している戦後世代のこと。

齢者全体の数が増えるという予測が示され，2003（平成15）年には，「2015年の高齢者介護～高齢者の尊厳を支えるケアの確立に向けて～」が策定されました。

　介護保険の動向としては，制度の持続可能性や活力ある超高齢社会の構築と同時に，社会保障の統合化からも，介護保険制度の見直しが進められました。2005（平成17）年の介護保険法の見直し（一部改正）の主な改正内容は，(1)予防重視システムへの転換，(2)施設給付の見直し（2005年10月からの導入），(3)新たなサービスの確立，(4)サービスの質の確保や向上等に向けた介護支援専門員（ケアマネジャー）の資格更新制導入があります。これは，介護保険サービスの利用者数や介護サービス事業者数の増加等に対する対応や認知症高齢者およびひとり暮らし高齢者の増加も含めた都市部における急速な高齢化という新たな課題に対応するものとして実施されたものです。その後，2007（平成19）年には，わが国の高齢化率が21.5％を超え，文字通りの超高齢社会を迎えることになります。

　さらに，2011（平成23）年の介護保険法の見直し（一部改正）には，地域包括ケアシステムの構築があります。高齢者が地域で自立した生活を送るために，医療・介護・住まい・予防・生活支援サービスが切れ目なく提供される地域包括ケアシステムとして，日常生活圏域（おおむね30分以内で駆けつけられる中学校区を基本区とした圏域）を基本に，実現に向けた取り組みができるように，検討されました。また，改正法の概要は，(1)医療と介護の連携強化等，(2)介護人材の確保とサービスの質の向上，(3)高齢者の住まいの整備等，(4)認知症対策の推進，(5)保険料上昇の緩和となっています。なお，現行で原則1割負担となっている利用者負担の引き上げ（居宅介護支援における自己負担の導入等）については，見送られました。

(6) 今後の介護が目指すべきもの

　介護サービスの供給方法は，2000（平成12）年に入り，社会福祉基礎構造改革により，措置制度から利用契約制度へと大きく変わり，利用者本位の質の高いサービスが求められるようになりました。

　この動きは，高齢者だけではなく，障がい者の分野にも広がっています。障がい者の分野については，福祉六法が成立した時期以降については，身体障害者と知的障がい者を政策の中心としていましたが，その後，精神障害者も加えられ，3つの主な障害の種別とされていました。そして，施設については，1972（昭和47）年の身体障害者福祉法の改正によって，身体障害者療護施設が創設されました。そこでは，障がい者に対する養護（ケアワークを含む）が行われており，介護福祉士がその業務を担っていたのです。その後，2003（平成15）年に支援費制度がスタートし，2005（平成17）年には，これまでの障が

種別ごとのサービスを共通の制度で一元化する「障害者自立支援法」が制定されました。その目的は，障がい者が地域で安心して暮らせるような必要なサービスを組み合わせて生活支援できることを目指しています。そこでは，身体障害者療護施設は，障害者支援施設へと名称を変えられたのです。障害者自立支援法については，2010（平成22）年に利用者負担や障害者の範囲の見直しなど一部が改正され，2012（平成24）年の改正では，2013（平成25）年4月から，「障害者の日常生活及び社会生活を総合的に支援するための法律（障害者総合支援法）」に法律名も変更され，障がい者の範囲に難病等により障がいがある者が追加されました。なお，介護に対する考え方自体については，介護保険法の内容と同様のものが示されていたのです。

図表2-1　わが国の介護の歴史に関する主な流れ

西暦	和暦	主な内容
593年		聖徳太子による四箇院の創設
718年	養老2	養老律令
1874年	明治7	恤救規則
1929年	昭和4	救護法
1946年	昭和21	（旧）生活保護法
1947年	昭和22	児童福祉法
1949年	昭和24	身体障害者福祉法
1950年	昭和25	（新）生活保護法 → ＜福祉三法体制の確立＞
1951年	昭和26	社会福祉事業法
1956年	昭和31	長野県で家庭養護婦派遣事業の開始
1960年	昭和35	精神薄弱者福祉法（1999年より知的障害者福祉法）
1962年	昭和37	国による老人家庭奉仕員派遣制度の開始
1963年	昭和38	老人福祉法
1964年	昭和39	母子福祉法（1981年に母子及び寡婦福祉法，2014年より母子及び父子並びに寡婦福祉法）→ ＜福祉六法体制の確立＞
1970年	昭和45	わが国が高齢化社会に突入する（高齢化率7％）
1973年	昭和48	老人医療費の無料化 →〈福祉元年〉
1982年	昭和57	老人保健法の成立
1989年	平成元	ゴールドプランの策定
1994年	平成6	わが国が高齢社会に突入する（高齢化率14％）
		新ゴールドプランの策定
1997年	平成9	介護保険法の成立
1999年	平成11	ゴールドプラン21の策定
2000年	平成12	介護保険制度の施行
		社会福祉基礎構造改革
2003年	平成15	2015年の高齢者介護～高齢者の尊厳を支えるケアの確立に向けて～
		支援費制度の導入
2005年	平成17	障害者自立支援法の成立
2007年	平成19	わが国が超高齢社会に突入する（高齢化率21％）
2013年	平成25	障害者総合支援法の施行

出所）筆者作成

3. 現代社会と介護

　長い歴史のなかで，施設での介護から在宅での介護へ，そして，住み慣れた地域で暮らせる新たな介護サービス体制の確立へと進みつつあります。現在のわが国においては，人口減少社会を迎えており，少子高齢化と関わる新たな課題も生まれています。そのひとつとして，高齢者数の増加があげられます。高齢化率は25％を超え（2015年現在），今や4人に1人が高齢者です。このような状況では，よりよい介護サービスをうけるために，介護移住を選択するケースも目立ってきています。

　このように，制度も介護もその時代背景とともに，さまざまに変化・発展し，国民誰もが地域社会に支えられ，幸せに生きていくことを希求する時代になってきました。今後，介護サービスにおけるもっとも大切な考え方は，利用者の尊厳の保持と権利擁護です。介護の専門職にとっては，利用者の思いを尊重し，人間性や個別性を重視し，利用者の幸せな生活を実現することを目的として，社会的に弱い立場にある人びとの権利を守ることが社会的役割となっていることを忘れてはならないのです。

人口減少社会
社会において出生数よりも死亡数の方が多く継続して人口が減少していく時期であり，日本においては，2000年代後半，もしくは2010年代以降，その局面に入ったとされる。

高齢化率
65歳以上の高齢者の人口が総人口に占める割合をいう。国連の定義では，高齢化率が7％を超えると「高齢化社会」，14％を超えると「高齢社会」，20％を超えると「超高齢社会」としている。

介護移住
今日では，市区町村ごとに介護サービスの内容に格差が存在しているため，自分にとって，よりよい介護サービスを求めて，介護サービスがより充実している場所に転居すること。

参考文献

介護福祉士養成講座編集委員会編『介護の基本Ⅱ』（新・介護福祉士養成講座4）中央法規，2013年
社会福祉学習双書編集委員会編『介護概論』（社会福祉学習双書15）全国社会福祉協議会，2013年
西村洋子編『介護の基本』（最新介護福祉全書3）メヂカルフレンド社，2014年
西村洋子・本名靖・綿祐二・柴田範子編『介護の基本Ⅰ』（介護福祉士養成テキスト5）建帛社，2012年
日本介護福祉士養成施設協会編『介護の基本／介護過程』（介護福祉士養成テキスト2）法律文化社，2014年
日本介護福祉士養成施設協会編『介護福祉士のグランドデザイン—明日の介護福祉士資格と，人材の確保・育成』中央法規，2014年
山﨑泰彦・高木安雄・尾形裕也・増田雅暢『福祉キーワードシリーズ社会保障』中央法規，2004年

プロムナード

　わが国における介護の歴史は，高齢者や障害者および障害児や疾病を抱えた人などを一緒に介護する活動から始まりました。最初は，聖徳太子によって開始されたという記録もありますが，当時は，法律や制度に基づく実施ではなく，仏教などの宗教的動機による慈善活動から始まったとされます。

　これまでの介護の歴史を概観すると，介護は，家制度による家族・親族の扶養を前提とした「家族による介護」が中心となっていたといえます。つまり，家族は，家事機能のひとつとして，家族や地域社会の支えあいのなかで機能していたのです。そのため，介護への施策は，家族のいない，身の回りのことが自分でできない人のお世話という狭義の視点を中心に展開されました。

　今日においては，以前は，介護を中心に担っていた女性の社会進出が進み，男性と同様に労働することが一般化しています。そのことは，従来の家族中心による介護を見直し，社会全体で介護が必要な人を支えるという新たな思想を生み出しました。その一方で，家族を含めた人と人のつながりが薄くなったということも忘れてはなりません。結果として，2000年の社会福祉法成立による措置から契約という利用方式の変更は，福祉サービスの提供のあり方自体にも大きな影響を与えるものです。

　それと同時に，介護に関する人材の確保も課題となり，介護の担い手については，専門的資格を必要とせずに働ける時代も長く続きましたが，国家資格である介護福祉士が誕生し，期待される役割や養成カリキュラムや受験ルートも，時代に合わせて変化を示しています。今後は，社会全体で介護を必要な人を支えられるシステムづくりが，大きな課題になると考えられます。

学びを深めるために

新村拓編『ホスピスと老人介護の歴史』法政大学出版局，1992年
　　宣教師による医療伝道の姿とキリシタンの死の看取りにみるホスピスの意味を考え，中世から近世にかけての老人介護の実状を描き出し，今日の在宅医療のあり方や尊厳ある生と死を問い直す機会を与えてくれる内容である。

全国老人保健施設協会『介護白書』各年版
　　わが国の介護に関する制度の動向や課題を理解する上では，もっとも役に立つ刊行物であり，統計資料も参考になる部分が多い。

第 3 章

介護問題の背景

1 少子高齢化

(1) 少子高齢化を招いた歴史的・社会的背景

　産業化がもたらした技術革新による近代化は，法の遵守と公正な契約に基づく近代的自由主義的社会を形成しました。その結果，支配階級の個人生活に対するなんらの干渉もうけない自由を獲得しました。その代わりに，個人生活に対する自己責任を「自助の原則」として担わされました。すなわち，契約と法の遵守によって「自助の原則」をつらぬく個人の自立生活が求められました。

　生産手段をもたない労働者階級にとっては，いのちと暮らしを維持する唯一の手段は労働賃金に依存するしかありませんでした。したがって，「自助の原則」をつらぬくことによって，疾病・失業・老齢・死亡などによって就労もしくは就業の場が一時的あるいは永久的に喪失することが，致命的ダメージになります。

　自由主義的近代社会において「自助の原則」をつらぬく生活とは，安全で安定した家族生活を維持することです。産業化と都市化は，近代市民社会を形成し，自給自足の経済社会から資本主義的自由社会へと発展しました。前近代社会から近代社会への変革は，工場労働者の出現によってもたらされる家族の変容であったといっても過言ではありません。「嫁取り婚」や「嫁入り婚」に象徴される権威主義的拡大家族（三世代家族）から，選択の自由による結婚に象徴される民主主義的友愛家族（一世代または二世代家族）への変容がそれです。そして，友愛家族は夫婦とその未婚の子からなる核家族化を促進助長しました。産業化による賃金労働者のくらしは，労働力の消費によって得た賃金収入を唯一の生活資金としなければならず，失業や退職による就労の場の喪失は，自助能力の一時的または永久的な喪失につながることが多かったといえます。このことは自営業，自作農，小商工業者などとは比較にならないほど深刻な問題であり，生活資金の確保は，生活上きわめて重要な基本的事項です。その結果，「夫婦共稼ぎ家族」や「夫婦共働き家族」ないし「夫婦別働き家族」や「週末婚」あるいは「単身家族」が急激に増加し，「鍵っ子」や「学童保育」，そして「子育て」が社会問題にもなりました。

　このように核家族化の進行が加速していきましたが，とりわけ日本の場合，諸外国に比べて高齢化が予想以上に加速したことによって引き起こされた医療・看護・介護にかかわる社会福祉的諸問題は，緊急課題として国民生活の上に重くのしかかるようになりました。

　一方，技術革新による産業化と都市化による近代化は，医療技術の進歩，医療・看護・介護関連制度の成立等，少子高齢化を促進させました。

　しかし，このような歴史的・社会的変動によって必然的につくりだされた出生率と死亡率の増減の差はとどまることなく，多産多死型社会から少産少死型

社会へと移行を加速させながら少子高齢社会を現実化させています。

(2) 少子高齢化によって発生する老人問題と老後問題

65歳以上の高齢者人口の全人口に占める比率が高くなればなるほど，高齢者のための社会保障給付費の増加が問題になります。社会保障給付費の担い手は，生産年齢人口（15～65歳未満）です。生産年齢人口の負担は避けられない問題になります。その結果，年金加入者と受給者数の不均衡が年金制度の崩壊をもたらす危険性をはらむことになります。

つぎに，老人扶養の担い手は誰なのかという問題が深刻化しています。従来の「同居する家族・近親縁者が扶養する」型から「別居する家族・近親縁者が援助する」型への変化は，老人扶養を家族・近親縁者だけに期待することを困難にした結果です。

独居高齢者のなかにも，要支援や要介護の認定をうけた高齢者が増加しています。また，DV（ドメスティック バイオレンス）による被虐待高齢者，生活保護受給高齢者が増加しています。

(3) 少子高齢社会の今後の課題

老後問題が，高齢予備軍である若年者層の老後問題でもあることは周知の事実です。したがって，先にも述べたように，国民総人口に占める65歳以上の高齢者人口の比率（高齢化率）の上昇に比例して，若年者層（生産年齢人口）が負担する社会保障給付費は年々増加します。1947（昭和22）年から1949（昭和24）年に生まれたいわゆる「団塊の世代」が65歳以上となる2015（平成27）年には高齢者人口は3,395万人にもなり，その後も高齢化率の上昇が続くと予想されています。2.5人に1人が65歳以上，4人に1人が75歳以上という時代が目前に迫っています。

このような急激な高齢化に対応して，1989（平成元）年には，高齢化に備えるために消費税を導入し，「高齢者保健福祉推進十か年戦略」（ゴールドプラン）を策定しました。翌年の社会福祉関係八法改正によって，住民のもっとも近いところの市町村レベルで福祉サービスを提供し，在宅福祉サービスの充実を図り，地域福祉サービス体制を強化しました。

さらに，1990年代には，新ゴールドプラン・エンゼルプラン・障害者プラン（ノーマライゼーション7か年戦略）等の策定，高齢者社会対策基本法の成立，児童福祉法の改正，介護保険法の成立，精神保健福祉士法の成立，「ゴールドプラン21」の策定がありました。

今後，措置契約から利用契約への制度変更と施設福祉サービス中心から在宅福祉サービス中心への移行がみられ，行政主導型・支援者主導型から民間主導型・当事者主導型へのパラダイム転換が，少子高齢化時代における社会福祉と

りわけ介護福祉推進のターニングポイントになると考えられます。

2 家族機能の変化

(1) 日本の家族と「いえ」制度

　家族（family）は，人間にとってかけがえのない大切な最小の集団であり，家族なくして生きることのできない身近な存在です。あまりにも身近すぎるために軽視されやすく，あって当たり前と思いやすく，したがって，家族は形成される集団だという認識は極めて少ないです。とりわけ，日本では「制度としての家族」が長期にわたって維持存続してきたことに加えて家族制度に対する国家統制が強かったことも影響した結果，国家に対する忠義や忠誠と権威主義的家父長家族（authoritative patriarchal family）における孝養や恩恵といった倫理的色彩の強い認識が一般化してきました。家族類型としてみれば，前近代的社会においては権威主義的家父長家族に代表されるのに対し，近代社会においては民主主義的友愛家族（democratic companionship family）に代表されていると考えてよいといえます。

　アジア大陸の東方に浮かぶ細長い島国日本は，昔から多雨，大雪，台風，地震，津波等による自然災害に悩まされながら，その特殊な地勢的・風土的特徴を活用した第1次産業に生活の基盤を据えてきました。産声をあげた母なる大地（つち）は先祖からの共同遺産として尊ばれ，育った場（いえ）は「つち」と共にゆるぎない資産（不動産）として子や孫へと受け継がれていく大切な家産と考えられました。同一の地域，言語，習慣，文化，意識を共有する「むら」は，このように「つち」と「いえ」による「生活の共同」の場として形成されました。同時に，家族，親族，近親縁者の間をつなぐ結い（ゆい）の生活共同体のなかで培われた強い情愛と親和連帯は，「いえ」の継承，出産・育児としつけ，休息と慰安，自助と扶養，保健と療養，ないし先祖供養等のくらしに必要な全領域にわたる家族機能をもっていました。

(2)「いえ」制度と家族制度

　「いえ」制度のことを，そのまま「家族制度」と説明してきたことがありました。しかし，両者を同一の概念として扱うことは正しい認識ではありません。なぜなら，「いえ」制度は，いつの時代でもどんな社会にでも存在する家族制度のなかで，日本固有の家族制度といえるからです。

　「いえ」制度の固有な特徴を次の5点に整理できます。
　①男系の長子相続制による直系家族として示された日本の伝統的な制度であり，固有な家族形態です。
　②家族生活の統率者は家父長であり，家族関係は「権威―恭順」型です。

③「いえ」に承継されている家産と家業ないし家職を尊重します。
　④家系を重んじ，超世代的な家族の存続反映を目標として家族成員が意識します。
　⑤個人の自由意志は家格・家柄や家風を重んずる集団主義の価値体系のなかに埋没し，先祖から子孫にいたるまで連続した一体です。

　このような「いえ」制度は，明治時代に成立した民法の第4篇と第5篇において法定化し，家族の統率者としての戸主に家長の権利を与えています。また，長男子には家産の単独承継を規定しています。同時に，家族成員に対する単独扶養義務を課しています。しかし，第2次世界大戦後，民法は全面的に改革し，性別や続柄による家族間の不平等を撤廃しました。

（3）核家族の機能

　欧米において，前近代家族から近代家族へと変容した特徴を，もっとも的確にあらわした概念といえば，バージェス（Burges, E. W.）とロック（Locke, H. J.）の共著『家族―制度から友愛へ』（1945年）で提示した≪制度から友愛へ≫という端的な表現です。制度としての家族では，家族のつながりを慣習や制度によって規定し，家父長と家族成員の結合関係は「権威―恭順」のタテ序列型であり，帰属的地位（ascribed status）において身分と役割を規定します。

　一方，友愛としての家族では，平等の原理に基づく民主主義的家族であることを特徴とし，個人の幸福追求を目的とした配偶者選択の自由による愛情と相互理解に基づいた「平等・合意」型の家族です。家族成員は獲得的地位（achieved status）に対する役割期待（role expectation）において主体的に役割取得（role taking）し，役割遂行（role achievement）の結果，家族や社会における自己の地位を保持しています。

　次に，家族の構造を研究した社会人類学者マードック（Murdock, G. P.）は，核家族（nuclear family）を最小単位の家族として位置づけました。核家族の概念は，夫婦とその未婚の子からなる家族として規定しました。言葉をかえていえば，核家族は二世代家族であり，核家族の複合形態としての三世代家族は拡大家族（extended family）といいます。また，人間は，人生において，生まれた家族（定位家族：family of orientation）と生む家族（生殖家族：family of procreation）の2種類の核家族に所属します。この2種類の核家族は，類型としては同じでも，機能としてはそれぞれの個人自身にとって決して同じではありません。すなわち，前者では自分の意思にかかわらず，一定の家族に帰属する運命的な働きが機能しています。それに対して，後者では配偶者の選択や家族計画をはじめ，老親との居住規制（rule of residence）や老人ケア等にかかわる自己選択ないし自己決定の機能があります。

　マードックの核家族説は，核家族は人類にとって普遍的な社会集団であるこ

とを強調しました。いつの時代でも，世界のどんな地域でも，そしてどんな場合でも，核家族は単独あるいは複合形態の構成単位として普遍的に存在してきたということを主張しました。しかも，核家族がこれ以上は分離できない単位としてあり続ける根拠を，その構造と機能の両面から説明しました。

夫婦とその未婚の子からなる核家族は小さいながらも，構造として8つの家族関係の対をもっています。すなわち，夫と妻，父と息子，父と娘，母と息子，母と娘，兄と弟，姉と妹，兄と妹または姉と弟です。しかも，これらが互いに補い合いながら密接に結びつき，結いの体型を形成しているのです。一方，家族の機能として性，経済的協同，生殖，教育の4機能をあげて，人類における基本的かつ不可欠なこの4機能を核家族がはたしてきたことを強調しました。

とりもなおさず，家族は性的に成熟した男女の性的欲求充足の機能をもつ集団です。ついで，家族は生計を同一にする経済的協同の機能をもつ集団です。更に，家族は性の結合の結果として子どもの出産と育児につながる生殖の機能をもつ集団です。最後に，家族は，教育の機能をもつ集団です。社会に容認されている価値規範体系を身につける教育機能をもつ社会集団です。

他には，オグバーン（Ogburn, W. F.）が，家族の主たる機能は性的機能と扶養機能の2機能だけであるとし，マッキーバー（MacIver, R. M.）は，性欲充足機能，出産育児機能，家庭構成機能の3種類だけであると指摘しています。

このように，核家族に象徴される現代家族の機能は，発展する各種の社会制度に移行して，「休息」と「寝る」機能までホテルや各種の宿泊施設に移譲する場合が増大化しています。養育や教育の機能は学校をはじめ各種の教育施設に移譲し，生殖，療育・療養や保健の機能は病院や各種の医療施設や保健施設に移譲し，娯楽やレクリエーションの機能はゲームセンターや映画館等にそれぞれ移譲した結果，家族の機能のほとんどが縮小化と脆弱化の傾向を余儀なくしているのです。したがって，高齢者のニーズにかかわる養老，娯楽，療養，介護，看護，寝食等にいたるまで，社会制度やその他の社会施設・機関等の社会資源に依存または活用せざるをえなくなり，介護の社会化がすすむのです。

3 介護の社会化

(1) 介護の社会化とはなにか

日本では，家族内介護中心の伝統を守り続けてきました。そして，家族内の要介護高齢者の処遇・世話・扶養にかかわる一切の介護問題のひとつには，成人した子ども夫婦，とりわけ嫁が舅や姑を介護する担い手として，報酬の伴わない影の労働（シャドーワーク）を担ってきたことがあげられます。しかし，核家族化の進行と高齢化が予想以上に加速したことによって，要介護高齢者の増大と多様等が深刻な緊急課題として，国民生活の上に重くのしかかるように

なってきました。

　さらに，老親扶養の担い手は誰なのかという問題が深刻化すればするほど，家族・親族内における老親介護の役割分担は，その役割期待・役割取得・役割遂行の各ステージにおいて，葛藤，軋轢(あつれき)，不満，不和，紛争，ひいては財産分与の係争にまで拡大しています。従来の配偶者または嫁に期待される扶養・介護の役割構造は，少子高齢化がすすむにつれて徐々に縮小するとともに，介護疲れや介護拒否あるいは要介護者への虐待にまで発展しているケースも少なくありません。

　一方，高齢者夫婦世帯という生活形態においては，住み慣れた居住空間のなかで生活し続けたい願望が強く，介護に対する家族負担を少しでも軽減できる工夫をしながら，精神的安定ないし安心感がえられる可能性を模索し期待している様相がうかがえます。

　このような社会状況が，介護の社会化を進行させたと考えてよいといえます。したがって，有効な物的資源と人的資源の整備が目標課題であるといえます。介護の社会化によって，施設福祉サービスと在宅福祉サービスの体系化をより一層はかることが期待されています。

(2) 介護の社会化に貢献する理念と原理・原則

　効率的で効果的なサービスの提供に向けて，フォーマルな専門職ケアとインフォーマルなケアとの連携と協働は欠かせない重要項目のひとつです。医療・保健・社会福祉の縦割り行政に対する批判的協力関係を保持しつつ，よきパートナーシップを促進する地域ネットワークづくりが求められます。なぜなら，従来の介護サービスの特徴は介護しやすい環境づくりでしたが，現在は要支援・要介護高齢者が人間らしく生きることができる自立生活支援システムを構築することが介護の社会化を意味するようになったからです。

　その場合に選択される重要なキー概念として，次の7つをあげておきます。

　それは，ノーマライゼーション（Normalization），リハビリテーション（Rehabilitation），コミュニケーション（Communication），コーディネーション（Coordination），コラボレーション（Collaboration），コーポレーション（Corporation），並びにインクルージョン（Inclusion）です。

　まず，ノーマライゼーションの理念は，人間存在の価値と尊厳を相互に確認する社会福祉の原点です。人間らしく生きる当たり前のことが，当たり前にできる当たり前の世界を構築することです。当たり前の権利として，相互に確認する福祉国家を目指しています。ノーマライゼーションの理念に貫かれた人間生命倫理の原点は，輝くいのちを生きることです。自立能力を高める自律には，個人の主体性を尊重しながら個人の主体的生き方を支援するリハビリテーションの理念が内包されています。社会的不利（ハンディキャップ）を担う障がい

者や高齢者に寄り添い，生・老・病・死の人生苦に苦悩する個人とその家族を見守り，全人的に支援することでもあります（第5章第4節参照）。

第2のリハビリテーションの目標には，機能回復，社会復帰，生活改善，健康管理，予防等の広義・狭義にわたる領域がありますが，生理学的，医学的，職能的，社会的，心理的，精神的リハビリテーションもあり，最近は「癒しの福祉」として，キリスト教福祉のホスピス活動や仏教社会福祉のビハーラ活動もその視野に入れています。

第3のコミュニケーションには言語コミュニケーションと非言語コミュニケーションがあり，会話や対話ができない場合でも，当事者の訴えや期待を相手の動作や表情と感情の表出から聴き，感じ，読み取ることができます。

第4に，人間は縁によって出会い，かかわり，結びつき，絆によってつながり，まとまり，広がりをつくることができます。そこに展開する状況は和合と共同と統合であり，連絡と調整です。ソーシャルワークの活動の原点は，連絡・調整の機能によって組織化と統合化をはかることです。ここにコーディネーションの大切さがあります。

第5に示すキー概念は，コラボレーションです。ソーシャルワークはひとりの単独活動であるとはいえません。いってみれば，ソーシャルワーカーの個人プレイではなく，チームワークです。訓練されたソーシャルワーカーの専門知識と能力の協同・協働がチームワークにとって不可欠の条件です。同時に，地域トータルケアシステムの構築に向けて，医療・保健・看護・介護等を含めた他の職種とのチームケアアプローチも重要な課題です。

第6に示すキー概念は，協力，支援，協調を意味するコーポレーションです。現代の社会福祉は慈善や救貧から共生と創生を志向するまでに進展しました。施設内処遇を中心とした施設福祉サービスが，在宅福祉サービスの整備と住民参加によるNPO活動や各種ボランティア活動・事業の推進につながりました。

最後に，現代社会福祉の原点ともいうべきインクルージョンの概念は，重要な意味をもっています。この概念はエクスクルージョン（排除）の対置概念であり，自由と平等による人間の尊厳と人権擁護に包摂される概念です。

介護の社会化はまさに基本的人権と権利擁護の視点を見失うことなく，被介護者が自己実現できる生き方を支援することです。その際，生活環境の整備と社会資源の有効利用を最大限に活用することです。同時に，生活者としての高齢者の日常生活の継続性と生きる意欲を最大限に尊重する視点を見失うことなく，地域トータルケアシステムの構築にむけて展開することを忘れられてはなりません。

4 高齢者虐待

(1) 高齢者虐待の実態

　高齢者虐待に関する厚生労働省の2012（平成24）年度調査[1]によりますと，要介護高齢者への虐待と認定されたもののうち，養介護施設従事者等によるものは155件，家族・親族などの養護者によるものが15,202件でした（図表3-1，3-2参照）。数字だけに着目しますと，2012年度調査では前年度より若干減少しましたが，調査を開始した2006（平成18）年度から2011（平成23）年度まで，養介護高齢者への虐待は増加の一途をたどっていました。

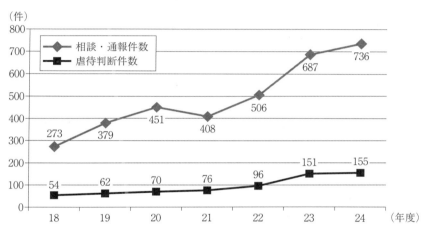

図表3-1　養介護施設従事者等による高齢者虐待の相談・通報件数と虐待判断件数の推移

出所）厚生労働省「平成24年度高齢者虐待の防止，高齢者の養護者に対する支援等に関する法律に基づく対応状況等に関する調査結果」

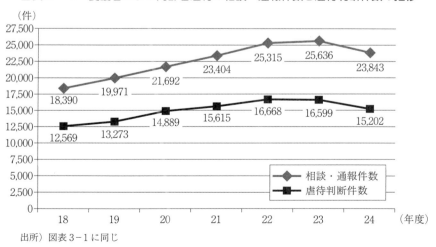

図表3-2　養護者による高齢者虐待の相談・通報件数と虐待判断件数の推移

出所）図表3-1に同じ

また、養護者による虐待に関して、被虐待高齢者からみた虐待者の続柄は、「息子」がもっとも多く、次いで「夫」「娘」という順になっています（図表3－3参照）。

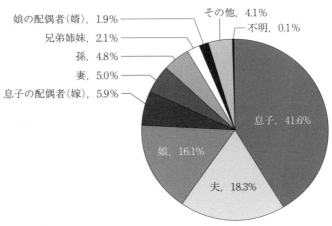

図表3－3　被虐待高齢者からみた虐待者の続柄

娘の配偶者（婿），1.9%
兄弟姉妹，2.1%
孫，4.8%
妻，5.0%
息子の配偶者（嫁），5.9%
その他，4.1%
不明，0.1%
息子，41.6%
娘，16.1%
夫，18.3%

出所）図表3－1に同じ

(2) 虐待をした人の属性の違いによる虐待の状況と、虐待発生の背景

1) 虐待の種別

虐待の種別と、虐待者（養介護施設従事者等によるものと養護者によるもの）の違いを比較してみると、総体として「身体的虐待」に次いで「心理的虐待」が割合として高くなっているのは同じですが、「性的虐待」については養介護施設従事者によるものの割合のほうが高くなっています。一方、「経済的虐待」については、養護者によるものの割合のほうが高くなっています（図表3－4、3－5参照）。

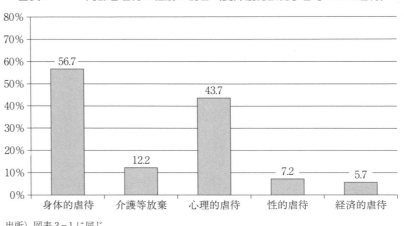

図表3－4　高齢者虐待の種別の割合（養介護施設従事者等による虐待）

身体的虐待　56.7
介護等放棄　12.2
心理的虐待　43.7
性的虐待　7.2
経済的虐待　5.7

出所）図表3－1に同じ

図表3-5　高齢者虐待の種別の割合（養護者による虐待）

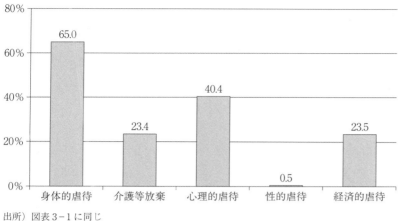

出所）図表3-1に同じ

2）被虐待高齢者の認知症の程度と虐待の種別の関係

　被虐待高齢者の認知症の程度と虐待の種別の関係をみてみますと，認知症の程度が高くなるほど，養介護施設従事者等による虐待では「身体的虐待」をうける割合が高くなり，養護者による虐待では「介護等放棄」をうける割合が高くなっています。一方で，認知症の程度が低くなるほど，養介護施設従事者等による虐待では「介護等放棄」「性的虐待」をうける割合が顕著に高くなっており，養護者による虐待では「身体的虐待」をうける割合が高くなっています（図表3-6，3-7参照）。

図表3-6　被虐待者高齢者の認知症の程度と虐待の種別の関係
（養介護施設従事者等による虐待）

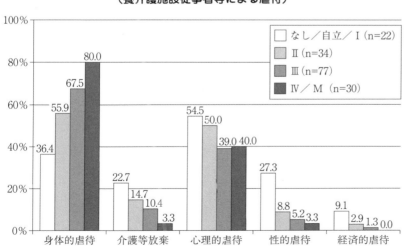

出所）図表3-1に同じ

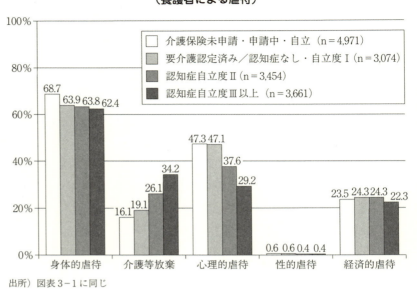

図表3－7　被虐待者高齢者の認知症の程度と虐待の種別の関係
（養護者による虐待）

出所）図表3－1に同じ

3）養護者による虐待発生の背景

　日常的な介護に追われ，身体的にも精神的にも強度の負のストレスが蓄積したときに虐待はおこりやすくなります。都市化，核家族化の進展により脆弱した地域コミュニティーでは介護を担う者が孤立しやすく，家族の介護を背負った日常生活に対する悩みや不満を誰にも話せず溜め込んでしまうことも多くあります。さらに，養護者による虐待には「息子」や「夫」の割合が高くなっているのも，男性は女性と比較して地域コミュニティーに溶け込みにくい現状が背景にあります。

　また，養護者と要介護者の以前からの人間関係が虐待へと発展したり，養護者自身が熱心に介護にとりくみ完璧を求めるあまり，それがかえって負担となっているケースや，経済的困窮や配偶者との別居や離婚などを原因とした生活不安などが精神的苦痛の根源となり，要介護高齢者への虐待へと進行してしまうケースなどがあります。

4）養介護施設従事者等による虐待発生の背景

　養介護施設従事者等による虐待発生の場合には，虐待者のおかれている労働環境・労働条件と養介護施設従事者個人や職場内全体の介護実践の力量と質が影響している場合が多くあります。長時間労働でなおかつ密度の高い業務を強いられ，緊張を常に保持しておかなければならない労働環境のなかで，要介護者との感情のやりとりがうまくいかなかったり，そのときの対応に関して事がうまく運べなかったりしたときに，感情の高ぶりから虐待へと発展してしまう

ケースなどです。

（3）高齢者の虐待防止に向けた取り組み
1）高齢者虐待防止法
「高齢者虐待の防止，高齢者の養護者に対する支援等に関する法律」（高齢者虐待防止法）が 2005 年成立しました。この法律における虐待とは，

① 高齢者の身体に外傷が生じ，または生じるおそれのある暴力を加えることを意味する「身体的虐待」，
② 高齢者を衰弱させるような著しい減食，長時間の放置，養護者以外の同居人による虐待行為の放置など，養護を著しく怠ることを意味する「介護等放棄（ネグレクト）」，
③ 高齢者に対する著しい暴言または著しく拒絶的な対応その他の高齢者に著しい心理的外傷を与える言動を行うことを意味する「心理的虐待」，
④ 高齢者にわいせつな行為をすること，または高齢者にわいせつな行為をさせることを意味する「性的虐待」，
⑤ 養護者または高齢者の親族が当該高齢者の財産を不当に処分することその他当該高齢者から不当に財産上の利益をえることを意味する「経済的虐待」，

の 5 つの種別です。また虐待者（虐待する人）とは，「高齢者を現に養護する者であって養介護施設従事者等以外のもの」つまり被虐待者の家族や親族である「養護者」と，高齢者の介護施設等で働く職員などの「養介護施設従事者」の 2 つの立場をさしています。

上記の 2 つの立場の人が 5 つの種別によって高齢者に著しい危害を加えることを虐待としていますが，本法律ではそれらを「高齢者が他者から不適切な扱いにより権利利益を侵害される状態や，生命，健康，生活が損なわれるような状態に置かれること」と明文化しています。そして，このような状況に対して，虐待者が虐待の意識があったかどうかにかかわらず，客観的な状況として高齢者の権利・利益，生命，健康，生活が損なわれる状況に置かれている場合は虐待とし，市町村に対して必要な対応を講じることを義務づけています。

そして本法律では，高齢者の虐待防止の観点から各主体に対する責務等を明記しています。国及び地方公共団体に対しては，高齢者の虐待防止にむけた関係機関及び民間団体との連携の強化やその他必要な体制の整備に努めることとし，市町村に対しては高齢者の虐待を発見した場合や通報をうけた場合に，速やかに被虐待高齢者の安全確認及び安全確保やその後の対応をすること，そして都道府県に対しては市町村に虐待に関する情報の提供や必要な助言を行うことを求めています。

また，国民に対しては，地方公共団体が講ずる高齢者虐待防止や養護者に対

する支援のための施策に協力することを求めています。ここには，虐待を発見したときには通報することの義務も含まれています。

そして，保健，医療，福祉関係者に対しては，職務上虐待を発見しやすい立場であることを自覚するとともに，高齢者虐待の早期発見に努めること，養介護施設の設置者・事業者に対しては，従事者に対する研修等の実施や利用者・家族からの苦情処理体制の整備その他，事業所内における高齢者虐待防止のための措置を整備することを求めています。

2）虐待防止と高齢者の権利保障の取り組み

虐待は，被虐待者の身体的苦痛をもたらすだけではなく精神的な傷を負い，その後の生き方や人生の満足度に影響を与え，虐待の期間が長ければ長くなるほどそのダメージは計り知れないものになります。よって虐待は予防の対策を講じるとともに，高齢者の介護を担う関係者が早期発見のための目を光らせておくことが重要になります。

虐待の早期発見のための視点として，高齢者自身については「表情の暗さ，無反応，自発性の低下，おびえ，衣服・頭髪等の身体の不潔状態と臭気，会話のぎこちなさ，不平・不満」[2]などに着目すること，介護者については「表情の暗さ，無反応，強度の疲労等と共に，介護の大変さを訴えて共感を求めてくる，不平・不満，言い訳が多い，サービスの提供に対して拒否的，なげやりな態度」[3]などに着目する必要があります。

養護者による虐待を防止するには，介護保険サービス事業所をはじめとする地域ケアの関係諸機関の専門家や，民生委員，地域ボランティアグループ，近隣住民などのコミュニティにおいて，相互の日常的なコミュニケーションと観察によって養護者および要介護高齢者の変化に早期に気付いていくことが求められます。

また，養介護施設従事者等による虐待を防止するには，事業所の管理者が介護施設職場内での職員同士のコミュニケーションを通して職員一人ひとりの心身の健康状態の変化に気付いていくことや，職場内に職員個人の悩み，疲労，不満などの思いを気兼ねなく発信できるシステムを置くことが求められます。さらに，職員全体で労働環境及び労働条件を常に点検することや，要介護高齢者とのさまざまな対面場面で職員一人ひとりが対応していくことができるよう，職場内の学習会の開催などを通して職員集団として介護実践の力量を蓄えながら介護の質を高めていく作業が求められます。

虐待には，被虐待者の権利・利益，生命，健康，生活が脅かされている状態が存在しているだけではなく，介護者である養護者および養介護施設従事者等の権利・利益，生命，健康，生活も脅かされているのです。よって虐待を防ぐことは，要介護者とともに介護者自身の権利・利益，生命，健康，生活を保障

することにもつながるのです。

5　介護ニーズの変化

(1)『恍惚の人』にみる，家族中心の介護

　有吉佐和子の小説『恍惚の人』がベストセラーとなった1970年代初頭，日本は高齢化率（総人口に対する65歳以上人口の占める割合）が7％を超え，高齢化社会をむかえました。認知症（当時は痴呆症とよばれていた）となった主人とその介護を担う嫁のさまざまな苦悩を題材とした『恍惚の人』は，認知症の人とその家族にせまりくる生活問題をリアルに描写し当時の介護問題を表現しています。

　介護は，長らく伝統的家族形態を土台に家族の役割とされていました。そして1960年代以降は，「介護の私事化」時代ともいわれ「高齢者や障害者の介護を個人や家族の責任としてのみとらえ，介護問題を私的問題と認識する態度」（野々山編 1998）ともいわれたように，産業構造の変化とそれに伴う暮らしの変化によって，介護に対する責任や負担を家族のなかでも極めて狭い範囲に限定してしまいました。そして家族の役割としての家族内の介護を担ったのは主に嫁，娘などの女性でした。こういった家族内の責任や負担を狭い範囲に限定したことが，家族内の介護をめぐり存在するさまざまな生活問題を社会問題化させました。

　農業中心であった第一次産業から高度経済成長をもたらした製造業中心の産業へと移り変わった産業構造の変革が，人口を都市部へと集中させました。そして核家族化の進展など家族形態や市民の暮らしが変化し，同時に人びとの生活に対する価値観も変化していきました。それは，「男性は外に働きに出て女性は主婦として家内の家事を担当する」という家族内の分業を明確にしたことにつながりますが，同時に家族内の介護は核家族化された単一の家族内で解決することを求められたといえます。そして「『男は仕事，女は家庭』とされる性別分業社会では，『女性』・『高齢者』・『子ども』という一般社会で弱者とされる者の『家族のなかの人権』をめぐる相克関係は『ケア』場面において顕著にあらわれる」（春日 2001）というように，家族内の介護を担う女性の，生活者としての時間的なもの・生活行為の実行に関するものに対する自由が侵害されるといった，女性の生活に関する権利の問題が介護問題として社会に認識されました。

　女性の生活に関する権利の問題が介護問題として社会に認識されていった背景には2つの視点をみることができます。ひとつは，国民皆保険などにみられる医療制度の確立と，医療技術の発展です。1961年の国民皆保険制度や，1973年の老人医療費の無料化が実施されたことにより医療は万人のものにな

りました。誰もが容易に医療にかかることができるようになったことで、これまで救えなかった命を救うことができるようになり、また治療・対処法や薬剤技術の発展によりいわゆる「ねたきり老人」とよばれる高齢者が増加しました。こうして家族内の介護は長期化し、それを担う者は自身の人生の一部分をそれのみに費やすことが求められるようになりました。

　2つめには、『恍惚の人』の描写にもあるような、都市部における認知症問題です。今日でこそ認知症のさまざまな原因、認知症特有の症状のメカニズム、そしてケアの方法論等が科学研究の成果により解明され、ケアによる認知症状への対応がある程度可能になりました。しかしそれらは2000年の介護保険法の施行とともにめざましい進歩を遂げたに過ぎず、ここ10余年のものといえるでしょう。それ以前は、徘徊、昼夜逆転、不潔行為、暴言・暴力などの行動がみられました。夜中に家を飛び出し地域を歩きまわったり、家のなかで大声を出したり、失禁の処理に追われたりと、認知症をかかえる家族の介護を担う者の労力は相当なものがありました。都市部特有の狭小な住宅環境下と脆弱なコミュニティによって近隣住民との関係性に対する精神的負担や、昼夜を問わず認知症をかかえる家族への対応に追われることによる肉体的負担がありました。

　このように、1960年以降の介護ニーズとは、介護を必要とする本人よりもむしろ、介護を担う者の肉体的・精神的負担からの解放と生活権の回復へのニーズだったといえます。

（2）少子高齢化時代と介護サービスの転換

　1980年代に入ると、1981年、障害者の「完全参加と平等」を謳った「国際障害者年」の策定、1989年の児童の最善の利益と権利主体の確立を謳った国連による「子どもの権利条約」の採択など、世界の潮流として個の人権尊重が意識されはじめました。高齢者の分野においても1982年に開催された世界高齢化問題会議で「高齢化問題国際行動十か年計画」が策定され国連で承認されました。これがのちの『すべての年齢の人びとのための社会をめざして』を謳った1999年「国際高齢者年」につながっていきます。また、1991年に国連で採択された「高齢者のための国連原則」では、高齢者の独立、参加、ケア、自己実現、尊厳の各項目が「原則」の柱として明記されました。日本国内においては国連を中心にした高齢者の人権保障の流れを汲みつつ、高齢化率が14％を超えた高齢社会の到来をにらんだ介護サービスの拡充やマンパワーの拡大にむけて、1987年「社会福祉士及び介護福祉士法」の成立、1989年の「ゴールドプラン（高齢者保健福祉十か年戦略）」が打ち出されました。そして「ゴールドプラン」は、1994年の「新ゴールドプラン」へと繋がっていきます。「新ゴールドプラン」では、「個人の自立を基盤とし、国民連帯でこれを支えると

いう自立と相互扶助の精神を具体化する」という文言が明記され，高齢者個人に着目した施策の方向性が打ち出されました。

さらに，1999年には「今後5ヵ年の高齢者保健福祉施策の方向（ゴールドプラン21）」が策定されました。これは，翌年の2000年に施行された介護保険法の屋台骨としてのサービス資源確保の目標値設定でしたが，基本的な理念として，「活力ある高齢者像の構築」「高齢者の尊厳の確保と自立支援」などが掲げられました。

（3）介護の社会化と高齢者の権利の獲得

1997年に成立，2000年に施行された介護保険法は，介護を社会全体で支えるしくみを構築するいわゆる「介護の社会化」を目指して保険方式とし，介護保険にかかる費用の50％を公費で，あとの50％は40歳以上の国民が負担する保険料でまかなわれるようになりました。また介護保険法は，要介護高齢者を在宅で介護できるサービスの質と量の確保を目指し在宅あるいは住み慣れた地域で生活が継続できるよう，グループホームや訪問介護サービス，デイサービスなどのサービス量の拡大が図られました。また，これまで要介護高齢者への介護サービス提供は「行政処分」であった措置制度から，介護保険法は，介護サービスの事業所との直接契約とする「契約制度」へと転換されました。この介護に関する給付の仕組みの転換により，要介護者は介護保険サービスの利用を決定する際に「自己決定」することを求められるようになりました。

このように，介護保険法の維持のために国民全体で負担しあうしくみや，要介護者の在宅生活継続の推進，介護サービス利用に関する契約と自己決定などにより，要介護者はもとよりその家族および国民全体が，「老後をどのように生きるのか」「自らの老後の生活において介護保険をどのように活用するのか」といった自らの生活のあり様を主体的に思考していくことが意識化されていったといえます。介護保険料やサービス利用の際の利用料を自らが支払うことで，よりよい介護サービスをうけたいという意識が要介護者やその家族のなかに芽生え，介護サービスの事業所を選択するようになりました。介護保険法施行以前，要介護者は自分の介護を担ってくれる家族の苦労を思う申し訳ない気持ちから，在宅での暮らしに限界がくると特別養護老人ホーム等の介護施設へ入所することが当たり前のように思っていましたが，今日では自らの選択で介護サービスを利用し在宅生活を継続することも可能となりました。つまり加齢によりどのような身体の状況になっても在宅生活を続けたいというニーズを表明することができるようになったということです。

他方，要介護者の家族に目を向けてみますと，家族のほうにも意識の変化がみられます。国立社会保障・人口問題研究所が2013年に集計した「第5回全国家庭動向調査」では，「結婚後は，夫は外で働き，妻は主婦業に専念すべき

だ」との質問項目に対して，まったく賛成5.4％，どちらかといえば賛成39.5％，どちらかといえば反対39.2％，まったく反対15.9％と，第1回の調査（1993年集計・同質問項目に対し，まったく賛成9.2％，どちらかといえば賛成45.3％，どちらかといえば反対35.5％，まったく反対10.0％）と比較してもこれまでの家族内の男性と女性の役割の意識について明らかな変化がみられます。また同調査の「年老いた親の介護は家族が担うべきだ」との質問に対して，まったく賛成6.2％，どちらかといえば賛成50.5％，どちらかといえば反対35.8％，まったく反対7.5％と，第2回の調査（1998年集計・同質問項目に対し，まったく賛成16.1％，どちらかといえば賛成47.2％，どちらかといえば反対30.6％，まったく反対7.4％）と比較して，介護は家族で行わなければならないという意識は減少しています。

(4) 生活や人生の質の追求へのニーズ

今日，介護の分野では，尊厳，QOL（Quality Of Life），自己決定・自己選択，自立，自律，安全・安楽，利用者主体などのキーワードを介護実践の展開の際の原則事項としています。これらは介護実践の長い歴史と国内外の人間一人ひとりに付与された人権意識の高まりから，高齢期をむかえ加齢により身体状況に変化が生じ，日常生活におけるさまざまなことが自らで行えなくなってもなお，自分らしさを失うことなく，幸せに，生きがいをもち続けていたいという人間の内なる願いが成熟してきたことのあらわれなのです。

また，プロダクティブ・エイジングやサクセスフル・エイジングという概念が一般化されるようになりました。その結果，人間の主体的な生き方やニーズに対して応えていくような介護の提供システムや具体的方法論が求められています。

> **プロダクティブ・エイジング**
> これまでの受身的な与えられた介護ではなく，自分に必要な介護を自ら選択し，自らの生活や人生をコーディネートしようとする考え方。

> **サクセスフル・エイジング**
> 外見上の幸せな状態像ではなく，主観的な幸せを追求しようとする考え方。

注）
(1) 厚生労働省「平成24年度　高齢者虐待の防止，高齢者の養護者に対する支援等に関する法律に基づく対応状況等に関する調査結果」
(2) 久岡英樹・大國美智子編『高齢者の権利擁護』ワールドプランニング，2004年，p.14
(3) 同上書，p.14

参考文献
大臣官房統計情報部人口動態・保健社会統計課「国民生活基礎調査の概況」厚生労働省，2014年
中垣昌美編『社会福祉学原論』さんえい出版，2004年
内閣府『平成25年版高齢社会白書（概要版）』
大橋薫・増田光吉編『家族社会学』川島書店，1966年

中垣昌美『社会福祉学の基礎』さんえい出版，1997年
中川善之助『日本親族法』日本評論社，1942年
牟田和恵『家族を超える社会学―新たな生の基盤をもとめて』新曜社，2009年
湯沢雍彦『改訂家族関係学』東京・光生館，1978年
Burgess, E. W. and H. J. Locke, *The Family: from institution to companionship*, 1945.
介護福祉学研究会監修『介護福祉学』中央法規，2002年
内閣府「高齢者介護に関する世論調査」2003年
中垣昌美編著『社会福祉学原論』さんえい出版，2004年
古川孝順『社会福祉のパラダイム転換』有斐閣，1997年
加藤悦子『介護殺人―司法福祉の視点から』クレス出版，2005年
多々良紀夫・塚田典子監訳『世界の高齢者虐待防止プログラム』明石書店，2004年
寝たきり予防研究会編『高齢者虐待』北大路書房，2003年
久岡英樹・大國美智子編『高齢者の権利擁護』ワールドプランニング，2004年
一番ヶ瀬康子監修，日本介護福祉学会編『介護福祉職に何が求められているか』ミネルヴァ書房，1998年
小田利勝『サクセスフル・エイジングの研究』学文社，2004年
春日キスヨ『介護問題の社会学』岩波書店，2001年
国立社会保障・人口問題研究所「第5回全国家庭動向調査」2013年
国立社会保障・人口問題研究所「2012生活と支え合いに関する調査」2014年
真田是他編『図説　日本の社会福祉』法律文化社，2007年
野々山久也編『家族福祉の視点』ミネルヴァ書房，1998年

プロムナード

　介護が社会化するとはどういうことなのでしょう。この「社会化」というのは社会学の概念です。「介護の～」との使われ方に対しては，これまで私的なものだったものを社会的あるいは共同体的なものへと変化させていくことを指しています。そして，「私的なもの」とはこの場合「家族のもの」という意味です。つまり，介護という行為は家族のものであったのを社会のものにしようということです。実は，もともと家族のものであったものを社会化したものは他にもあるのです。教育や子育てです。教育は明治時代に社会化しました。また子育てにおいても保育所や幼稚園によって社会化されています。

　教育や子育てを社会化したのには理由があります。公教育は，日本が明治時代に入り近代国家建設への道を歩みだしたのと同時に行われました。また，保育所や幼稚園で行われる子育ての社会化は，ある側面では労働力の確保です。高度経済成長時代の日本は，男性の働き手のみならず女性の働き手も必要としました。ですから，社会化は「させる」とのいいかたのほうが正しいのかもしれません。社会化とは極めて意図的なものなのです。

　では，介護を社会化「させる」意図は何なのでしょう。一方では少子高齢化と家族機能の変化により，家庭内での介護力が低下している背景があります。しかし他方では，市民社会における日本国憲法に準じた生存権，幸福追求権への意識の高まりがあります。市民，介護サービス事業者，そして行政が三位一体となって質の高い社会資源（この場合は介護サービス）を作り上げようという試みであるととらえることができます。

　介護の社会化はさまざまな社会問題のさなかに芽生えた社会政策のひとつの方向性ですが，決してネガティブなものではないのです。

学びを深めるために

春日キスヨ『介護問題の社会学』岩波書店，2001年
　　そもそも介護問題とはなんなのか，また介護問題の背景にあるモノはなんだったのかについて，歴史的視点から端的に描写している。介護問題の入門編として是非一読してほしい。

藤本健太郎『孤立社会からつながる社会へ』ミネルヴァ書房，2012年
　　人びとの「孤立」は近代社会への過程のなかから生まれた負の遺産である。しかしながら，そもそもコミュニティーを形成する動物である人間が，今日の社会構造で（強制的に）発生する「孤立」に追い込まれていることは，まさに市民社会の後退である。この問題にはしっかりと向き合ってほしい。

第 4 章

介護福祉士の役割と機能を支えるしくみ

第4章 介護福祉士の役割と機能を支えるしくみ

1 介護福祉士をとりまく状況

(1) 介護専門職の誕生

1) 介護職の誕生

　介護を業務とする職種が法制上誕生したのは、老人福祉法に寮母や家庭奉仕員の配置が規定されてからです。寮母は主として養護老人ホーム、特別養護老人ホームの介護に従事する職員として配置されました。寮母の資格要件は専門的知識や技術の習得義務はなく、健康で就労意欲がある女性であればその資格を有すると考えられていました。しかし、1970（昭和45）年に「社会福祉施設緊急整備5ヵ年計画」が示され特別養護老人ホームが急増し始めます。また、1972（昭和47）年には中央社会福祉審議会老人福祉専門分科会が「老人ホームのあり方」に関する中間意見を示し老人ホームを「収容の場」から「生活の場」と位置づけました。これらを背景に無資格である寮母の資質向上の必要性が指摘され始めます。他方、老人福祉法に在宅福祉対策として「家庭奉仕員派遣事業」も位置づけられました。

　このようにして介護を業務とする寮母や家庭奉仕員が老人福祉法を背景に誕生しましたが、現実的には家族に代わってお世話をする仕事と認識され、介護を担う寮母や家庭奉仕員は社会的に非専門職と思われていました（第2章第3節参照）。

2) 介護福祉専門職の誕生と社会的背景

　社会福祉士及び介護福祉士法が制定された社会的背景には次のことがあります。第1に、急速な高齢社会の進展と後期高齢者の増大に伴い、寝たきり高齢者や認知症高齢者の増加等、介護を必要とする高齢者が急増し始めたことです。第2に、家族規模の縮小、扶養意識の変化、女性の社会進出等により家族介護力の低下が深刻になり、家族だけでは高齢者を介護することが困難になってきました。第3に、福祉ニーズの多様化に公的サービスだけでは対応できないため、良質なシルバーサービスの確保と、障害の重度化、福祉ニーズの多様化に対応できる専門的知識、技術、高度な職業倫理を養った介護・福祉人材を社会的に保障することです。第4に、1986（昭和61）年東京で開催された第23回国際社会福祉会議において、諸外国から福祉専門職を育成する資格制度がないことを指摘され、国際的観点からも資格制度の早期実現が強く望まれるようになりました。

　このような社会的背景のもと、誰もが安心して在宅で暮らし続けるための相談や介護を依頼できる専門的知識や技術をもつ介護・福祉人材の養成と確保を目的に、1987（昭和62）年3月23日に中央社会福祉審議会等福祉関係三審議会合同企画分科会から出された「福祉関係者の資格制度について（意見具申）」

社会福祉施設緊急整備5ヵ年計画
　厚生省（現厚生労働省）が1970年度を初年度として、不足する各種施設の近代化と充足を重点的に目指し策定した。結果、施設の建設は促進され、施設数は増えたが施設種別間の達成率の不均衡を有無等の課題を残した。

シルバーサービス
　高齢者向けの民間サービスをいう。介護保険制度の施行に伴い、要介護高齢者の増加及び家族介護力の低下に伴い介護関連のサービスを中心に発展してきた。

に基づき第108回国会で「社会福祉士及び介護福祉士法」が可決成立しました。その後，5月26日に公布，翌1988（昭和63）年4月1日に施行され介護福祉士が誕生しました。

（2）高齢者の尊厳を支えるケアの確立と求められる介護福祉士像

　2003（平成15）年3月に厚生労働省老健局長の私的研究会として設置された高齢者研究会によって，「2015年の高齢者介護～高齢者の尊厳を支えるケアの確立に向けて～」が取りまとめられました。この報告書では，団塊の世代が65歳以上になりきる2015（平成27）年までに実現すべきことを念頭に置き，これから求められる高齢者介護の姿を描いています。そして，たとえ介護を必要とする状態になっても，その人らしい生活を自分の意思で送ることを可能にする「高齢者の尊厳を支えるケアの実現」を目指すことが示されました。尊厳を支えるケアの確立へ向けた方策としては「介護予防リハビリテーションの充実」「生活の継続性を維持するための新しい介護サービス体系」「新しいケアモデルの確立：認知症高齢者ケア」「サービスの質の向上」の4つを提言しています。

　特に「サービスの質の向上」に注目すると，経験に基づく介護サービスの提供が見られる現状を踏まえ「ケアの標準化」が求められています。ケアの標準化の実現には，個別ケアへの対応と根拠に基づくケアの必要性が指摘されています。また，高齢者の尊厳を支えるケアの実現に向けて，介護サービスの体系，それを支える人材の教育研修体制等の見直しについても記されています。

　2006（平成18）年に厚生労働省社会・援護局長の私的懇談会として設置された「介護福祉士のあり方及びその養成プロセスの見直し等に関する検討会」によって「これからの介護を支える人材について—新しい介護福祉士の養成と生涯を通じた能力開発について—」が示されました。この報告書では求められる介護福祉士像，資格制度のあり方，教育内容の充実，実習のあり方などが提言されています。「求められる介護福祉士像」とは「尊厳を支えるケアの実践」「自立支援」「利用者の状態の変化に応じた介護」「チームケア」「個別ケア」「高い倫理性」等の12項目です（図表4-1）。これは介護福祉士が専門職である以上，資格取得後も自己研鑽し，目指し続けなければならない目標です。また，「資格取得時の到達目標」は養成・研修等修了時の目標です。

図表4-1　養成の目標

資格取得時の到達目標

1. 他者に共感でき、相手の立場に立って考えられる姿勢を身につける
2. あらゆる介護場面に共通する基礎的な介護の知識・技術を習得する
3. 介護実践の根拠を理解する
4. 介護を必要とする人の潜在能力を引き出し、活用・発揮させることの意義について理解できる
5. 利用者本位のサービスを提供するため、多職種協働によるチームアプローチの必要性を理解できる
6. 介護に関する社会保障の制度、施策についての基本的理解ができる
7. 他の職種の役割を理解し、チームに参画する能力を養う
8. 利用者ができるだけなじみのある環境で日常的な生活が送れるよう、利用者ひとりひとりの生活している状態を的確に把握し、自立支援に資するサービスを総合的、計画的に提供できる能力を身につける
9. 円滑なコミュニケーションの取り方の基本を身につける
10. 的確な記録・記述の方法を身につける
11. 人権擁護の視点、職業倫理を身につける

→ 資格取得時の介護福祉士　介護を必要とする幅広い利用者に対する基本的な介護を提供できる能力

求められる介護福祉士像

1. 尊厳を支えるケアの実践
2. 現場で必要とされる実践的能力
3. 自立支援を重視し、これからの介護ニーズ、政策にも対応できる
4. 施設・地域（在宅）を通じた汎用性ある能力
5. 心理的・社会的支援の重視
6. 予防からリハビリテーション、看取りまで、利用者の状態の変化に対応できる
7. 多職種協働によるチームケア
8. 一人でも基本的な対応ができる
9. 「個別ケア」の実践
10. 利用者・家族、チームに対するコミュニケーション能力や的確な記録・記述力
11. 関連領域の基本的な理解
12. 高い倫理性の保持

出所）厚生労働省「社会福祉士及び介護福祉士養成課程における教育内容等の見直しについて」
http://www.mhlw.go.jp/bunya/seikatsuhogo/dl/shakai-kaigo-yousei02_0001.pdf
（2014年10月30日閲覧）

2　社会福祉士及び介護福祉士法

（1）社会福祉士及び介護福祉士法の成立と改正

　1987（昭和62）年の社会福祉士及び介護福祉士法制定後、2007（平成19）年に今後ますます多様化・高度化する介護・福祉ニーズに対応できる中核的な人材の確保と資質の向上等を目的に社会福祉士及び介護福祉士法等の一部が改正されました。改正の理由は、第1に、介護保険制度の導入や障害者総合支援法の施行等により措置制度から契約制度へと大きな転換がありました。第2に、団塊の世代が後期高齢者になる2015（平成27）年を目前にしていたことや、2025（平成37）年には後期高齢者の増大、認知症高齢者や医療ニーズの高い重度者の増加等が予測され、新たな介護サービスへの対応が求められたからです。第3に、サービスの利用支援、成年後見、権利擁護等の新しい相談援助の業務も拡大してきたからです。この改正では、介護福祉士の定義規定、義務規定、資格取得方法、教育内容等の見直しが行われました。

　さらに、2011（平成23）年には介護職員等による喀痰吸引等についての法改正が行われています。喀痰吸引等は医行為にあたりますが、当面やむをえず必要な措置（実質的違法性阻却論）として、在宅や特別養護老人ホーム、特別支援学校等において、一定の要件のもとに認められてきた経緯があります。しか

医行為
医行為とは医師の医学的判断や技術をもって行わなければ人体に危害を及ぼすおそれのある行為のことです。

実質的違法性阻却論
ある法益侵害行為が正当化されるだけの事情がある場合には、法律の定める事項に抵触する行為であってもその行為の違法性が阻却されるという考え方。

し，介護福祉士等による喀痰吸引等は法的根拠をもたず，実施する介護福祉士等に不安をもたらしたり，対応が現実的に困難との指摘等がありました。そこで，2011（平成23）年6月「介護サービスの基盤強化のための介護保険法等の一部を改正する法律」（平成23年法律第72号）が公布され，介護福祉士の業務内容に喀痰吸引等の実施が追加されました。それに伴い社会福祉士及び介護福祉士法が改正され，これまで実質的違法性阻却として実施されてきた喀痰吸引等が第2条2（定義）に加えられ，医師の指導の下など一定の条件の下に，2015（平成27）年4月から介護福祉士及び一定の研修をうけた介護職員等が喀痰吸引（口腔内，鼻腔内，気管カニューレ内部）と，経管栄養（胃ろう，腸ろう，経鼻経管栄養）を実施できることになりました。しかし，2014（平成26）年に成立した「地域における医療及び介護の総合的な確保を推進するための関係法律の整備等に関する法律」（平成26年法律第83号）により，介護福祉士の資格取得方法が見直され施行が1年間延長されました。それに伴い喀痰吸引等に関する事項も2016（平成28）年以降に延期になりました。

（2）社会福祉士及び介護福祉士法の概要

1）法の目的

第1条目的には，介護福祉士の資格をもって介護業務を担い，社会福祉の増進に力を尽くし貢献することが記されています。

> 第1条（目的）この法律は，社会福祉士及び介護福祉士の資格を定めて，その業務の適正を図り，もつて社会福祉の増進に寄与することを目的とする。

2）介護福祉士の定義

従来，介護福祉士が担う介護は身体的介護に重点を置いていました。しかし，近年，認知症ケアや知的障害，精神障害，発達障害のある人へのケア等，身体介護に加えて心理的・社会的支援が重要になり始めています。そこで，2007（平成19）年の法改正で「入浴，排せつ，食事その他の介護」から「心身の状況に応じた介護」に改められました。また，2011（平成23）年の法改正では「医師の指導の下」に喀痰吸引等が介護福祉士の業務として追加されました。

> 第2条2（定義）この法律において「介護福祉士」とは，第42条第1項の登録を受け，介護福祉士の名称を用いて，専門的知識及び技術をもつて，身体上又は精神上の障害があることにより日常生活を営むのに支障がある者につき心身の状況に応じた介護（喀痰吸引その他のその者が日常生活を営むのに必要な行為であつて，医師の指示の下に行われるもの（厚生労働省令で定めるものに限る。以下「喀痰吸引等」という。）を含む。）を行い，並びにその者及びその介護者に対して介護に関する指導を行うこと（以下「介護等」という。）を業とする者をいう。

3) 介護福祉士の義務規定

　従来，介護福祉士の義務規定は「信用失墜行為の禁止」「秘密保持義務」(第10章第3節参照)「連携」「名称の使用制限」の4つでした。しかし，介護保険制度の導入や障害者総合支援法の施行等により，多様なニーズや心身の状況に応じた介護，多職種と連携を図ることが求められるようになりました。また，介護福祉士は資格取得後も生涯にわたって自己研鑽し，知識・技術の向上に努めなければなりません。そこで，2007(平成19)年の法改正において新たに「誠実義務」「資質向上の責務」を加え「連携」に関する条文が改正されました。

> 第44条の2(誠実義務) 社会福祉士及び介護福祉士は，その担当する者が個人の尊厳を保持し，自立した日常生活を営むことができるよう，常にその者の立場に立つて，誠実にその業務を行わなければならない。

> 第45条(信用失墜行為の禁止) 社会福祉士又は介護福祉士は，社会福祉士又は介護福祉士の信用を傷つけるような行為をしてはならない。

> 第46条(秘密保持義務) 社会福祉士又は介護福祉士は，正当な理由がなく，その業務に関して知り得た人の秘密を漏らしてはならない。社会福祉士又は介護福祉士でなくなつた後においても，同様とする。

> 第47条2(連携) 介護福祉士はその業務を行うに当たつては，その担当する者に，認知症(介護保険法(平成9年法律第123号)第5条の2に規定する認知症をいう。)であること等の心身の状況その他の状況に応じて，福祉サービス等が総合的かつ適切に提供されるよう，福祉サービス関係者等との連携を保たねばならない。
> 第47条の2(資質向上の責務) 社会福祉士又は介護福祉士は，社会福祉及び介護を取り巻く環境の変化による業務の内容の変化に適応するため，相談援助又は介護等に関する知識及び技能の向上に努めなければならない。

4) 名称独占と業務独占

　介護福祉士は名称独占の資格です。介護福祉士の業務はその資格をもたなくてもできますが，介護福祉士資格を取得してない者が「介護福祉士」を名乗ることはできません。これに違反した者は第53条により罰せられ，30万円以下の罰金に処せられます。一方，医師や看護師など，資格を有する者のみがその業務を行うことができる資格のことを業務独占の資格といいます。

> **名称独占**
> 国家資格で，登録した有資格者だけがその名称を独占すること。業務独占に対して用いられ，その定められた業務を資格のない者が行った場合も違法ではないとされる。

> 第48条の2(名称の使用制限) 介護福祉士でない者は，介護福祉士という名称を使用してはならない。

5) 喀痰吸引等業務

　2011年の法改正で第48条の2に「保健師助産師看護師法との関係」が加わり，介護福祉士は「診療の補助」として喀痰吸引等を行うことができるようになりました。第48条の3には「喀痰吸引等業務の登録」も明記されました。

> 第48条の2（保健師助産師看護師法との関係）介護福祉士は，保健師助産師看護師法（昭和23年法律第203号）第31条第1項及び第32条の規定にかかわらず，診療の補助として喀痰吸引等を行うことを業とすることができる。
> 第48条の3（喀痰吸引等業務の登録）自らの事業又はその一環として，喀痰吸引等（介護福祉士が行うものに限る。）の業務（以下「喀痰吸引等業務」という。）を行おうとする者は，その事業所ごとに，その所在地を管轄する都道府県知事の登録を受けなければならない。

6）介護福祉士の資格取得方法

① 2007（平成19）年及び2011（平成23）年の「社会福祉士及び介護福祉士法」改正と資格取得方法

　2007（平成19）年に社会福祉士及び介護福祉士法が改正する前の資格取得方法は，①厚生労働大臣が指定した介護福祉士養成施設で規定の履修認定により資格を取得し卒業することで国家試験が免除される「養成施設ルート」，②3年以上の実務経験と介護福祉士国家試験に合格する「実務経験ルート」，③厚生労働大臣が指定する科目を履修し介護福祉士国家試験に合格し卒業することで資格をえられる「福祉系高校ルート」がありました。

　しかし，複数の資格取得ルートがあると，国家試験を受験する者と受験しない者が混在することになります。そこで，2007（平成19）年に法改正が行われ，介護福祉士の資質向上を図る観点から資格取得方法が一元化されました。そして，介護福祉士を目指す，すべての者が一定以上の教育課程を経た後に国家試験を受験することになりました。同時に教育カリキュラム等の見直しも行われています。

　「養成施設ルート」では，教育課程を1,650時間以上から1,800時間以上に充実し，2012（平成24）年度から国家試験が義務づけられました。しかし，2011（平成23）年の改正において，新たな教育内容として医療的ケアが追加されたことにより，教育課程が1,800時間以上から1,850時間以上（喀痰吸引等50時間が追加）に見直されました。そのため資格取得方法の施行がさらに3年間延期となり，国家試験の実施が2015（平成27）年度からになりました。

　「実務経験ルート」では，3年以上の実務経験に加え6ヵ月以上（600時間以上）の実務者研修を経たうえで国家試験の受験が義務づけられました。しかし，2011（平成23）年の法改正において，新たな教育内容（喀痰吸引等）の追加と，受講支援策の充実を理由に施行時期が3年間延期（2015（平成27）年度）されました。また，研修時間も600時間以上から450時間以上（喀痰吸引等50時間を含む）に見直されました。

　「福祉系高校ルート」は，養成施設相当の教科目・時間数，新たな教員要件，教科目の内容などに基準を課し，文部科学大臣・厚生労働大臣の指導監督に服する仕組みとなりました。

② 介護福祉士資格取得方法の延期

　厚生労働省は介護福祉ニーズ等の拡大や景気好転に伴う人材流出の懸念から，2014（平成26）年6月25日に「地域における医療及び介護の総合的な確保を推進するための関係法律の整備等に関する法律」（平成26年法律第83号）を公布しました。それに伴い介護福祉士資格取得方法の見直しの施行時期が1年間延長され，2016（平成28）年4月1日になりました。

　また，厚生労働省は介護・福祉人材確保のあり方に関して，福祉人材確保対策検討会を設置し2014（平成26）年8月に介護人材確保のための11の方向性を整理した「介護人材確保の方向性について―中間整理メモ―」を公表しました。この中間整理メモにある「介護福祉士資格取得方法見直しに向けた取組（方向性中間整理メモ7．関連）」には，介護福祉士を介護職の中核的存在として位置づけ，介護福祉士の社会的評価を確立する方向性を目指すことが記されています。また，基本的な考えとして，介護ニーズの高度化に対応した質の向上をはかり，「量」と「質」の好循環を生み出すために，地域包括ケアに対応し社会的評価の向上につながるように，継続的に専門性を高めていくことのできる教育体系の確立と，専門性に応じた役割と位置づけのあり方等について総合的な観点から検討を進めるとしています。さらに「養成施設ルート」は2016（平成28）年度からの国家試験義務づけを延期し（施行時期については法令改正で対応），養成施設による進級・卒業時の統一試験等，教育の質の担保を確保する。「実務経験ルート」は，実務者研修受講の義務づけを2016（平成28）年度から施行する。「福祉系高校ルート」は国家試験を引き続き実施することが明記されています。

　今後は，2025（平成27）年に向けた介護人材の全体像と介護福祉士の担うべき機能の方向性について，人材の確保と質的確保を両立させる観点から介護人材を一律にとらえるのではなく，さまざまな人材層を類型化，機能分化していくことで専門性の高い人材を中核的な職務に重点化する方向性で，具体的な時間軸や取り組みの手順を含めて検討が進められます。

> **地域包括ケア**
> 医療，介護，予防，住まい，生活支援サービスが連携した要介護者への包括的な支援のことです。

7）養成課程

　介護福祉士養成施設の教育内容は，介護が実践の技術である性格から，その基盤となる教養や倫理的態度が少しずつ育てられるように，「尊厳の保持」「自立支援」の考え方を踏まえた「人間と社会」，生活を支えるための「介護」，多職種協働や適切な介護の提供に必要な根拠としての「こころとからだのしくみ」の3領域に再編されています。いずれの領域も「介護のため」という視点から理論と実践の融合化を目指しています（図表4-2）。その後，介護福祉士の業務として喀痰吸引等が追加されたことにより，介護福祉士養成課程においても医療的ケアに関する教育（50時間以上）を実施することになりました。

図表4－2　教育体系

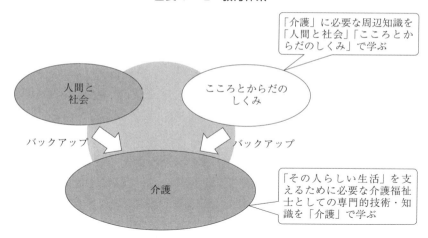

出所）厚生労働省「社会福祉士及び介護福祉士養成課程における教育内容等の見直しについて」
http://www.mhlw.go.jp/bunya/seikatsuhogo/dl/shakai-kaigo-yousei02_0001.pdf
（2014年10月30日閲覧）

これにより教育時間は1,850時間以上になりました。「医療的ケア」の教育内容は，基本研修（講義）50時間以上，演習シミュレーターを活用した演習，実施研修（可能な限り実施することが望ましい）です。しかし，前述したように介護福祉士資格取得方法の実施が1年間延期されたことに伴い，医療的ケアに関する事項も延期されています。

8）介護福祉士の登録状況

2013（平成25）年9月末の介護福祉士の登録者数は，118万3,979万人となっています。そのうち，国家試験を受験して登録した者が88万1,078人，養成施設を卒業して登録した者が30万2,901人となっています（図表4－3）。

図表 4-3 介護福祉士の登録者数の推移

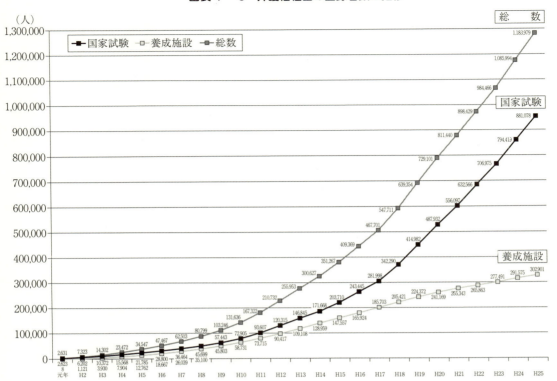

注) 人数は各年度9月末の登録者数
出所) 厚生労働省ホームページ「介護福祉士登録者数の推移」より
http://www.mhlw.go.jp/bunya/seikatsuhogo/shakai-kaigo-fukushi6.html（2014年10月30日閲覧）

3　介護福祉士と専門職能団体との関係

（1）専門職能団体である日本介護福祉士会の設立

　1989（平成元）年の介護福祉士登録者は国家試験受験者が2,623人，介護福祉士養成施設卒業者が8名の合計2,631人でした。その後，各都道府県において介護福祉士会の設立または設立準備に向けた取り組みが始められます。全国初の介護福祉士会は1989年7月に設立された香川県介護福祉士会です。1990年代には岐阜県介護福祉士会，青森県介護福祉士会が設立され，徐々に各都道府県で介護福祉士会が設立されるようになりました。

　介護福祉士会が各都道府県に設立されるようになると，専門職能団体の横のつながりの必要性や，介護福祉士制度の発展，専門職としての介護福祉士全体の資質，社会的評価の向上等を求める声がおこり，全国組織の設立が課題となりました。そこで，1993（平成5）年7月に東京で21府県の介護福祉士会の代表者29人が集い，意見交換を行い，全国組織設立の必要性を確認し，参加者全員の賛同をえて，専門職能団体である「日本介護福祉士会」の設立が決まりました。

1994(平成6)年2月12日に「介護に関する専門的教育及び研究を通して、その専門性を高め、介護福祉士の資質の向上と介護に関する知識、技術の普及を図り、国民の福祉に寄与する」ことを目的にした全国的な専門職能団体である「日本介護福祉士会」が設立されました。翌年の1995(平成7)年11月17日には介護福祉士の専門的役割や職務上の行動規範とする「日本介護福祉士会倫理綱領」が宣言されました。

2000(平成12)年6月には任意団体であった日本介護福祉士会は、社団法人日本介護福祉士会として認可され、2013(平成25)年4月1日には、公益性の高い事業を行う公益社団法人日本介護福祉士会に移行されました。また、日本介護福祉士会は専門職能団体であると同時に、学術団体として確立することも使命としています。2003(平成15)年には学術専門誌『介護福祉士』を発刊し、翌年3月には介護福祉の裏づけとなる科学としての介護福祉学の確立に貢献するために「日本介護学会」を設立しています。

(2) 日本介護福祉士会の役割と事業

1) 生涯研修制度

介護福祉士は資格取得後も社会環境の変化、介護ニーズの変化、介護技術の進歩等に対応するため自己研鑽し資質の向上に努めなければなりません。そのためには職場で働きながら必要な知識や技術を習得できる現場教育(OJT)、職場内や外部の研修の受講機会(OFF・JT)等、生涯を通じた能力開発とキャリアアップの支援が必要になります。その役割を担うのが専門職能団体である

図表4－4　日本介護福祉士会生涯研修体系図

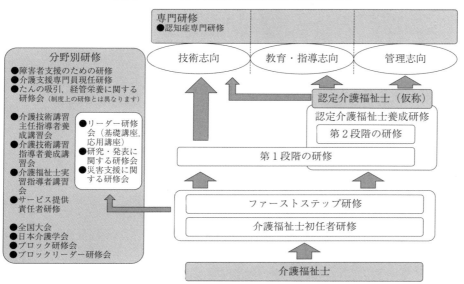

出所）日本介護福祉士会ホームページ「生涯研修制度」より
　　　http://www.jaccw.or.jp/kenshu/（2014年10月30日閲覧）

日本介護福祉士会です。具体的には，介護福祉士が的確な判断力，対人理解力，尊厳を支えるケアが実践できるチームリーダーとしての能力，初任者等の指導を担うことができる能力等を資格取得後に養い続けられる環境を充実させることです。そのために日本介護福祉士会は生涯研修制度を体系化しています（図表4－4）。また，生涯研修制度にあわせて「生涯研修手帳」や日本介護福祉士会のホームページに「ケアウィル」（システム）を構築し，会員個々が個人台帳や研修受講記録，取得ポイントを確認できるようにしています。

　介護福祉士が生涯研修制度に取り組むことは，質の高い介護サービスの提供や専門性の確立，社会的評価等の向上につながります。また，社会的評価が向上すれば，職場環境の改善や待遇面の充実にもつながります。

2）介護福祉士のキャリアパス

> **キャリアパス**
> 実務経験を積み重ね専門性を高めながら，将来目指すべき目標まで到達するための筋道です。

　介護福祉士のキャリアパスは，2006（平成18）年12月に社会保障審議会福祉部会から出された「介護福祉士制度及び社会福祉士制度の在り方に関する意見」に「介護福祉士は，資格を取得した後も介護を取り巻く環境の変化や介護技術の進歩等に対応するために，生涯にわたって自己研鑽し，知識・技能を向上させることが重要である」と記されています。また，2007（平成19）年8月に告示された「社会福祉事業に従事する者の確保を図るための措置に関する基本的な指針の見直しについて」にも，キャリアパスに応じた生涯研修体系の構築，介護福祉士資格取得者のさらに高い専門性を認証する仕組みの構築，資質向上に向けた取り組み等が示され，それを担う役割が専門職能団体等に期待されています。

　さらに，2011（平成23）年1月の「今後の介護人材養成の在り方について―介護分野の現状に即した介護福祉士養成の在り方と介護人材の今後のキャリアパス―」（今後の介護人材養成の在り方に関する検討会）では，介護福祉士資格取得後のキャリアパスについて十分な仕組みがないため，「初任者研修修了段階⇒介護福祉士資格取得段階⇒認定介護福祉士（仮称）段階」と生涯働き続けることができるステップアップの仕組みを構築することが提案されています。認定介護福祉士（仮称）については，日本介護福祉士会を事務局とする「認定介護福祉士（仮称）の在り方に関する検討会」がその仕組みを検討しています。

3）認定介護福祉士（仮称）のねらいと役割

　認定介護福祉士（仮称）とは，介護福祉士資格取得後一定の実務経験を経て，幅広い知識・技術を身につけ，質の高い介護を担い，他の現場職員を指導できるレベルに達した介護福祉士を認定する仕組みです。

　この仕組みのねらいは，「認定介護福祉士制度構築に向けて平成25年度検討結果の概要」（認定介護福祉士（仮称）の在り方に関する検討会（事務局：日本介

護福祉士会))によると，第1に生活を支える専門職としての介護福祉士の資質を高め，利用者のQOLの向上，介護と医療の連携と適切な役割分担の促進，地域包括ケアの推進等，介護サービスの高度化に対する社会的な要請に応える。第2に，介護の根拠を言語化して多職種に説明し共有したり，多職種からの情報や助言の内容を適切に介護チーム内で共有することで，多職種との連携内容をより適切に介護サービスに反映する。第3に，介護福祉士の資格取得後の現任研修の受講の促進と資質の向上を図り，継続的に自己研鑽する拠り所となる。第4に，介護福祉士の資格取得後のキャリアパスを形成することであると説明があります。また，認定介護福祉士（仮称）の役割は，施設・事業所の介護サービスマネジャー，介護サービス提供における連携の中核，地域における介護力向上のための助言や支援です。

> **生活の質（QOL）**
> 「自分自身に対する満足感，充実感，安心感，幸福感」など個人の意識面を中心にとらえる立場と，「人びとの幸福，満足な生活にするための社会システムの創造」として生活の質を社会環境から考える立場があります（第5章第3節参照）。

4）その他の事業

生涯研修制度以外の日本介護福祉士会の主な事業には，「広報・普及啓発に関する事業」として，機関誌『日本介護福祉士会ニュース』を定期発刊，介護・福祉の最新の情報や，研修情報・研修等の提供，「調査研修に関する事業」として，介護福祉士の専門性，資質の向上等を目的にした調査研究等があります。

4 介護福祉士と倫理

(1) 介護福祉士の専門性と倫理

倫理という言葉は，「倫」「理」という2語からなっています。倫は「なかま」を意味し，「理」は「ことわり」「すじ道」を意味しています。つまり，「倫理とは人々が社会生活を営むうえで，その共同生活を支えていくための筋道であり，その筋道が乱されると社会共同生活が成立しなくなるような根本のあり方を示すもの」です。換言すれば「倫理とは社会存在の理法」といえます。また，「倫理は人間の内面的な意思を規律する自立的な規範」でもあり，「人がそのときどきの状況や条件の下において，どのように行動するかの指針」です。

介護福祉士は高度な専門知識や技術をもち，質の高い介護サービスを提供する専門職です。介護福祉士が提供する介護は，利用者との出会いから始まり，尊厳をもった利用者に直接，意図的に働きかける行為です。そのため介護福祉士は利用者の過去，現在，未来という継続した生活のなかで，意図的に関わり，その人の思いや心身状況等から全人的に理解したうえで，自己決定，自己選択を最大限尊重しながら，その人が望むよりよい生活ができるように支援します。しかし，その過程で利用者や家族等の生活に深く立ち入ったり，本人や家族が他者に知られたくない情報を知りえる場合があります。また，いくら介護福祉士が利用者の思いや感情に配慮しながら共感，受容する姿勢で接していても，

> **ジレンマ**
> ジレンマは，もともとは論理学の用語です。相反する2つのことの板ばさみになって，どちらとも決めかねる状態にあること，進退きわまることです。

利用者の置かれている環境や，そのときどきの心身状況によっては介護者の思いを十分に理解してもらうことが難しく，利用者の思いと介護者の思いにジレンマが生じてしまい，時には感情的なぶつかり合いに発展したり，介護福祉士として誠実な態度や姿勢，行動ができなくなることもあるでしょう。このようなときには，社会福祉士及び介護福祉士法に規定している専門職としてのあるべき姿や義務規定に立ち戻り，自らを律することが大切です。

介護福祉士は人の生命や生活に直接かかわります。だからこそ人とのかかわりにおいて，瞬時に判断しどのように行動するかが問われます。その時の判断，行動基準として理解しておかなければならないのが日本介護福祉士会倫理綱領です。

(2) 日本介護福祉士会の倫理規定

日本介護福祉士会によってすべての介護福祉士が目指すべき専門性と職業倫理を成文化した「日本介護福祉士会倫理綱領」があります。以下，日本介護福祉士会倫理綱領を紹介します（図表4－5）。

図表4－5　日本介護福祉士会倫理綱領

1995年11月17日宣言

前文
　私たち介護福祉士は，介護福祉ニーズを有するすべての人々が，住み慣れた地域において安心して老いることができ，そして暮らし続けていくことのできる社会の実現を願っています。
　そのため，私たち日本介護福祉士会は，一人ひとりの心豊かな暮らしを支える介護福祉の専門職として，ここに倫理綱領を定め，自らの専門的知識・技術及び倫理的自覚をもって最善の介護福祉サービスの提供に努めます。
（利用者本位，自立支援）
1　介護福祉士はすべての人々の基本的人権を擁護し，一人ひとりの住民が心豊かな暮らしと老後が送れるよう利用者本位の立場から自己決定を最大限尊重し，自立に向けた介護福祉サービスを提供していきます。
（専門的サービスの提供）
2　介護福祉士は，常に専門的知識・技術の研鑽に励むとともに，豊かな感性と的確な判断力を培い，深い洞察力をもって専門的サービスの提供に努めます。
　また，介護福祉士は，介護福祉サービスの質的向上に努め，自己の実施した介護福祉サービスについては，常に専門職としての責任を負います。
（プライバシーの保護）
3　介護福祉士は，プライバシーを保護するため，職務上知り得た個人の情報を守ります。
（総合的サービスの提供と積極的な連携，協力）
4　介護福祉士は，利用者に最適なサービスを総合的に提供していくため，福祉，医療，保健その他関連する業務に従事する者と積極的な連携を図り，協力して行動します。
（利用者ニーズの代弁）
5　介護福祉士は，暮らしを支える視点から利用者の真のニーズを受けとめ，それを代弁していくことも重要な役割であると確認したうえで，考え，行動します。
（地域福祉の推進）
6　介護福祉士は，地域において生じる介護問題を解決していくために，専門職として常に積極的な態度で住民と接し，介護問題に対する深い理解が得られるよう努めるとともに，その介護力の強化に協力していきます。
（後継者の育成）
7　介護福祉士は，すべての人々が将来にわたり安心して質の高い介護を受ける権利を享受できるよう，介護福祉士に関する教育水準の向上と後継者の育成に力を注ぎます。

出所）日本介護福祉士会ホームページ「倫理綱領」
　　　http://www.jaccw.or.jp/about/rinri.php　2014年10月30日

（3）介護の倫理的問題の理解

　介護福祉士は，すべての人が個人として尊重され，尊厳をもってその人らしい自立した生活を送ることを支援します。その際，介護福祉士に求められるのが基本的人権を尊重する鋭い人権感覚です。⁽⁷⁾

　介護福祉施設等では，限られた職員で業務を担うため，ひとりの利用者に寄り添うことが難しく，意識しなければ流れ作業的な介護に陥ることもあります。それが常態化すると利用者を「人」としてみることができなくなり，業務の対象としてみてしまう可能性があります。その結果，利用者の思いやニーズよりも業務を優先した介護になってしまいます。また，認知症や障害等についての知識不足，安全に配慮し過ぎる介護等は身体拘束や虐待につながる危険性があります。

　虐待に関しては「高齢者虐待の防止，高齢者の養護者に対する支援等に関する法律」（高齢者虐待防止法）や「障害者虐待の防止，障害者の養護者に対する支援等に関する法律」（障害者虐待防止法）が成立しています。これらの法律により施設・事業所で働く介護職員等の虐待が禁止されています。また，これらの法律は虐待を取り締まるよりもむしろ，利用者の立場に立ってその人の尊厳を守り，介護者の負担を軽減し虐待を未然に防ぐものです。

　身体拘束は介護保険指定基準上「当該入所者又は他の入所者等の生命又は身体を保護するため緊急やむを得ない場合を除き，身体的拘束その他入所者の行動を制限する行為を行ってはならない」と規定しています。緊急やむを得ない場合とは，「切迫性」「非代替性」「一時性」の３つの要件を満たしていることを指します。身体拘束は「身体的弊害」「精神的弊害」「社会的弊害」等，多くの弊害をもたらし，人間の尊厳を脅かし，高齢者の生活の質を大きく損なう危険性があります。

　介護福祉士は利用者の生活を支援するためには，その人を全人的に理解することが求められます。その際，生活歴，家族環境，病歴，心身状態，日々の行動までも詳細に知ることが求められます。その知りえた個人情報の取り扱いについては，本人や家族に十分説明し（アカウンタビリティ），同意を得なければなりません（インフォームドコンセント）。また，介護福祉士は知りえた個人情報が流出しないように細心の注意を払い適切に管理しなければなりません。たとえば，ソーシャル・ネットワーキング・サービス（フェイスブック・ライン等）にスマートフォン等で撮影した利用者の生活風景等を本人の許可なく掲載すると，どうなるでしょうか。おそらく「個人情報の保護に関する法律」違反になる可能性が高いことは理解できるでしょう。

　介護福祉士の担う介護は利用者の生命と生活に深く関わります。そのため介護の倫理や行動規範を判断基準として十分に理解することが求められます。しかし，単に介護の倫理や行動規範を理解するだけでは不十分です。自己の内面

アカウンタビリティ
　説明責任のこと。自分のさまざまな活動について，利害関係のある関係者に説明する責務のこと。

インフォームドコンセント
　患者またはその家族が，医療行為の性質や結果について十分な情報を得る権利（接近権），医療行為をうけるかどうかを自ら判断する権利（自己決定権），およびそれを可能にするための医師による十分な説明義務（還元義務）を前提とした医療行為に関する両者の合意のこと。

個人情報の保護に関する法律
　2003年に成立。高度情報通信社会の進展に伴い，個人情報の利用が著しく拡大していることに鑑み，個人情報の適切な取り扱いに関し，基本理念及び政府による基本方針の作成その他の個人情報の保護に関する施策の基本となる事項を定め，国及び地方自治体の責務等を明らかにするとともに，個人情報の有用性に配慮しつつ，個人の権利利益を保護することを目的としている。

へと落とし込み，介護実践のなかでそれを実現できなければなりません。

注)
(1) 成清美治『新・ケアワーク論』学文社，2003年，p.88
(2) 和辻哲郎『倫理学（一）』岩波書店，2007年，pp.21-22
(3) 介護福祉学研究会『介護福祉学』中央法規，2002年，p.72
(4) 前掲書（2），p.22
(5) 前掲書（3），p.73
(6) 黒澤貞夫『生活支援学の構想』川島書店，2006年，p.37
(7) 西村洋子編『介護の基本 第2版』（最新介護福祉全書3）メヂカルフレンド社，2013年，p.250

参考文献

秋山智久「『社会福祉士及び介護福祉士法』法制化の過程と課題（『社会福祉士及び介護福祉士法』の成立と今後の展望＜特集＞）」『月刊福祉』70（9），pp.52-59，1987年

阿部実「社会福祉士及び介護福祉士法の制定と福祉専門教育の将来展望」『月刊福祉』71（9），pp.68-73，1988年

一番ケ瀬康子・黒澤貞夫監修，介護福祉士思想研究会編『介護福祉思想の探求―介護の心のあり方を考える―』（シリーズ・介護福祉④）ミネルヴァ書房，2006年

一番ケ瀬康子監修，日本介護福祉学会設立準備委員会編『介護福祉学とはなにか』ミネルヴァ書房，1996年

介護福祉士養成講座編集委員会編『介護の基本Ⅱ 第2版』（新・介護福祉士養成講座4）中央法規，2013年

仮称「日本介護福祉士会」設立準備会幹事「仮称『日本介護福祉士会』設立準備会開催される」『月刊福祉』76（11），pp.78-81，1993年

厚生労働省「身体拘束ゼロ作戦推進会議」『身体拘束ゼロへの手引き 高齢者ケアに関わるすべての人に』2001年

日本介護福祉士会『介護福祉士初任者のための実践ガイドブック 日本介護福祉士会初任者研修テキスト』中央法規，2007年

瀬田公和・仲村優一・杉本照子他「座談会『社会福祉士及び介護福祉士法』の成立と今後の展望＜特集＞」『月刊福祉』70（9），pp.13-41，1987年

創立20周年記念誌編集委員会『創立20周年記念誌 介護福祉の未来を拓く介護福祉士たち』日本介護福祉士会，2014年

髙﨑絹子監修，岸恵美子・小長谷百絵・小野ミツ編『実践から学ぶ高齢者虐待の対応と予防』日本看護協会出版会，2010年

成清美治・加納光子・久保田トミ子編『新・介護福祉概論』学文社，2003年

西村洋子『社会福祉専門職ライブラリー＜介護福祉士編＞介護福祉論』誠信書房，2005年

日本介護福祉士養成施設協会・近畿ブロック会編『介護福祉士のグランドデザイン―明日の介護福祉士資格と，人材の確保・育成』中央法規，2014年

丸山美智子「介護福祉士専門職能団体の設立の必要性」『月刊福祉』76（10），pp.46-49，1993年

10年史編集委員会『日本介護福祉士会10年史1994～2003』日本介護福祉士会，2005年

> **プロムナード**
>
> 　1987年に第13期日本学術会議社会福祉・社会保障研究連絡委員会（委員長一番ケ瀬康子）から厚生大臣に提出された「社会福祉におけるケアワーカー（介護職員）の専門性と資格制度について（意見）」に「高齢期，とくに終末に近い時期にいかなるケアをうけて，人生を全うするかということは，ケアをうける側の立場にたって考える時，みずからの長い人生に対する思いを左右するくらい，きわめて重要な意味をもつ。非人間的なケアをうけるかそうでないかによって，安らかに終末期を送ってこの世を去ることができるかどうかがきまるといってもよいのである。ケアワーカーには，生命の尊厳，高齢時における生活の意味についての深い認識と，ケアワーカーとしての責任感と倫理感をともなう専門性が要求される」とあります。この文章を読み返すたびに，長い人生を生きてきた高齢者が自分らしく生ききるために，専門職としてどのようにかかわりをもたなければならないかを考えます。高齢期は生から死への時間の連続性のなかで誰もが辿り着く人生総仕上げのステージです。だからこそ最期の時を迎えるまで，その人らしく尊厳をもって日常生活を送りたいと思うのは当然ではないでしょうか。人生でもっとも重要といえるステージを介護福祉士は支えるのです。そのために介護福祉士は高い倫理性をもち，自らを律しながら高齢者一人ひとりの尊厳を守る介護を心がける必要があるのではないでしょうか。

学びを深めるために

ヴィクトール・E・フランクル著，池田香代子訳『夜と霧』新版，みすず書房，2002年
　この著書はフランクル博士が強制収容所の内側からみた壮絶な日常を綴った体験記です。本書を読むことは介護福祉士にとって，「人間とは何か」を考える機会を与え，「人間らしく生きる」ことの意義を教えてくれます。

第 5 章

尊厳を支える介護

1 尊厳を支える介護とは

　私たち，人間は誰しもその人固有の価値観をもっています。その価値観をもったまま，その人らしく生活を送るということが人間らしく生きる，尊厳であるといえます。

　人間は個々に違います。好きな服も好きな食べ物もそれぞれ違うはずです。ですから，何十人もの人が皆，同じ服を着て同じものを食べて生活していることは自然と違和感をもつでしょう。

　たとえばこんな場面を想像してみてください。ある施設では，皆がショートカットで，グレーのトレーナーとジャージを着用している。お昼の12時になればお腹が空いていなくても目の前に食事が出され，1時間を過ぎると下膳されてしまう…。

　ここは，どういった施設でしょう。監獄だと思う人もいるかもしれません。しかし，そうではありません。現実にあった，今でも似たような光景がみられるかもしれない高齢者施設です。「介護（人の世話）をうけるのだから仕方がない」いいえ，そんなことは決してないはずです。

　今まで経験してきた学校生活でも同じ制服に身をつつみ，同じ時間割で校則に従って生活したじゃないか，という人もいるかもしれません。しかし，それは1日24時間のうちのせいぜい8時間くらいではないでしょうか。家に帰れば部屋着でくつろぎ，好きなテレビ番組をみたりしたのではないでしょうか。

　24時間の生活が，すべて自分の思い通りや好みが反映されないとしたら，どうでしょう？　自分らしく生きることはできるでしょうか？　元気なうちは自分で好きに生活できるかもしれないけれど，手助け（介護）が必要となったら，思う通りに生きることはできないのでしょうか？　いいえ，決してそうではないはずです。そうでないと，歳をとったり体が不自由になってしまうことは，恐ろしく希望のもてない未来ということになってしまいます。

　尊厳をもって生きる，そして自身で尊厳を保ちにくくなった方には，その尊厳を支える介護が必要です。尊厳を理解し，実行するというのはどういうことなのか，この章では尊厳を支える介護について学んでいきたいと思います。

2 人権尊重の考え方

（1）人権とは何か

　人権とは，人が生まれながらにしてもっている人間らしく生きる権利のことといえます。誰かに支配されることなく自由であり，自分自身の意思が尊重されていることといえるでしょう。しかし，第二次世界大戦時のナチスドイツのユダヤ人大量虐殺，列車の座席や映画館の座席さえ分けられていた南アフリカ

> **第二次世界大戦**
> 1939〜1945年，全世界的規模の国際紛争。日本は1941年英米と開戦し1945年アメリカにより人類初の原子爆弾が広島，長崎に投下され終戦を迎えた。各国で強制収容や虐殺などの悲惨な状況があった。

の人権差別などがありました。日本も「士農工商」という階級で身分制度をつくり，民衆の不満を押さえこもうとした歴史があります。更にその下に身分を置き，非人道的な扱いで差別をしていました。身分制度を撤廃したのちも，結婚や就職で差別をうけている人がおり，現代でもまだまだ根強く残っているといいます。性別・人種等によって不当に扱われるということは，すべてが人権侵害「人として生きる権利を奪われている」ことなのです。

　国や文化，風習によって，まだまだ人権の守られていない地域が多くあります。私たちの生活のなかでも「女の子だから，〜しなさい」「男のだから〜しなさい」ということも，よく目にする光景かもしれません。しかし，これらも厳密な意味では差別であるといえるでしょう。男女の違いはもちろんあります。身体面や機能面で違いはあるのですが，だからといって，行動や思想を制限されるいわれはないのです。一昔前は，女の子は赤色，男の子は青色と着る物などをステレオタイプに決められていたものですが，女の子であっても青が好きな子もいるし，飛行機や怪獣物が好きな子もいるのです。男の子でも赤やピンクが好きな子もいるのです。しかし「女の子はこういうもの」「男の子はこうすべきもの」と周りの大人たちが「女の子らしさ」「男の子らしさ」を子どもに期待してつくりあげていっているのかもしれません。

　いろいろなところに敏感に目をやると，基本的人権が侵害されているという場面をみつけることができるでしょう。そして，自ら声をあげにくい高齢者や障害者・子どもなどが人権侵害の被害にあいやすいことが理解できます。

(2) 日本国憲法にみる人権

　日本国憲法には，人権尊重の概念が記されています。法とよばれるものは難しい言い回しに感じることもありますが，きわめて端的に，その本質を語っています。以下に，日本国憲法における基本的人権の概念を確認します。

> **日本国憲法**
> 1947年（昭和22年）5月に施行された日本の現行憲法。国民主権・基本的人権・平和主義を基本原則とする。

日本国憲法
第11条…国民は，すべての基本的人権の享有を妨げられない。この憲法が国民に保障する基本的人権は侵すことのできない永久の権利として，現在及び将来の国民に与えられる。
第13条…すべて国民は，個人として尊重される。生命，自由及び幸福追求に対する国民の権利については，公共の福祉に反しない限り，立法その他の国政の上で，最大の尊重を必要とする。
第14条…すべて国民は，法の下に平等であって，人権，信条，性別，社会的身分又は門地により，政治的，経済的又は社会的関係において，差別されない。
第25条…　すべて国民は，健康で文化的な最低限度の生活を営む権利を有する。
第31条…　何人も，法律の定める手続きによらなければ，その生命若しくは自由を奪われ，又はその他の刑罰を科せられない。

> **門地**
> 家柄・身分のこと。日本国憲法以前は，華族・士族といった身分階層があった。

① 第11条は「人権が侵すことのできない永久の権利」であり憲法で保障することが第一に述べられています。

② 第13条は「国民はすべて個人として尊重される」ものであり，人は誰でも

ひとりの人として尊重されることが権利として認められています。大勢のなかに埋もれてしまう存在ではなく、それぞれの人生がかけがえのないものであり大事にされるべきものであると述べられています。

③ 第14条では「人は皆平等であり差別されない」としています。性別はもちろん、自分の主義主張や出身地によっても差別されないことが述べられています。

④ 第25条には「健康で文化的な最低限度の生活」をする権利も明確に示されています。身体的（健康）な側面だけでなく精神的（文化的）側面も含めて、生活をすることが強調されています。

⑤ 第31条には、他者によって生命と自由が不当に奪われないことが保障されています。人が人の自由を奪ったり罰を与えることはできないということです。

　日本国憲法は、第二次世界大戦後に制定されました。その背景には、それまでの人間一人ひとり、すなわち「個」が尊重されず、戦争という悲惨な状況に向かっていった歴史があります。人それぞれを尊重し、それぞれが幸福な生活を目指すことが、二度と戦争という人権を無視した悲惨な状況を避けることにつながることを意味します。

　また、第二次世界大戦の軍国主義からの反省は、世界平和と人権の尊重を世界中にうち出すこととなります。国際連合（United Nations）は「すべての人のための人権および基本的自由の普遍的な尊重」を国連の目的として強調し、1948（昭和23）年の総会で「世界人権宣言（universal declaration of human rights）」を採択し、「生まれながらの自由、尊厳と権利についての平等」を規定しました。しかし、この宣言は法的拘束力がなく、その後1966（昭和41）年「国際人権規約（international covenants on human rights）」が国連で採択され、1976年発効されるに至りました。

(3) その人自身をみるということ

　差別的な扱いを一度でもうけたことのある人は、辛くいいようのない無力感と悔しさを感じたことがあると思います。その理由は、自分自身そのものでなく自分を取り巻くさまざまなもの（たとえば、「人種が違う」「性別が違う」「学歴が違う」など）が、評価を決めており、相手は自分自身をみていない、ということを強く感じたからだと思います。

　たとえば、就職活動をしている際、就職先へ履歴書を送ったが、学校の名前や住んでいる場所、性別などをみただけで評価され、試験もしてもらえないとしたらどうでしょう。やるせない気持ちになるのではないでしょうか。自分自身の能力や成果でなく、いくら努力をしても変えられない事象を理由に不当に扱われるということは、自分の存在価値まで否定しかねないことなのです。

2014年17歳でノーベル平和賞を受賞したマララ・ユスフザイ（Malala Yousafzai）さんは，その不当な扱いに対し猛然と立ち向かいました。その当時11歳という本来守られるべき存在の彼女ではありましたが「女性には勉強は必要ない」という武装勢力の圧力に対して自らの夢のため，子どもや女性が教育をうける権利を強く世に訴えたのです。このニュースは，いまだに人権侵害が公然とある現状を世界中に伝え，また当事者である彼女が理不尽な暴力にも屈せず，人としての権利を訴えたという点で，人びとの心に響いたのだといえます。

古い慣習や偏見などにより自らの可能性を制限されること，自分らしく生きる権利を奪われることが人権侵害です。自分を取り巻く各要素でなく「私自身をみて」ひとりの可能性ある人間として扱って欲しいと願っているはずです。そして，他者に対しては「その人自身をみて」ひとりの価値ある人間として接する必要があるのです。

> **ノーベル平和賞**
> ノーベル賞のひとつ。創設者ノーベルはダイナマイトを発明した人物である。発明はトンネルの掘削などに役立つものであったが，後に武器として普及することとなる。自分の発明により多くの人の命を奪ったことから，死後莫大な遺産を賞の創設にあてたといわれている。

> **偏見**
> 偏った見方・考え方のことであり，正しい根拠に基づいていない判断のことである。

（4）高齢者・障がい者の人権

加齢とともに日常生活が困難となる高齢者，意思疎通がうまくできない認知症者や障がい者は，他者の援助を多く必要とします。その際，無理解による一方的な援助や行動を制限されたりと，自らの身を守ることが困難であるがゆえに人権侵害の被害にあいやすいといえます。「高齢だから」や「障害だから」という理由で，その人に対して何か制限をしてしまった場面があるのなら，それは人権を侵害している行為かもしれません。高齢者・障がい者を取り巻く環境は，残念ながらいまだに数々の制限と偏見と差別に満ちています。ですから，介護者である私たちは，常に人権尊重の観点に立っているのか，大きな関心と配慮を払う必要があります。

利用者と接する際，誰も最初から悪意をもって介護を行うことはないでしょう。少しでもその人の生活をよくするために，が原点のはずが「安全のため」という理由で「立ったら危ないから」と行動を制限したり，「いってもわかって頂けないから」という浅い理解から，本人の意向を無視した介護となり，ひいては虐待や拘束に至ることがあります。正しく病状や症状を理解したうえで，その方の立場に立って介護をすることが，人権を尊重した介護につながります。

高齢である，障がいがある，ということはそれだけで健常者と比べてリスクが高い側面があります。しかし，転倒や怪我のリスクを恐れ過ぎるとどうなるのか，ある心配性の母親を仮定して考えてみます。

母親は「外は危ないわ，車に跳ねられるかもしれないし誘拐されるかもしれない。家にいなさい」と，自分の子どもにいったとします。その通り子供はじっと家にいるでしょうか。小さい頃は，母親のいいつけを守り家にいるかもしれません。しかし，子どもは大きくなります。学校にも通い，クラブ活動に

> **虐待**
> 抵抗する力の著しく低い者に対して，酷い扱いをすること。身体的・心理的・経済的・性的・養育放棄（無視）等がある。

も出かけ，自動車の免許も取り，酒をのみタバコをすい，スキーやダイビングという危険極まりない（？）趣味をもつかもしれません。確かに車が多く行き交う道路に一度も出ることなく，酒もタバコも甘すぎるお菓子も辛すぎる苦すぎる料理も食べず，心拍数をあげすぎるスポーツもせずに一生を過ごすことができたら，事故をおこす心配はないかもしれません。しかし，家にいても安全でしょうか。地震や台風，土砂崩れ，はたまた隕石が落ちてこないとも限りません。そのすべてを心配していたのでは，どこにいても何をしていても命の危険はあります。実際に，津波や火山噴火など，日常の生活のなかに突如としてやってくる災害もあり，どんなに気を付けていても防ぎようがないこともあるのです。

　生きているリスクから100％逃れることはできません。先回りして危険だと止めさせることや制限することは，現実問題として不可能であり，その人らしく自由に生きる権利をも奪っていることになります。

　人生には多少の危険はつきものです。思わぬところに危険があり，その危険が冒険であり，学びであり，励みであるのです。そして冒険をおかす権利も人間に認められた権利であり，人間らしく生きる権利は誰にも奪われないのです。

3　QOLの考え方

（1）QOLとは

　QOLとは，英語のquality of life（クオリティー・オブ・ライフ）の略であり，直訳すれば「生活の質」「生命の質」という意味です。

　介護福祉の用語としてだけでなく，さまざまな分野でも使われています。日本語訳でなく，そのままQOLと表されることも多いようです。一般には，まだまだ浸透したといえない言葉ですが，2012（平成14）年2月の各社の新聞紙の1面トップの記事でこの言葉をみることができました。その内容は，今上天皇が「QOLのために手術を決断された」というものでした。心臓の手術をうけることになられた経緯を主治医が発表したものであり，QOLの説明が紙面の別枠にて掲載されていました。このまま手術をうけずに過ごすのか，テニスや散歩など日常生活を健やかに過ごすことを目指すのか，それを考えた末のご決断であったという内容でした。

　天皇陛下が手術を選んだその理由が「QOLのため」であったというのが，一般紙の新聞の1面の記事として，また，テレビ等の報道でもQOLについての説明が何度もされていたことから，一般への理解の一助となった出来事だったといえます。手術をうけた場合，痛みや入院の不自由はある。手術をうけなければ，手術そのものの辛さはないが，病気や症状の辛さが続く。どちらが正解と一言でいいきれるものではないですが，何を重視するのか，QOL＝「生

活の質」といえます。今の生活（ADL・IADL）を続けることだけでなく，生きがいや満足といった内面の豊かさを意味することだ解釈できます。

> **ADL・IADL**
> ADL（Activities of Daily Living）は毎日の生活をするために必要な基本的動作のうち食事・着脱・整容・排せつ・入浴・移動の身体動作をいう。IADL（Instrumental Activities of Daily Living）は電話・買い物などADLと比べて高度な判断力を要する動作のことである。

（2）クオリティ＝質 とは

大辞泉によると「『質』とはそのものの良否，実際の内容をさす言葉」とあります。たとえば，これを日常の場面で考えてみます。「甘いものが大好きな人が，1,000円もってチョコレートを買いに行ったとします。お店では100円の板チョコレートと1個1,000円の高級チョコレートが売られています。100円の板チョコを10枚食べるのか，1個1,000円のチョコレートを食べるのか。あなたなら，どうしますか？」100円の板チョコも，甘くてそれを10枚食べるのも，大変うれしいことですね。でも，希少な原料を使い，特別な製法でつくられた1個1,000円の高級チョコレートも，きっと美味しく一口食べただけで幸せな気分になるでしょう。

この選択は，大変悩ましいですね。いずれにせよ，自分がした選択が最良であり，納得できる選択であると思います。しかし，自分と違う選択をした人に対して「なぜ？」と思うかもしれません。「たった1個で1,000円なんて」「100円のチョコレートを10枚食べるより1,000円のチョコレートをひとつ食べた方が満足感を得られる」など評価はさまざまです。どの選択をするべきと他人が決めることではありません。それぞれの言い分や主張があります。どちらがどう，と言うことはできないのです。自分が前者を選んだとしても，後者を選んだ友人を批判することもできないのです。そして，この2つ以外の第3の選択もあるかもしれません。たくさんチョコを食べたという満足感，希少な美味しいチョコを食べたという満足感，自分で選んで決定したことに対する満足感など，いろいろなことが考えられます。

その「中身」＝「質」という問題は，そのことにどのような価値を見出すかということに尽きるのです。

（3）人生において，何に重きを置くのか

時として，短く生涯を閉じられる方がおられます。そんな訃報に触れた折，「あんなに若くて気の毒に…」という言葉が聞かれますが，本当にそうでしょうか。若くて亡くなることは不幸なのでしょうか？

長生きすることに重きを置いている価値観の前では，その方は不幸で気の毒な存在かもしれません。しかし，その人生の中身がいかに充実していたのか，本当に自分らしく生きたかどうか，という「質」では，誰にも負けない内容だったのかもしれません。もちろん，長生きを否定している訳ではありません。しかし，「健康で長生き」することが人生を全うすることである，とすると，障害や病気をもち平均寿命が短い方は，生まれたときから「気の毒な存在なの

> **平均寿命**
> 0歳の人間が何年生きるのかを示す数値。日本人の平均寿命は男性80歳，女性86歳（2014年現在）で，国際的な比較では最高水準である。

か」ということになります。

　極端な言い方をすれば、寿命は誰にもわからないのです。障害をもたずに生まれても人生の半ばで障害をもつ可能性もあります。当然のように平均寿命の80歳くらいまで生きると思っていても、明日にでも事故にあうこともあるのです。何が一番よいのかという答えはありません。しかし、それこそがひとつの価値観で物事を図ることはできない。というよい例だといえます。

　「質の高い」生活をといっても、その質を決めるのは難しい問題です。しかし、その中身が本人の満足いくものであったならば、「質の高い」生活を「よりよく生きた」といえるのではないでしょうか。

　「よりよく生きる」ことは突き詰めると「よりよく死ぬ」ということにつながり、人生をどう選ぶのか、何を選ぶのか、他者が正解・不正解を決めることはできないと考えます。

(4) 医療における QOL

　医療の立場では、患者の命を守ることが最優先である観点から、「治療」「生命の維持」に重きを置いてきた流れがあります。しかし、人間は等しく死から逃れられません。福祉の場より一足早く医療現場では、QOL の考え方から患者の最期をどのように満足あるものに近づけるかという議論がありました。
　先述のように「よりよく生き、よりよく死ぬ」ということを人生の質として目指した時には、「自分はどのように死にたいのか」ということを考えることであり、経管栄養をうけながら人工呼吸器をつけ、ベッドに寝たまま意識も戻らず、命を長らえていることを望まない選択もあります。

　人生の終末を考えた時に「延命措置」をするのか、自分らしく、尊厳を保ったまま自然の死を受け入れる「尊厳死」を望むのか。その選択は医師や看護師のものでなく、患者本人のものであり、その選択をした患者を最大限支援するのが医療における QOL といえます。

> **延命措置**
> 生命を延長させる行為。快復の見込みのない患者に人工呼吸器や経管栄養の処置をし生命を維持させることをさす。

(5) 各分野における QOL の考え方

　生活には、さまざまな側面があるように、QOL にもさまざまなとらえ方があります。主に、対人援助としての QOL の側面を先に述べましたが、いくつかの QOL のとらえ方を紹介します。
① 社会政策にみられる QOL
　生活者自身と生活者周辺の環境によるもの
② 高齢者の QOL
・からだの健康，機能的健康（ADL・IADL），認知能力，余暇の時間，社会的行為
・健康の主観的評価
・人的環境，物的環境

・生活満足度やうつ状態の尺度により測定されているもの
③ 障がい者のQOL
　医療と福祉を統合してとらえる。身体的・機能面・内面的なものを評価したものを付け加えている。
④ 福祉領域におけるQOL
　利用者の幸福追求権を尊重することを理念としていることから，物質的生活環境の充足，身体的生活機能の自立（ADL）より，内面的な充足を重視する傾向がみられる。[(2)]

　物質やサービスなどの客観的・量的な豊かさから，満足度や幸福感といった主観的・質的評価が重視され，そのための社会システムの整備等も含む考え方と理解できます。

4　ノーマライゼーションの考え方と実現

(1) ノーマライゼーションとは
1) ノーマライゼーションの概念

　障がい者に対する不当な扱いは，過去のものではありません。現代でも，障がい者が虐待・拘束をされていたということが，新聞等の報道によってみることがあります。なぜ，障がいをもち，施設に入所すると，自由にテレビをみたり出かけたりできないのでしょう。なぜ，罪を犯したわけでもないのに，鍵付きの部屋に閉じ込められなければならないのでしょう。それが果たして「普通の」生活なのか。障害をもたない人の一般的な生活に少しでも近づくこと，それを目指すことがノーマライゼーションの概念です。

　ノーマライゼーションは，バンク＝ミケルセンが初めて提唱をし，ニィリエ（Nirje, B.）が思想をより具体的に発展させました。その後，ヴォルフェンスベルガー（Wolfensberger, W.）によってさらに体系化されました。もともとは障がい者の処遇改善の提唱でしたが，これは障がい者だけに限らず高齢者にも，当てはめることのできる原理です。障がいの有無などにかかわらず，すべての人は人格を尊重され，同じ権利をもち社会で暮らすという考えであり，QOLや人権の概念を考えてみても容易に理解できる内容であり，決して難しい概念ではありません。

2) ノーマルな生活様式を考える

　皆さんの生活を考えた時，もちろん各家庭によっての違いはあると思いますが，100人いて100人ともが，朝食を7時に摂り，10時にトイレに行き，そして順番にお風呂へ入る，といったことはきっとないでしょう。人の成長過程において幼児期など，1日のうちほとんどが睡眠である生活パターンにおいては，

早くに就寝をする必要があります。また，食後すぐに休みたいといった理由で夕方から寝る人もいるかもしれません。

しかし，障害者だから，施設に入所しているから，という理由で一般的生活からかけ離れて早い時間に寝かされるといったことは，理不尽に思えないでしょうか。人は自由な存在であり，誰にも強制されない権利をもっています。介護者の都合でなく，自らが生活の主体として「したい」ことができる自由，環境があるということがノーマライゼーションの原理であるといえます。それが1日の単位から始まり，1週間，1年を通して普通のこととして体験できるか否かが重要です。

いつもと同じ日常と，1週間のなかでの平日と休日の別，お盆・夏休み・秋祭り・お正月などといった1年のうちで，行事を目にしたり季節を感じたりする体験が，普通のこととしてできるか。人生を生きるなかで，他者との関わりのなかで多様な価値観に触れ，異性との関わりのなかで男女の違いを発見したり，家族関係や友人関係を通して愛情や葛藤を学んだり，将来の自分の姿を思い描いたり，誰もがその成長過程で行うであろうことができているのか。このように，一般的に体験できる生活様式とは，どのようなものかを考えてみることが重要です。

(2) ノーマライゼーションの原理とその実現

「ノーマライゼーションの原理とは，社会の主流となっている規範や形態にできるだけ近い，日常生活の条件を知的障害者が得られるようにすることを意味していると理解している」[1]ことであり，1日から始まり一生を通じて，普通の体験ができることでしょう。ニィリエの8つの原理を確認し，その実現を考えます。

① 1日のノーマルなリズム

朝，起きてベッドから出て，着替えをし，食卓や食堂で食事をすることなどを想像すると，われわれもそうであるように，時々は外食もするし，大勢の人と食べることもあります。また，好きなテレビをみて過ごすことや，時には夜更かしをしたり，皆が寝静まった夜の気配を一人楽しむということも重要なことです。

しかし，介護者側の理由で（職員の勤務時間が夕方6時までといった理由）夕方の5時30分にはベッドへ寝かされているということはあってはならないことです。

② ノーマルな1週間のリズム

朝食の後は，学校や仕事のために別の場所へ向かい，そして仕事や学校を終えた後は，さまざまな場所で余暇活動をするでしょう。一般的な生活を考えた場合，生活する場と仕事や学業を行う場所が異なることが自然であり，さまざ

お盆

地域によって異なるが，8月15日を中心に行われる先祖の霊を祭る行事。家族・親類が集まり提灯を灯すなどし霊を迎え，その後ふたたびあの世に戻るべく火を焚いたり川に供物を流す。家族の集まる大事な機会として特別な日である。

まな経験を通じて社会性を身に着けていくものです。したがって，生活をする場所で何もかもを行うことは不自然です。生活をする場はプライバシーが保たれ安全であることも重要です。一方，学校や職場は，公共の場として多少の緊張感をもつ場といえます。

施設でも，朝起きてから着替えせずに1日中過ごすという光景がみられていましたが，「寝食分離」や「昼夜を区別する」という考えにより改善がみられています。

③1年のノーマルなリズム

休日やお祝いや行事など，季節や生活のなかにある文化を感じることです。毎日同じ日常が続いているようにみえても，1年を通じては何かしら行事や節目となるイベントはあるものです。欧米では，バカンスといって夏に1ヵ月ほどの長期休暇をとることもあり，その時期に旅行に行くことが大変重要な意味をもちます。日本では，お盆に家族が集い，墓参りや先祖の供養をすることや盆踊りに出かけること，年末には掃除をし新年を迎える準備をし，正月には神社や寺に出かけることなどを通じて，地域や店の様子，人びとの暮らしぶりを体験することができます。

④生涯を通じてのノーマルな体験

小さな子どもは，信頼できる大人に見守られながら教育をうけ，学齢期には，さまざまな体験を通じて自分の能力や可能性を知り自己を知り，青年期には，できるだけ独立し自分の生活を行うことは重要な意味をもちます。職員の入れ替わりのある施設で幼少期を過ごすと，愛されたいという基本的な欲求・安心感を得ることが難しくなる場合があり，学齢期に限られた人としか交流をもてなければ，将来の具体的なイメージや人生観を得にくいということが起こります。

「将来（大人になったら）何になりたい？」子どものころ，周りからそう問われたことはありますか？ プロ野球選手，女優，歌手…いろいろな憧れの職業を夢に描いたのではないでしょうか。その夢に向かって努力をしたり，もちろん現実と夢とは違い，諦めざるをえないこともあったでしょう。夢をかなえた人もいるでしょう。しかし，将来何になりたいか？という問いかけさえ障がい者にはされることがないという現実があるのです。ある程度の年齢になれば，独立心も芽生え自分自身の活動も増えます。しかし，施設ではいつまでも子ども扱いをされてしまうこともあります。

⑤要望はできる限り考慮され尊重されなければならない。

人は誰しも多少の違いはありながらも希望や好み，要望をもちながら生活しています。誰に押し付けられた訳でもなく色や食べ物など自然に好みをもっています。それらのちょっとした要望が尊重されるべきであり，そうした体験から，自己表現へとつながり，その人らしさを形作ります。それは，自分の部屋

寝食分離
寝る場所と食べる場所を分けること。両者を分けることにより，ベッドより離れ活動時間が増え，ADL・IADL能力の維持・向上につながり利用者の身体的・精神的な面に効果がある。

基本的欲求
人間のもつ基本的な欲求。さまざまな観点があるが，マズローによる欲求の5段階説がよく知られている。

を好みのしつらえにしたり、自分らしく寛げるレイアウトにすることからも成し遂げられます。

⑥ 男女が自然に住む世界での生活

　一般社会と同じように自然に男女が共にいる生活をすることです。通常の社会では男女が存在し、異性への関心をもったりしながら生活をしています。それと同じように、不自然に男女が分けられることなく、また性差を無視されるような扱いも避けることが重要です。異性への関心が、生活の意欲を導き、また精神的な安定にもつながります。通常社会でそれらが容認されているように、異性との関わりが普通にもてる生活が必要であり、その援助を考えていく必要があります。

⑦ ノーマルな経済水準

　一般社会で他の人と同等の経済的水準を得ることです。ノーマルな生活を求めており、必要だと認識していても経済状況があまりにも一般社会とかけ離れていてはノーマルな生活は困難になります。他の人と同等の経済水準になるためには、必要な手当て等をうけられることが重要です。

⑧ ノーマルな環境水準

　一般市民と同等の物理的環境が必要です。物理的に隔離されたような状況であると、ノーマルな地域社会での人間的なかかわりがもてないことになります。通学路で近所の人と挨拶を交わしたりといったことからも、さまざまな年代の人たちとの交流や生活様式を学ぶことができます。

　障害があり、人の手を借りて生活をしていても、普通の体験をする機会があるということが、何よりも人間として当たり前のことです。そして、ノーマライゼーションの原理のなかで、間違えてはいけないことは、障がい者をノーマルな普通な人びとに近づけるように訓練することではなく、障がいをもったまま、普通の人が体験する生活を送れるようにする、ということです。これを間違うと、障がい者に無理なリハビリや訓練をさせることになり、その人の状態を無視し、自尊心を損なうことになります。

5　利用者主体の考え方と実現

（1）私と人は同じではない

　「自分がされて嫌なことは人にはしない」「自分がされて嬉しいことは人にしよう」といった、人と関わる時の心構えのような考え方があります。人は自分を主体として、物事を考えます。そして自分だったら…という考えのもと、他者と接します。しかし、そのように人と接していても、また新たな問題が浮上します。それは「自分がされて嬉しい行為を人に行っても、喜ばないこともある」ということです。自分の経験から物事を考え推察し、「自分だったら」と

リハビリ

リハビリテーション（rehabilitation）のこと。戦傷者に対しての職業復帰のための訓練が始まりであるが、わが国では1949（昭和24）年に身体障害者福祉法に基づく諸施策により始まり、「更生」「社会復帰」とよばれていた。ADLからQOLの向上へと目的は変化しており、当事者の能力を引き出し、生きがいのある人生を援助していくことである。近年は「全人間的復権」とも称される。

行動する。叩かれたら痛かった，だから人を叩くのはやめよう。こんなことをいわれて辛かった，だから私は人には酷いことをいわないでおこう，などです。

しかし，「人と自分は違うと」いうことも，とても大事なことです。自分が好きなこと・ものを他人が好きとも限らない。自分がされてまったく気にならないことも，他人にとっては不快なこともあるのです。だからこそ，尊厳とは何か，人間とは何かを学ぶことの意義があるのです。

自分の思い，考え，主義主張，習慣を大事にしてもらいたいように，他者のそれらも大事にしてほしいのです。「自分と他人とは違う」これを間違うと，ひとりよがりの介護になります。また利用者を思い通りに動かしたい，というおごった考えに陥ります。それは，その方の尊厳を無視した，利用者主体とは程遠い自分主体の介護です。

(2) 主人公は利用者である。

利用者が乗った車いすを押して道を歩いていた時，前方から利用者の友人が歩いてきたとすれば，少し足を止めて挨拶や会話をする時間をとることは必要です。しかし，車いすを押している介護者同士が知り合いで，介護者同士の会話や申し送りをするために車いすを止め，利用者を放って話に夢中になっているという場面はどうでしょう。利用者が移動するために，介護者が車いすを押しているのです。しかし，介護者が話したいがために，利用者を車いすに座らせたまま，待たせているのは利用者主体といえません。利用者は，なぜ急に車いすが止まったのかと不思議に思い，自分は放ったらかしにされているということに気づくのに，長い時間はかからないと思います。

診察時にも同様の光景をみることがあります。介護者は，利用者の代弁者として医師に現在の状況を知らせ，医師の指示を聞く必要はあります。しかし，注意をしないと，利用者本人を置き去りのまま，すべてを進めてしまうということが起こります。その結果，利用者は自分が受診したとも思われず，薬が処方されても「介護者が勝手に先生に病状をお話しして，勝手に処方された薬だから」と受診結果に信頼感をもてず，納得もできず，治療に消極的になるかもしれません。

利用者が主人公であるということは，介護者は黒子であり，縁の下の力持ちなのです。代弁者という立場では，利用者にかわって他者とコミュニケーションを図ることもありますが，それはあくまでも代弁者としてであって，介護者と他者との会話になってはいけないのです。利用者本人が上手く意思疎通ができるような援助が求められます。舞台でいえば，黒子（介護者）は顔を出さず，主役（利用者）が台詞を忘れた時には，囁いて助け，小道具が要る時には隠れてそっと差し出します。

> **黒子（黒衣）**
> 舞台などで黒い衣服を身に着け，役者に小道具を手渡したり衣装を整えたりする役目の人。実際に舞台上にいるが，暗黙の了解でその姿は観客にはみえていないものとする。

（3）利用者主体の実現

人は誰しも，大事にしてもらいたいという欲求をもっています。隣の人よりもほんの少し自分の方へ多く微笑んで欲しいという気持ちをもっているのだと思います。自分を大事にしてもらったという思いが，自尊感情へとつながるのです。マズロー（Maslow, A.H.）の欲求段階説でも「自尊」は人間のもつ基本的な欲求とされています（第11章の図表11－1参照）。

介護者としては，公平に利用者と接する必要がありますが，その人と接している時は，その人だけに心を砕くことが必要です。利用者を理解しその人が何を求めているのか，その人にとっての最良のこと，その人の思いやこだわりをいかに形にできるのかを考え実践することが，真に利用者主体の介護であると思います。介護者としてのあなたの価値観が大きく揺さぶられることもありますが，その時に，どう介助できるかが介護者としての真価が問われるといっても過言ではないかもしれません。

「かけがえなく生まれてきたのに，運悪く生まれてきたと信じるようになってしまう」[(3)]　　　　　　　　　　　　　　　E. リンドグレーン　詩集『道なき人』より

誰もがかけがえなく生まれてき，それぞれに価値のあるこの世界であることが求められます。二度と，このような詩が読まれないように，誰もがそのそれぞれ人生の主人公として，質の高い満ち足りた人生を歩めるように介護者として，またひとりの人間として考えていかなければならないと思います。

マズロー，A.H.
（1908-1970）
アメリカの心理学者．従来の二大心理学（行動主義とフロイトの精神分析理論）は，人間の健康で成長へ向かう側面には注目していないと批判して，病的側面などばかりではなく，心の健康な面を含めて全体的に人間を理解する必要を主張した．自己実現についての研究から，人間の生来的欲求を，生理的な欲求，安全の欲求，所属・愛情の欲求，自尊の欲求，自己実現の欲求の5段階に分けた．そしてこれらが階層性をもち，生理的欲求がみたされれば安全を求める欲求が生じ，それがみたされれば次の所属や愛の欲求が生じ，これがみたされればまた次の欲求が生じるとした．これらは外部的にみたされればおさまるので'欠乏動機'とよび，最後の自己実現の欲求は不断に拡大する欲求であるところから'成長動機'とよんだ．ロジャースらとともに，ヒューマニスティック心理学（Humanistic Psychology）の代表的存在とみなされている．研究分野は哲学・教育・政治・経済など多岐に及んだ．

注
(1) ベンクト・ニィリエ著，河東田博他訳編『ノーマライゼーションの原理―普遍化と社会変革を求めて（新訂版）』現代書館，2004年，p.22
(2) 西村洋子編『介護の基本』（最新介護福祉全書3）メヂカルフレンド社，2013年，pp.126-127
(3) 前掲書（1），p.33

参考文献
　ベンクト・ニィリエ著，河東田博他訳編『ノーマライゼーションの原理―普遍化と社会変革を求めて（新訂版）』現代書館，2004年
　小池将文・内田富美江・森繁樹『介護・福祉サービスの理解』（介護職員初任者研修課程テキスト1）日本医療企画，2012年
　白澤政和『キーワードでたどる福祉の30年』中央法規，2011年

プロムナード

当たり前のことが一番難しい。

子どものころ，「挨拶をしましょう」とさんざんいわれた覚えはありませんか？ 挨拶は当たり前のこと，社会に出て，当然身に着けるべきマナーとして，人間関係を円滑にするためのもの。でも実際に社会のなかで，こういった基本的なことのできていない人のなんと多いことでしょう。

もちろん，そうでない人もいるでしょう。しかし，ここで伝えたいことは，短い言葉・単純明快なことこそ，真に理解し実行することは難しく，しかし大変重要である，ということなのです。

社会のルールとして「交通ルール」があります。無秩序に道路を走っていれば，当然事故を起こしてしまうため，交差点では信号を置き一方が赤で止まり，一方は青で進行するという極めて単純明快なルールで走行しています。皆がルールを守っていれば，事故は本来起こることはないはずです。ところが，一方が待ちきれず，また信号を無視して交差点を渡ってしまうのです。今もこの瞬間も日本の各地で交通事故は起こっているでしょう。

「人間の尊厳を支える」ということについても，皆が大事なことだと認識しているにもかかわらず，どうして難しいのでしょう。

原理，原則といわれるものは，いつでも一番簡単そうにみえて一番難しいものではないでしょうか。だからこそ，常に心に留め自問し，自戒する必要があるのでしょう。

学びを深めるために

小山内美智子『あなたは私の手になれますか』中央法規，1997年
　脳性麻痺の43年間の生活がわかりやすい言葉で綴られています。当たり前の生活を求め続けた著者の言葉は，介護者に「このケアでよいのか」と問いかけてくれます。

パット・ムーア著，木村浩美訳『私は三年間老人だった』朝日出版社，2005年
　26歳の女性が特殊メイクで老人に変身し街へ出てさまざまな体験をします。人の偏見や老人の置かれている孤独を感じ，その貴重な体験を綴っています。

第6章 自立に向けた介護

1 自立・自立（自立支援）の考え方

(1) 自立と自律

「じりつ」という言葉には，「自立」と「自律」が存在します。同じ読み方ですが，両者は違う意味をもっています。広辞苑による「自立」とは，「他の援助や支配を受けず，自分の力で判断したり身を立てたりすること。ひとり立ち」と述べられています。それに対して，「自律」とは，「自分の行為を主体的に規制すること。外部からの支配や制御から脱して自身の立てた規範に従って行動すること」とあります。

「自立」とは，身体的，社会的，精神的，経済的に他人に頼らず自分の力で生活する能力をもつことであります。「自律」とは，自らの理性に基づいて判断できる能力をもつことなので，自律は自立の前提になっているといえるでしょう。「自立」は大きく分けると4つに分類することができます。

① 「身体的自立」

身体的自立とは，日常生活を行うにあたり他人の手を必要とせず自分で行うことができることをいいます。食事や排泄，更衣，入浴，歩行などの日常生活動作や軽い荷物などを動かすなどの作業ができる状態のことです。

では障がいがあり，杖や車いすがなければ移動が困難な状態での身体的自立は不可能なのでしょうか。たとえ自力でなくても，福祉用具，補助具等を使うことで日常生活を送ることが可能であれば，それは十分身体的自立をしているといえるでしょう。

② 「社会的自立」

社会的自立とは，他者との交流が図れ社会的なつながりをもち，維持することができることをいいます。また，社会人として自由と権利をもつことと同時に責任をもつことを意味します。たとえば，コミュニケーションが苦手で，他社と関わりを避け周囲の情報も得られないような，ひきこもりのような状況は，他者との交流がなくなり社会的に自立しているとはいえません。

③ 「精神的自立」

精神的自立とは，自分の意志で判断でき行動することができることをいいます。人間の尊厳の根拠のひとつといえます。人には，自分の思っていること，考えていることを自分なりに自己表現することが権利として保障されています。障害のある人でも，意見や自己表現の機会は保障されなければいけません。また，精神的自立としての自己表現や能力を確立するために学習する権利，教育を受ける権利が保障されなくてはいけません。

④ 「経済的自立」

経済的自立とは，就労や年金など一定の収入があり生活を維持し，自分の財産を管理することができることをいいます。障害があり財産の維持，管理する

ことが困難な場合「成年後見制度」などで保障していくことが必要です。

　病気や事故，失業などで経済的自立度が低下してしまうこともありますが，そのようなとき，低下した部分は社会保障や社会保険で補うことになるでしょう。

　身体的自立や社会的自立などが低下したときは，他の自立で補うことが可能です。多くの高齢者や障がい者は，それらを精神的自立の高さで補ったりしながら自立した生活を営んでいます。介護保険や障害者総合支援法は，その低下した自立を援助していく制度ともいえるでしょう。

(2) 福祉の自立

　一般的に社会でいわれる「自立」というと，「親元から離れて独立した生活をおくる」ことですが，福祉で用いる「自立」は少し意味が違っています。高齢者，障がい者などは日常生活や社会生活を送るのに介護を必要とします。福祉関係者の使う「自立」は，なんでもひとりでできることではありません。

　高齢になり身体的機能が低下したり，障がいのため身体的自立が困難な状況になり，介護が必要となった場合，自力歩行ができなくても，車いすや福祉用具を使って移動ができれば移動は自立しています。また，衣服の着脱がひとりで困難でも「今日は外出するからこの服を着よう」「少し肌寒いから今日は長袖のこの服を着よう」と自己選択，自己決定するなど主体的な生活を送ることも衣服の選択の「自立」といえます。このように「自立」は，福祉の進歩によりきわめて広い概念でとらえられているのです。

(3) 高齢者の自立

　誰でもいつかは高齢者になります。自分が高齢者になった時のことを想像してみてください。今からしっかり人生設計を立て定年後は自由に世界一周旅行を想像する人もいるでしょう。「何か商売をしたい」「趣味に没頭したい」など，それぞれだと思います。逆に，心身機能が衰え，気力も低下し不安に思う人もいるでしょう。望みどおりの高齢期を迎えられるかどうかは，その時の健康状態や経済状況，家族との関係や社会とのつながり，個人の価値観，性格によっても大きく影響されます。心身ともに衰えてくる高齢期に，残存機能を活かし社会参加に生きがいをもつ自立生活が継続できるかは人それぞれです。

(4) 自立支援

　「自立支援」とは，「たとえどんなに重い障害があったとしても，自分の生活は自分で主体的に決定していくことが可能である」ことをベースにしたさまざまな支援をいいます。

　私たちは日頃，当たり前のように朝起きたら顔を洗い歯をみがき，朝ご飯を食べたりと，他人の手を借りずに日常生活を送っています。たとえ高齢になっ

ても障害があっても，できれば自分のことは自分で行いたいと思っています。たとえば，食事であれば，好きな物を自分のペースでおいしく食べたいですし，特に排泄に関しては，誰にも気兼ねせずに行いたいはずです。でも，それらが自分ひとりでできなくなったとしたら，どんな気持ちになるでしょう。きっと辛かったり，恥ずかしかったりと不安や不快な気持ちになることでしょう。

では，「自立支援」を考慮した介護サービスとは，どんなものをいうのでしょう。介護サービスを受けている人自身の，精神の自立も含めて支えるということです。

介護サービスを利用する状態であっても，利用者が自分の人生に生きがいや楽しみをもって，生活していけるように支援していくことです。そう考えていくと，安全のみを優先して，生活のすべてを介護者が行い日々を漫然と過ごすことは，自立支援を考慮したサービスとはいえないでしょう。「自立支援」の理念に基づいた介護サービスとは，多少の不便や時間がかかっても，残存機能を最大限に活かし，利用者が自らの意思で生きていくことができ，生きる喜びを感じて生活していけるように支援していくことです。

2 生活支援としての介護

(1) 生活とは

「広辞苑」によると，生活とは「生存して活動すること。生きながらえること。世のなかで暮してゆくこと」とあります。

私たちは，毎日生活をしています。いわゆる，「ふつうの生活」です。でもこれは，私たちにとっての「ふつうの生活」であり，他の人も同じ生活をしているとはかぎりません。生まれ育った環境や生活習慣，文化の違いの影響を受けているので，人それぞれ違っています。そしてその生活行為を自分の意志で決定し自分の力で行っています。また，単に生理的な欲求を満たすだけのものではなく，精神的欲求や社会的欲求，さらに文化的な欲求を満たすための行為でもあります。この3つの欲求が相互に作用してそれらを満たしていくのです。生活とは，人間が人間らしく生きるために行う行為の総称です。

(2) 日本人の生活時間

日本人の生活時間をNHKが1960（昭和35）年から5年ごとに国民生活時間調査を実施している2010（平成22）年の調査報告からみてみます。

① 行動時間配分

人びとは，平日10時間3分を必需行動に，8時間36分を拘束行動に，4時間48分を自由時間に費やしています。土曜，日曜と休みの人が増えるに従い，拘束行動が短くなり，その分必需行動と自由行動の時間が長くなります。必需

図表6-1　行動分類

大分類	中分類	小分類	具体例
必需行動	睡眠	睡眠	30分以上連続した睡眠，仮眠，昼寝
	食事	食事	朝食，昼食，夕食，夜食，給食
	身のまわりの用事	身のまわりの用事	洗顔，トイレ，入浴，着替え，化粧，散髪
	療養・静養	療養・静養	医者に行く，治療を受ける，入院，療養中
拘束行動	仕事関連	仕事	何らかの収入を得る行動，準備・片付け・移動なども含む
		仕事のつきあい	上司・同僚・部下との仕事上のつきあい，送別会
	学業	授業・学内の活動	授業，朝礼，掃除，学校行事，部活動，クラブ活動
		学校外の学習	自宅や学習塾での学習，宿題
	家事	炊事・掃除・洗濯	食事の支度・後片付け，掃除，洗濯・アイロンがけ
		買い物	食料品・衣料品・生活用品などの買い物
		子どもの世話	子どもの相手，勉強をみる，送り迎え
		家庭雑事	整理・片付け，銀行・役所に行く，子ども以外の家族の世話・介護・看病
	通勤	通勤	自宅と職場（田畑などを含む）の往復
	通学	通学	自宅と学校の往復
	社会参加	社会参加	PTA，地域の行事・会合への参加，冠婚葬祭，ボランティア活動
自由行動	会話・交際	会話・交際	家族・友人・知人・親戚とのつきあい，おしゃべり，電話，電子メール
	レジャー活動	スポーツ	体操，運動，各種スポーツ，ボール遊び
		行楽・散策	行楽地・繁華街へ行く，街をぶらぶら歩く，散歩，釣り
		趣味・娯楽・教養	趣味・けいこごと・習いごと，観賞，観戦，遊び，ゲーム
		趣味・娯楽・教養のインターネット	趣味・娯楽・遊びとしてインターネットを使う（電子メールは除く）
	マスメディア接触	テレビ	BS，CS，CATV，ワンセグの視聴を含める
		ラジオ	
		新聞	朝刊・夕刊・業界紙・広報紙を読む
		雑誌・マンガ・本	週刊誌・月刊誌・マンガ・本・カタログなどを読む
		CD・テープ	CD・デジタルオーディオプレイヤー・テープ・パソコンなどラジオ以外で音楽を聞く
		ビデオ・HDD・DVD	ビデオ・HDD・DVDを見る（録画しておいた番組も含む）
	休息	休息	休憩，おやつ，お茶，特に何もしていない状態
その他	その他・不明	その他	上記のどれにもあてはまらない行動
		不明	無記入

出所）NHK放送文化研究所（世論調査部）「2010年国民生活時間調査報告書」2011年2月，p.4

行動，拘束行動，自由行動の具体的な内容は，図表6-1を確認して下さい。

② 睡眠

　国民1人あたりの1日の睡眠時間は，平日7時間14分，土曜7時間37分，日曜7時間59分で，平日＜土曜＜日曜の順に長くなります。

　男女別にみると，睡眠時間が6時間台と短いのは，平日の男女40・50代で，もっとも短い女40代は6時間28分です。また，曜日差に着目すると，有職者や学生では曜日差が大きく，平日＜土曜＜日曜と長くなり，平日と日曜では1時間程度も差があります。一方，無職の人は曜日差がほとんどありません。

③ 食事

　国民全体の1日（3食）を合計した食事の全員平均時間は，平日1時間32分，土曜1時間41分，日曜1時間42分です。食事の時間量には，若年層より高年層，男性より女性で長いという特徴があります。男10代がどの曜日も1時間20分前後であるのに対し，男女70歳以上では，おおむねどの曜日も1時間50分台でした。

④ 身のまわりの用事

　洗顔，入浴，着替え，化粧など，身のまわりの用事に費やす時間は，平日1時間8分，土曜と日曜が1時間10分です。どの年層でも男性より女性のほうが長く，もっとも長いのは女20代です（平日1時間24分，土曜1時間33分，日曜1時間24分）。

⑤ 趣味・娯楽・教養

　この行動は，趣味全般，けいこごと・習い事，資格や免許を取るための勉強，映画・演劇・音楽など多岐にわたります。男女10代ではどの曜日も行為者率が3割を超えて高くなっています。男30・40代は，平日の行為者率は1割に満たないですが，土曜・日曜と行為者率が増えて日曜には2割を超えます。一方，男女60代以上はどの曜日もおおむね行為者率が2割程度で曜日による差がほとんどありません。

（3）介護における生活分類

　次のように大きく分けることができます。
① Ⅰ群：コミュニケーション（意思の伝達と理解，視力，聴力）
② Ⅱ群：日常生活活動（寝返り，起き上がり，移乗，歩行，着衣，食事，排泄，身だしなみ，入浴）
③ Ⅲ群：手段的生活動作（調理，掃除，洗濯，買い物，金銭管理，服薬，電話による情報収集・伝達，交通機関の利用）
④ Ⅳ群：余暇活動・社会活動（休息，楽しみ，趣味，外出，他者とのかかわり）

（4）高齢者の生活

　人は加齢に伴い身体的・精神的・社会的に老化現象があらわれますが，そのあらわれ方には個人差があります。これまでの生活歴や性格，職業，趣味・家族との関係などが大きな要因といえます。身体面では，体力の低下・視力や聴力の減退など若い時と比較しあらゆる面で下降していきます。しかし，そのスピードは日々の生活習慣によって違ってきます。ストレスの多い生活や不規則な生活を送って来た人は生活習慣病を引き起こす可能性も高いといえるでしょう。精神的・社会的面では，定年退職後の社会との繋がりやそれまでの家族関係，本人の性格によるところで大きく変わってきます。

厚生労働省によると，2013年における男性の平均寿命は80.21年，女性の平均寿命は86.61年であり，前年に比べ，男性は0.27年，女性は0.20年上回っています。世帯でみてみると，65歳以上の高齢者のいる世帯は2,242万世帯（全世帯の44.7％）で，その世帯構造は，夫婦のみの世帯が31.3％ともっとも多く，単独世帯と合わせると過半数をしめています。このことから，高齢者夫婦やひとり暮らしの高齢者のしめる割合が多いことがわかります。

　高齢期をどう生きるかは，高齢者本人だけでなく家族など周囲の人にとっても重要なことです。望むくらしはひとそれぞれ違いますが，多くの人は健康で身の回りのことは他人の世話にならずに，最後まで自分で行いたいと思うでしょう。自己選択，自己決定し，望むくらしをすることで生きがいを感じ，自立した生活を送ることができます。

(5) 生活を支援する

　支援とは，「ささえ助けること。援助すること」（広辞苑）と書かれています。生活支援とは，世のなかで暮らしていくことを支えることといえるでしょう。病気や障がいによって自分で日常生活を送ることが困難になった人の介護を行う場合，利用者の価値観や生活習慣を尊重することがとても大切です。介護者が自分のやり方で一方的な介護を行ってしまうと，利用者は主体性を失い，不安で不快な思いをします。それは，利用者の尊厳を損なうことになります。たとえ利用者から不快な様子が感じられなかったとしても，不信感から信頼関係を失ってしまうことにもなりかねません。介護者の考えを押し付けるのではなく，あくまでも利用者の望む生活が実現できるように支援していくことが必要です。

3　自立支援の具体的展開

(1) 介護福祉士としての自立支援

　何かに困っている人がいれば，手助けすることを心がけている方は多いと思います。しかし介護の世界では，その手を差し伸べることが，時として利用者の自立を妨げることになります。

　日本介護福祉士会倫理綱領［1995（平成7）年制定］には，「自立に向けた介護福祉サービス」と，これを実現するための重要性が書かれています。これは，利用者がそれぞれもっている残存能力を正しく理解し，自己選択し，自己決定することができるように配慮するということです。

　そのため，介護福祉士には専門的知識と，他職種と連携を図ることが必要不可欠です。介護福祉士は，ただ利用者が日常生活を送れるように支援するだけではなく，その利用者にあった介護サービスを提供することが必要になり，介

護福祉士の仕事は，利用者に対し無制限に手助けすることではないということを理解しておかなければなりません。

(2) 生活のなかの自立支援

　制度や法律のなかに書かれている自立支援を読むと，少し難しい印象を受けるかもしれません。しかし，そんなに難しく考える必要はありません。制度や法律をつかって支援する方法もありますが，普段の生活のなかにも自立を支援する方法はたくさんあります。

　たとえば，片麻痺の利用者が更衣しようとした場面に出会った時，片麻痺だからといって介護者が衣服の着脱から，ボタンやファスナーの開け閉めまですべてを行った場合，これは自立を支援しているとはいえません。むしろ，介護者の過剰な介護によって利用者の自立を侵害していることになります。時間はかかっても麻痺のない手でボタンをとめてもらう，いくつかのボタンは援助して，残りのボタンをとめるのは自分でしていただくように説明するなど，可能な限り自力で行えるように働きかけ，できないところを援助する方法をとります。

　介護者がすべて援助したほうが時間も手間もかからず物事を行えるでしょう。しかし，介護者の過剰な介護は利用者のできることを奪い，自立を妨げている要因にもなっているのです。たとえば，利用者がボタンをとめる動作をみて，介護者からはとても困っているようにみえても，利用者本人にとって実は時間はかかるが簡単なことで，そのボタンをとめること自体に生きがいをもっているかもしれません。そういった場合，介護者が本人のできることを奪っているだけではなく，利用者の生きがいまでも奪っていることにもなりかねません。

　高齢者や障害者の場合，どうしても動作がゆっくりになってしまいます。そのような人をみると，介護者はどうしても援助をしたくなってしまいますが，そこは気持ちにゆとりをもち「見守る」ということが大切になります。利用者にとって一部のみの介助を受け，後は自分で行うことや，麻痺のない手を動かすことが，残存能力を活性化させ，機能維持にもつながります。介護者は援助を行っていくなかで，利用者のできること・できないことをしっかりと見極める必要があります。

　また，全介助が必要な利用者の場合でも，可能であれば利用者が衣類を選択できるようにはたらきかけたり，衣服のしわを整えたりと，少しでも本人に行ってもらうことが大切です。「全介助だからなにもできない」というのは介護者側の勝手な思い込みである場合もあります。自分でできることはしていただくということが大切になります。

　自立支援を旨とした支援には，利用者の麻痺側がまったく動かないということを介護者が把握していなかったために，すべてのことを自力でするように促したり，動く手の使用を制限したりするとどうなるでしょう。利用者に苦痛を

与えたり,「今まではできていたのにできなくなった」というような無力感を与えたりと,それまでもっていた意欲までも奪うことにもなるでしょう。自立に向けた支援をセルフサービスと表現する方もいますが,間違ったセルフサービスは利用者にとってはただの苦痛でしかありません。

情報を正しく理解した上で,利用者のできること・できないことを見極めることが援助を行っていくなかで大切になります。これは日頃からのコミュニケーション能力や,利用者との信頼関係,観察力がとても求められます。10人の利用者がいれば10人それぞれの障がいや疾病,価値観,生活習慣があります。同じ右半身麻痺でも,可動域も違えば痛みも違います。介護者は,自立支援を行うにあたって,個別の障害についての専門的知識や介護技術を学ぶだけではなく,利用者個々人へ対する深い洞察力を身につける必要があります。

介護は困っている人をただ助けるだけでなく,利用者の残っている機能(残存機能)や,隠れている機能を活用して,自立への支援を行うということなのです。

(3) 道具を活かした自立支援

人は日常生活のなかではさみやものさしといった,さまざまな道具を使いこなして生活をしています。

介護の世界には「自助具」という道具があります。これは,病気や障がいで手足が不自由になり,日常生活に不便を感じる人が,その残存能力を活かしながら,日常生活をできるだけ楽に,自立した生活が送れるように工夫された福祉用具です。

たとえば関節リウマチをもつ利用者の場合,関節の変形や,指の痛みや腫れがあるため,箸などをもつことが困難になります。このような場合,介護者が食事介助を行えば利用者は食事をすることができますが,それでは自立支援にはなりません。介護者は,利用者の残存機能に着目し,どうすれば食事ができるようになるかを考えなければなりません。このような場合に,弱い力でも握れる箸を使用する,持ち手がお湯で変形するスプーンなどを使用すれば自分の力で食事することが可能になります。

このような自助具を使用すれば,利用者が「自分でできる」という自信をもてるようになります。自信や達成感が得られることで,日常生活にもハリが出ます。

また,重度の身体障がいがあり,両手が不自由であっても,身体のどこかが少しでも自分の意思で動かせるのであれば,電動車いすを使用することで自ら移動することができることもあります。重度の障がいをもつ人の場合,「買い物に行きたい」「友達と一緒にコンサートに行きたい」という,当たり前の日常生活において常に介護者にお願いしなければならないことが発生します。ま

た，介護者がこの要望にすぐに対応できるとは限りません。しかし，電動車いすなどの用具があれば，自分の意思で自由に行動することも可能になります。

(4) 環境からの自立支援

　生活の場面を，介護がしやすいという視点からみるだけではなく，自立を支援するという視点でみることも大切になります。

　食事場面の例で考えると，適切な椅子の高さやテーブルを用意することで，利用者の姿勢や嚥下機能が改善し，自分で食事をすることができるようになります。立位保持が困難な利用者が洗濯をする場合，洗濯機の種類を選ぶことで，椅子や車いすに座っていても洗濯ができるようになります。物忘れのためにガスの消し忘れで火事の恐れがある利用者は，電磁調理器を使用することで火災やガス漏れなどの危険なく安全に調理することができます。

　介護をしていると，利用者の身体機能に注目しがちですが，このように利用者も生活環境からも自立支援を考えることが大切になります。

4　個別ケアの考え方

(1) 集団ケアから個別ケアへ

　ここでは高齢者のケアの歴史をみてみます。1963（昭和38）年，老人福祉法が制定され，特別養護老人ホーム（以下，特養）が創設されました。当時の特養では，食事，排泄，入浴などの生活行為はベッドの周りだけで行われていました。利用者の部屋は相部屋で，プライバシーの配慮に欠けており，業務も流れ作業のように行われてきました。また，調理職員の勤務の都合に合わせた極端に早い夕食や，全員同じ時間の排泄介助など，職員のタイムスケジュールによって利用者の一日の暮らしが行われていました。施設に入所することは「収容」「保護」というように表されていました。このような環境の施設では，利用者をひとりの人間としてとらえず，集団ケアを前提とした介護が行われていました。

　1972（昭和47）年に厚生省中央社会福祉審議会が「老人ホームの在り方に関する中間報告」を発表し，それまで「収容の場」とされていた施設を「生活の場」と定義しました。これは，利用者が集団ではなくひとりの人間であることを意味し，施設は「介護がしやすい」場という考えから「暮らしを支える」場という考えに変化していきました。

　1987年（昭和62）年に，社会福祉士及び介護福祉士法が制定され，介護福祉士という国家資格をもった専門職が生まれました。これは，介護という仕事が専門性のある仕事として認められたということです。

　2000（平成12年）の介護保険制度の施行を期に，居室の個室化が始まりまし

た。また、少人数の家庭的な雰囲気のなかで、個人を尊重した生活支援を行えるユニットケアなどが広がっていきました。

このように施設介護のあり方は、利用者の尊厳を重んじ、自立・自己決定・自己選択を尊重しながら、QOL（生活の質）の向上を目指したケアを行うことが求められているのです。

（2）個別ケアの考え方

バイステック（Biestek, F. P.）の7原則のひとつとして、個別化をあげています。これは、「利用者一人ひとりの問題状況をその個別性に配慮して援助する」ということです。介護者は、まず利用者をひとりのかけがえのない人間としてとらえ、その人特有の性格や人生経験、歴史をもっていることを理解する必要があります。

個別ケアという言葉には、実際に介護する場面における「個別的な介護技術」と、一人ひとりの人生の歴史を踏まえた「個別的な生活支援」という2つの意味があるとされています。介護福祉士は、この両方の個別ケアの意味を理解し、技術としての個別ケア、生活支援としての個別ケアを行っていくことが求められます。

> **バイステック（Biestek, F.P.）の7原則**
> バイステックがケースワーカーとクライエントの間に結ばれる援助関係の基本的要素として体系化したもので、クライエントの基本的欲求と、それに対応するワーカーとクライエントの関係のあり方から導き出した。①個別化、②意図的な感情の表出、③統制された情緒的関与、④受容、⑤非審判的態度、⑥クライエントの自己決定、⑦秘密保持。これらは、ワーカーのとるべき望ましい態度、倫理、技術であるとする見解もある。

（3）生活空間と個別ケア

従来の施設は職員の動きやすさを重視してつくられてきました。しかし、現在は利用者の生活の視点から環境をつくっていくことが大切です。利用者が安心できる場所があるか、プライバシーが守られているか、自分が自分らしく生活する場所があるかといったことで、生活への満足度も大きく左右されます。そういった意味で個室をもつことは、自分だけの空間が確保できるという大きな意味をもちます。最近の高齢者施設のほとんどは個室を基本としたユニットケアが導入されています。部屋のレイアウトを利用者が自分好みにしたり、自宅で使用していた家具をそのまま持ち込むなどして、利用者が生活条件を自分でコントロールできるようにさまざまな工夫がされています。

認知症者の場合は、環境が変化することに強い不安感を抱く人も多くいます。そういった場合、自宅で使用していた自分に馴染みのある物があることで落ち着く人もいます。また、高齢者の場合には、施設になじめないことで、身体的にも精神的にも悪影響を与えることがあります。よって、今まで生活してきた地域やそこでの暮らしに目を向けて、生活を継続することを考える必要があります。生活意欲が低下している高齢者の場合は、その利用者のそれまでの生活背景に目を向け、その人にとって居心地のよい生活空間を考えることが大切になります。

（4）個別ケアの具体的な展開

　要介護者は，一人ひとりまったく別の人生を歩んできています。特に高齢者の生活は，自分自身が生きてきた人生の歴史を背負いつつ，最終的に自分の人生がどうであったかを意味づける段階にきています。介護福祉士は，そのような利用者の人生を尊重した介護を展開する必要があります。従来の施設では，利用者は全員同じ時間に起床し，同じメニューの食事をし，同じ時間に排泄，入浴，就寝するという生活を送っていました。しかし，施設に入所したからといって，それまでの好みや趣味，社会での役割や考え方，価値観，生活習慣などを簡単に変えることはできません。特に高齢者の場合は，80年，90年にわたる長い人生を積み重ねてきた人たちです。個別ケアでは，一人ひとりの人生経験を把握し，「その人らしい生活」とはなにかをよく理解して関わっていく必要があります。

5　ICFの考え方

　ICFとは，2001（平成13）年にWHOで採択された，国際生活機能分類（International Classification of Functioning, Disability and Health）の頭文字をとったものです。

　日本では，2002（平成14）年8月5日に厚生労働省の社会・援護局障害保健福祉部企画課が下記をホームページに掲載しました。

> 　ICF（International Classification of Functioning, Disability and Health）は，人間の生活機能と障害の分類法として，2001年5月，世界保健機関（WHO）総会において採択された。この特徴は，これまでのWHO国際障害分類（ICIDH）がマイナス面を分類するという考え方が中心であったのに対し，ICFは，生活機能というプラス面からみるように視点を転換し，さらに環境因子等の観点を加えたことである。
> 　厚生労働省では，ICFの考え方の普及及び多方面で活用されることを目的として，ICFの日本語訳である「国際生活機能分類―国際障害分類改訂版―」を作成し，厚生労働省ホームページ上での公表（8月5日より掲載予定）することとした。

出所）厚生労働省 http://www.mhlw.go.jp/houdou/2002/08/h0805-1.html

　WHOは1980（昭和55）年から国際的な障害の分類法として，国際障害分類（ICIDH）を使っていました。ICIDHは，国際疾病分類の補助的役割として，障がいを「機能障害」「能力障害」「社会的不利」に分類していました。ICIDHは心身機能や能力など障がいのネガティブな部分やマイナス面を3つに分類していたともいえます。

　しかし，ICFは生活機能としての障がいに光を当て，ポジティブな部分やプラス面も分類しています。まず構成要素を第1部に生活機能として，心身機能・構造，活動，参加，第2部に背景因子として，環境因子と個人因子に分類しています。活動と参加を，生活・人生領域とし，課題や行為について分類する領域であるとしています。また，生活機能への外的影響として環境因子をあげ，個人因子は生活機能への内的影響としています。また，促進因子や阻害因

子も分類しています。

　ICFの活用により，障がいや疾病をもった人やその家族，保健，医療福祉等の幅広い分野の従事者が，障がいや疾病の状態について共通の理解をもつことができます。また，サービスを提供する施設や機関などで行われるサービスの計画や評価，記録などへもICFは活用されています。

　たとえば，下肢筋力（心身機能）の低下があり，歩行（活動）が困難になって車いす生活を送る人が，バリアフリー化された家（促進因子）で住み，電動車いすを使いこなす（個人因子）といった新しいことにチャレンジできれば，歩行は困難であっても移動に不自由はありません。そのことで家族との関係である参加も肯定的に行われます。

　しかし，バリアフリー化されていない家（阻害因子）に住んでいると電動車いすがあっても移動は困難です。ひとつの阻害因子が他の構成要素にも影響をおよぼすことをICFで分類することによって，その人の生活全体があきらかになり，どこに支援が必要であるかもあきらかになるのです。

　下肢筋力が低下しているといった同じ状況の身体機能であっても，環境によって移動の能力に違いが出ます。ICFは，その利用者の心身機能のできないところだけに注目するのではなく，たとえば環境因子に注目することによって自立を促進することに繋がることをあきらかにする考え方です。そして，介護における大切な考え方なのです。

　以前のICIDHは，機能・能力の障がい，社会的不利益に注目していました。その考え方は，介護福祉士が利用者を心身機能のできない機能やできない能力，社会的不利益に注目してしまい，その利用者のできることや残された機能，できる能力に注目することが少なかったといわれています。

　各構成要素である健康状態，心身機能・構造や活動や参加，そして環境因子や個人因子はどのような関係にあるのかを示したのが図表6-2です。すべての構成要素単独で人は生活しているのではありません。それぞれの相互作用のもとで生活が成り立っています。障がい者の障がい部分だけに注目し分類するのでなく，生活全般を相対的に整理し分類することがICFはできるのです。

　また，ICFの特徴に医学モデル社会モデルの統合化があります。医学モデルと社会モデルの違いをたとえると，お父さんがお医者さんで（医学モデル）お母さんがソーシャルワーカー（社会モデル）の家で子供が困りごとの相談をした場合。

　子ども：学校でクラスに馴染めないんだー。
　お父さん：それは問題だね，みんなに馴染めるためにきみが変わらないとね。
　お母さん：学校のクラスというのは，いろんな人がいる環境です。きっとまだ慣れないのでみんなが少しずつ調整をとっている最中よ！　そのうち，クラス全体が変わるものよ！

図表6－2　生活機能モデル（ICF，2001）

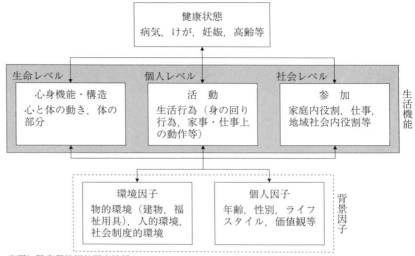

出所）障害保健福祉研究情報システム
http://www.dinf.ne.jp/doc/japanese/prdl/jsrd/norma/n337/n337002_01.html

図表6－3　医学モデルと社会モデル

	医学モデル	社会モデル
障害とは	異常	個性
社会適応の手段	リハビリによる	社会側の改善による
社会保障の課題	福祉，保健	人権問題

ICF＝普遍的／統合的／相互作用モデル

出所）©WHO.ICIDH-2FinalDraftDec.2000. roduction.

両親のコメントを統合し，理解するのがICFです。

そして，医学モデルは課題志向型，社会モデルは目標志向型ともいわれ，これらを統合した考えがICFの考えといえるでしょう。

課題志向型と目標志向型

課　題	目　標
課題とは，医学モデル的発想のもとに今かかえる課題（問題）または課題の原因を取り除くことを中心に向かう考え。目標を解決するには，原因を追究し，課題を探すことが大切であり，課題を解決することから自己実現は始まる。	目標とは，個人としてのなりたい自分をまず念頭に置き，そのことをなり得る，達成するにはどうすべきかを中心に考える。今かかえている課題の有無にかかわらず，自己実現を目指す。

出所）筆者作成

ICFの考え方は，世界共通の生活機能をあきらかにするモデルとして介護福祉士が知っておかなければならないものなのです。

6 介護とリハビリテーション

(1) リハビリテーションとは

　リハビリテーションは，医学的治療を終えた人のなかに治癒せず後遺症をもつ人が，医学的・心理学的な指導や機能訓練を施し，機能回復・社会復帰をはかる更生指導のことを一般的にはいいます。

　日本におけるリハビリテーションは，戦傷者に対して職業復帰のための訓練から始まったことから，「更生」「社会復帰」とよばれ，1968（昭和43）年WHOの定義では，「医学的，社会的，教育的，職業的手段を組み合わせ，かつ相互に調整して，訓練あるいは再訓練することによって，障害者の機能的能力を可能な最高レベルに達せしめることである」としています。さらに1982（昭和57）年，国連・障害者世界行動計画の定義で「リハビリテーションとは，身体的，精神的，かつまた社会的にもっとも適した機能水準の達成を可能とすることによって，各個人が自らの人生を変革していくための手段を提供していくことを目指し，かつ，時間を限定したプロセスである」といっています。

　また，リハビリテーションは，人間であることの権利や尊厳が何らかの理由で侵害され，社会からはじき出されたものの全人間的復権を意味します。よく例に出されるお話に，「ジャンヌ・ダルク」のことがあります。ジャンヌ・ダルクは，女性ながらフランス軍人としてイングランドとの百年戦争に参戦し，その勝利を収めることに貢献します。しかし，その後「魔女である」などのうわさから，無実の罪に問われ19歳で火あぶりの刑に処されます。そして，亡くなって25年後に復権裁判が開かれ，無実が宣言されるのです。このことは，ジャンヌ・ダルクが，人間であることの権利と尊厳を奪われ，生命まで奪われましたが，25年後に人間であり無実であったことが証明されたことを「復権」として表しているのです。

(2) 医学的リハビリテーションと生活リハビリテーション

　医学的リハビリテーションとは，何らかの疾病や外傷に対して，主に治療行為の一環として，医師の指示のもと理学療法士や作業療法士また言語聴覚士が行う行為を意味します。医療機関などで運動機能障害や呼吸器障害，心臓・腎臓などの内部障害や精神障害，言語・聴覚・嚥下障害などに対して医学的アプローチとしての訓練を行うことをいいます。

　一方，生活リハビリテーションとは，その概念が広く，筆者の知る限りにおいては1985年三好春樹が「生活とリハビリ研究所」を立ち上げ，「生活リハビリ講座」を全国で開催した頃より使い始められた言葉です。

　生活リハビリテーションは，医学的リハビリテーションとは違い，ADLの維持向上を目指して日々の暮らしを工夫し，こころとからだを使いながら生活

することをいいます。

(3) 介護と生活リハビリテーション

　介護福祉士は，何らかの介護や支援が必要とされる人に対して生活支援・援助をすることが主な業務です。介護福祉士ができるリハビリテーションは，生活リハビリテーションになります。

　介護福祉士は，利用者のニーズを導き出し，理解し，そのニーズの実現に向けて援助します。目の前にある生理的ニーズのみの解決が目的ではなく，全人間的復権を目指すことを最終目標にしつつ，日々の小さなニーズを支援し，解決します。その際，生活リハビリテーション的な考えがなく，すべて利用者に代わって行っても，解決することはたくさんあります。

　しかし，本来できたことが疾病や外傷によりできなくなった利用者にとって，以前のような生活が送れるようになることが，一番の望みでしょう。

　そのことを理解したうえで，生活の場面で，できないとあきらめていたことを，あえて訓練としないで行動・行為ができるように，生活を工夫をすることが介護には必要です。

　たとえば，風邪をこじらせ肺炎になり2週間ほど入院することになりました。高齢者は，2週間ベッドで寝ている生活を送ると，廃用症候群によって全身の筋力低下が起こり，動きにくくなります。特に下肢筋力の低下が起こると歩行ができなくなります。そのような経過から，車いす生活を余儀なくされている利用者に対して，車いすで移動するなかで，車いすをハンドリムのみで駆動するのでなく，フットレストから足を下ろし，車いすに座りながら両足を使い駆動することで，使っていなかった両下肢の筋力は少しずつ向上します。また，車いすでトイレまで移動し，排泄するために便器に移乗する際に，立位になりますが，その立位時間を少しずつ長くすることで，筋力が向上します。このように生活のいろいろな場面で，転倒しない安全な状況と筋力が向上するような工夫をすることによって，医学的リハビリテーション訓練を受けることなく，以前のように歩くことができるようになる利用者はいます。

　しかし，生活リハビリテーションを行う場合であっても，医学的リハビリテーションの専門家との連携は欠かせません。

　なぜなら，こころとからだの状態の評価は，医療の専門家が行います。介護福祉士は，専門家の意見を参考に，どのように生活していただくかを計画し，具体的に支援・援助します。

参考文献
　西村洋子『介護の基本』（最新介護福祉全書）メヂカルフレンド社，2008年
　橋本正明『人間の理解』（最新介護福祉全書）メヂカルフレンド社，2008年

鎌田ケイ子他『介護概論』全国社会福祉協議会，2001年
大橋謙策『社会福祉基礎』中央法規，2001年
岩橋成子『介護福祉概論』建帛社，1990年
柴田範子『生活支援技術Ⅰ』ミネルヴァ書房，2009年
田中博一『人間の尊厳と自立／社会の理解』法律文化社，2014年
田中博一『介護の基本／介護過程』法律文化社，2014年
荘村明彦『人間の理解』（新・介護福祉士養成講座）中央法規，2009年
荘村明彦『介護の基本Ⅰ』（新・介護福祉士養成講座）中央法規，2009年
下山久之『介護福祉のための社会学』弘文堂，2007年
『おはよう21』第18巻8号，中央法規，2007年
フロレンス・ナイチンゲール著，薄井坦子他訳『看護覚え書』現代社，1968年
木村松夫『よい介護とはなにか』医学書院，1994年
『ICF 国際生活機能分類』障害福祉研究会編．中央法規，2002年
諏訪さゆり・大瀧清作『ケアプランに活かすICFの視点』日総研出版，2005年
井上敏機『日常ケアに活かすICF 介護実践読本』日総研出版，2005年
石田京子他『本人主体の「個別支援計画」ワークブック』かもがわ出版，2014年
伊藤利之他『リハビリテーション論』（新版介護福祉士養成講座④）中央法規，2001年
澤村誠志『リハビリテーション論』（最新介護福祉全書4）メヂカルフレンド社，1997年

プロムナード

・事例を「自立に向けた生活支援」について，みんなで話し合ってみましょう！
　Kさん76歳（男性：要介護2）は，現在共働きの息子夫婦と同居しています。
　1年前に脳梗塞を発症し右片麻痺のため，車いす生活となり軽い構音障害が残りました。発症前は，毎日午前中は近くの喫茶店に行き，常連客たちと会話を楽しんでいました。発症後は自宅で閉じこもりがちになり，笑顔が見られなくなりました。デイサービスに行ったのですが，なじめずにいます。

どうしたら笑顔でデイサービスを楽しめるでしょう！

第7章 介護を必要とする人の理解

第7章 介護を必要とする人の理解

1 人間の多様性、複雑性の理解

人間は「生後1歳になって真の哺乳類が生まれたときに実現している発育状態にやっとたどりつく。そうだとすると、この人間がほかのほんとうの哺乳類なみに発達するには、われわれ人間の妊娠期間が現在よりもおよそ1か年のばされて、約21か月になるはずだろう」(1) つまり、人間の出生は「生理的早産」であるとポルトマン（Portmann, A.）は定義づけています。また、未熟な状態で生まれてくることが人間となるために必要であるという指摘もされています。未熟であることから養育が必要となり、その養育時における人的、物的環境やさまざまな関わりや生活体験から、人間の多様性、複雑性が形成されていくと考えられます。そこで、人を理解する前提として、その多様性、複雑性がどのように形成されてきたのかを理解する必要があります。

> **ポルトマン，A.**
> スイスの生物学者『人間はどこまで動物か』の著書において、人間が「生理的早産」で出生していることを表し人間学の基礎を構築する。

（1）人間の多様性の形成

人間の多様性を考えるにあたって、まず、人が人間として育つ過程である成長と発達について確認していきます。

1）成長と発達

受精卵が胎生期をへて出生し、人間として育っていく過程を成長、発達といいます。成長、発達は、小児期、成人期、老年期まで継続していきますが、特に、小児期においては心身共に著しく成長する時期でもあります。

小児期は、出生前の胎児として母体の子宮内での通常10ヵ月の期間である胎生期から始まります。出生後1ヵ月間は新生児期、1年未満は乳児期、6歳の就学前までの幼児期の3期に区分されます。それから小学校1年生から6年生までを学童期、その後22歳頃までを青年期と区分されますが、特に、12歳から18歳頃の第2次性徴があらわれる子どもから大人への移行期を思春期といいます。身体の発達とともに社会への適応、価値観の形成という、心身の成長、発達において重要な時期です。身体機能の成長は20歳頃には終わり、30歳の青年期を過ぎると徐々に加齢現象が出現します。しかし、知的能力は、成人期、老年期と命が尽きるまで発達していくという特性があります。

2）発達段階と発達課題

人間の生涯における発達段階、発達課題については、エリクソン（Erikson, H.）が以下の8段階に分類しています。

それぞれの発達段階で、課題を乗り越え（解決）し成長（獲得）する際には環境因子（社会の時代背景、地域性、家族構成・関係性等）、個人因子（性別、栄養状態、健康状態等）の影響をうけ、人としての多様性・複雑性が形成され

> **エリクソン，H.**
> アメリカの精神分析学者、『幼年期と社会』の著書において発達理論や自我同一性、モラトリアムの概念をまとめる。自我心理学の代表的理論家でもある。

図表7－1　エリクソンの発達段階

発達段階	年齢の目安	解決し獲得する発達課題	対人関係
乳児期	～1歳	基本的信頼―不信	母親
幼児前期	1～3歳	自律性―恥, 疑惑	親
幼児後期	3～6歳	積極性―罪悪感	家族
学童期	7～12歳	勤勉性―劣等感	学校
青年期	13～20歳	自我同一性―同一性拡散	仲間集団
前成年期	20～30歳	親密性―孤独	パートナー
成年中期	30～65歳	生殖性―停滞	職場, 家族
成年期	65歳～	人生の統合―絶望	人類

出所) 小坂橋喜久代・松田たみ子 (2013：89) により作成

で一人ひとりの個性が育っていきます。

3) 成長・発達に影響する要因

　人間の発達には，遺伝的因子（民族，性差，家系），環境因子（健康状態，生活習慣，家庭環境，地域，気候，風土）が相互に影響します。特に，人間としての成長過程には，家族関係，社会での人間関係における他者との関係性がスムーズに築けるかどうかが重要です。その関係性のありようで自我，自己が形成されていくと考えられるからです。また，人と人との関係をつくる手段はコミュニケーションによりますが，その手段のひとつとして言語を獲得する課題があります。その前提には人とかかわりができる環境が整っていることが必要です。また，時代背景も人間の発達に大きく影響します。たとえば，戦争中に思春期，学童期を過ごした世代は，近親者や仲間との別離，自らが生命の危機に遭遇しています。また，飢餓状態のなかで明日がどうなるかわからないという不安定な社会で生きてきた生活体験をもっておられます。その記憶が，老年期になってからの言動に現れたり，人生観に大きく影響しています。また，人災や自然災害などによって，身内や自身が生死の危険に遭遇することや，闘病生活の体験や後遺症なども人の生き方に影響します。特に青年期以降は，満たされた幸せな体験よりも辛く悲しい体験を克服していくプロセスが人間としての成長に繋がっていくといわれます。このような時代背景や環境要因が人間形成に影響します。

(2) 人間の多様性・複雑性の理解

　介護者としての役割を果たすためには，まず，介護を必要とする人を知ること，つまり人間の多様性や複雑性を理解することから始まります。その多様性や複雑性の形成については前述しましたが，ここでは，人を理解するための具体的な方法について説明します。

1) 観察と記録の必要性

　介護を必要とする人への支援において，まず，その人を的確に知ることがポイントになります。そのためには，日常生活のなかでどのような不自由があり，どのような思いで生活されているのか見極めることです。そこでは介護者の観察力が問われます。では，介護場面において，何を，どのように観察すればいいのでしょうか。

　介護が必要な人とは，食事，排泄，入浴等の日常生活行為が，さまざまな病気や事故などの後遺症によって，自分でできていたことができなくなった人です。そこで，原因となった病気は何か，経過はどうだったのか，また，現在の状態についても知る必要があります。次に生活支援技術の知識に基づき，支援をとおして観察しますが，できないことに注目するのではなく，できることについても観察し把握します。しかし，同じ日常生活の項目に不自由さを抱えていても一人ひとりの価値観や生活習慣は違うので，支援の方法も異なります。さらに，介護は複数の同職種，他職種での実践ですから自分ひとりが解っていてもうまくできません。一緒に働く介護者同士が情報を共有している必要があります。そのためには観察したことを正確に記録し，伝えることが必要になります。

　観察にあたり大切なことは，相手の言語での表現だけに注目するのではなく，非言語の表情，しぐさに気づくことが必要です。そのためには，専門職としての意識が重要です。介護を作業として行っているだけでは，相手の気持ちや思いに気づくことができないからです。さらに，観察した結果を記録に残す場合は，介護者の思ったことや感じた主観的な内容だけではなく，利用者の反応や状態という事実を記録することが大切になります。

　正確な情報収集のためには，利用者の反応を，冷静に読み取れなければなりません。相手の状態を的確に観察するためには基本となる専門知識とその人に対する思い，つまり，関心をもっていなければなりません。

2) 観察の内容

　観察は，観察項目について有るか無いかのレ点チェックをしていくというような観方ではなく，その人の全体をとらえるという意識で観察し，気になることや疑問は確かめていくことで，利用者理解に繋げていきます。観察の項目を以下にあげます。

　　① 身体的側面：病気（既往歴・現病歴）及び治療状態，後遺症による不自由，
　　　　顔色，表情，態度，姿勢，視線，動作，活気等
　　　　日常生活の状況・自立度（食事，排泄，睡眠等）
　　② 精神（心理）的側面：言語，表現力，感情の安定・不安定，思い，悩み，
　　　　希望等

③ 社会的側面：人的環境（家族の有無・関係性，友人関係），経済状況，住環境等
④ 生活歴：病歴，職歴，ライフイベント等

3）観察の方法

　介護における観察は，身長，体重，体温等というように器具を使用して測定する方法と，支援や関わりを通して観察者（介護者）の五感を使い観察する方法があります。前者は，測定方法が正しければだれが測定しても結果は数字で記録され客観的です。一方，後者は介護者の技術力や観察力で判断することになりますから，個人の知識，経験，相手との関係性によって差がでます。そこで，まず相手との信頼関係を構築するためのコミュニケーションが必要になります。

① コミュニケーションをとる前に

　私たちが初対面の人と出会ったときには，挨拶をして自己紹介をします。そこからコミュニケーションが始まります。双方が会話によって情報交換し，関係をつくります。介護を必要とする人に対しても同じことです。まず，挨拶，自己紹介をして自分が何者か，何を担当するのかを伝えることから，介護がはじまります。この時のお互いの第一印象がそれからの関係にも影響します。

　また，自分のペースで挨拶や情報提供しても，相手に聴覚，視覚，認知機能の障害がある場合には意思疎通が難しいこともありますから，コミュニケーションに関する課題があるかないか事前に情報収集しておくことが必要です。

② コミュニケーションの分類

　コミュニケーションは，主に言語コミュニケーション，非言語コミュニケーションの2つの方法に分類されます。

　言語コミュニケーションは「言葉」を介して，主に会話という方法でお互いの意思疎通を図る方法です。しかし，発声できない聴覚障害者の手話，筆記も言語コミュニケーションに含まれます。手話は指，手を使って言語を表現します。また，筆記，筆談は，書面に文字つまり言語を書き，読み取ることで意思疎通を図るからです。また，言語によるコミュニケーションでも，声の大きさや調子によって感情を表現する場合があります。それは，準言語コミュニケーションともいわれます。

　非言語コミュニケーションは，身振り，手振り，目線，表情という身体言語（ボディランゲージ）と，体の動きで感情を表すという行動言語があります。具体的には，怒りの気持ちの表現を，物を投げる，大きな音をたててドア閉めるというように行動で表現することなどです。

4) コミュニケーションの技術

バイステック（Biestek, F. P.）は、好ましい援助関係を築くために必要な援助者の基本的な態度を7原則として示しています[3]。これは、対人援助の専門職であるケースワーカーのあるべき態度の原則とされていますが、ケアワークの担い手である介護者が効果的なコミュニケーションをとるための手段としても共通するものです。特に、原則のなかにある受容は、介護者の大切な基本姿勢でもあります。具体的には、言葉を聞くだけではなく心を寄せて聴くという介護者側の傾聴により、相手が「受け止めてもらった」ことを実感できれば受容できたことになります。

コミュニケーションの場面では、目線を合わせることも必要ですが、横に座り同じ風景をみながら会話するというように、利用者との位置関係を工夫することも、相手の気持ちを知るために重要なことです。また、言葉でのやりとりだけでなく、日常の支援を通して、相手の表情やしぐさから気持ちを知ろうという思いで関わることが必要です。相手に対して、気にかけていることが伝われば、スムーズにコミュニケーションがとれて、目的とする信頼関係がつくられるはずです。

さらにコミュニケーション力を高めていくためには、自分自身のコミュニケーションのプロセスを振り返り記録し考察することや、信頼できる先輩にスーパービジョン（指導、助言）をうけて、自分の感情や感じ方を自覚する方法があります。社会福祉の分野では「自己覚知」といわれています。コミュニケーション技術を高めるためには、自分自身を知ることが重要です。

> **ケースワーク**
> 社会福祉の場面で、個人や家族に対する生活上の困難について相談、助言する援助技術。個別援助技術ともいわれる。

> **ケアワーク**
> 日常生活支援において、主として直接的に対象者の身体、生活への支援を実践する働きかけ。

2 高齢者のくらしの実像

(1) 高齢者と健康

1) 身体機能の変化（加齢現象）

人間の身体機能は、20代までの成長、発達の時期をすぎると停滞します。そして、徐々に低下していき、加齢現象（老化現象）といわれる身体の変化が出現してきます。成長、発達は、年齢によって標準化されますが、加齢現象の場合は、一人ひとりの違いが大きく、個人差があり、年齢だけでは標準化できない特徴があります。特に外見上の変化である白髪、背部、腰部が曲がる、皮膚のしわ、しみ、という身体上の現象は人によって著しく差があります。また、老視、難聴という高齢者特有の生理的変化の出現時期、程度も同様です。しかし、加齢により身体を構成する細胞そのものが委縮し機能が低下していくことは共通していますから、全般的に身体機能は歳を重ねると共に低下します。加齢現象の日常生活への影響をまとめたものが図表7－2です。

図表7－2 「高齢者の身体の変化と日常生活への影響」

器官系		身体構造・機能の変化	日常生活への影響
呼吸, 循環		肺の委縮, 弾性収縮力の減少, 胸郭の硬化, 心筋の弾力性低下, 肥大・肥厚による血液の拍出量の減少	労作時の息切れ, 動悸 風邪を引きやすくなる
消化, 吸収		唾液分泌量, 舌の運動機能の低下, 歯牙脱落, 舌筋, 咀嚼筋力低下, 胃液の分泌低下, 大腸筋層の委縮, 粘膜の分泌機能低下による蠕動運動の減少	咀嚼, 嚥下機能の低下による誤嚥の危険 消化不良, 胃もたれ, 便秘
排泄		尿の濃縮力の低下, 尿道括約筋の弛緩, 膀胱の委縮, 男性は前立腺肥大	膀胱容量の減少, 頻尿, 尿失禁, 残尿, 排尿困難
感覚器	視覚	水晶体の弾性の減弱, 網様体の委縮, 網膜から視覚中枢への伝達経路の機能低下	老視（近くの物がみにくい）視野狭窄, 暗順応の低下, 色別機能の低下, 照明を暗く感じる
	聴覚	高次聴覚中枢の処理能力の低下	高音難聴, 日常会話の聞き取り障害
	皮膚感覚	皮膚受容体の変化, 抹消神経線維の減少, 変性皮下脂肪の喪失, エクリン汗腺の密度の低下	低体温, 高体温, 皮膚感覚が鈍くなる。 表皮が薄く傷つきやすくなる
	味覚	疾病や嗅覚の知覚神経の機能低下の影響により	鈍くなり食欲低下となりやすい
運動器		筋の収縮力, 筋力, 持久力, 骨密度の低下, 靭帯の肥厚, 石灰化	すり足歩行となり, バランスを崩し, 転倒しやすくなる。骨折する確率が高くなる。円背になる

出所）林泰史・長田久雄編（2013）より作成

2）高齢者の疾病の特徴

　高齢者が治療のために通院している主な疾患は, 高血圧性疾患, 脊柱障害, 入院では, 脳血管疾患, 悪性新生物等です。各疾患による症状の出現や経過は, 若年者とは違い以下のような傾向があります。

① 多くの病気を合わせもちます。

　たとえば, 高血圧を発症した場合, 血管, 心臓, 腎臓と全身に影響を及ぼすので各臓器のはたらきが悪くなり, いくつもの病気を抱える結果になります。

② 慢性的に経過します。

　発病すると, 加齢により身体の回復力が低下しているので, 治療をうけても, なかなか治らず, 長引きます。また, 骨粗しょう症になると, 少しの衝撃で骨折してしまうというように, 新たな別の病気が発症しやすい状態になります。

③ 自覚症状が乏しく典型的な病気の症状がでにくくなります。

　身体の防御反応の低下や痛み等に対する感覚が鈍くなることから, 病気の特有な症状があらわれず, 発見が遅れ重症になってしまう危険性があります。特に, 高齢者の肺炎では, 発熱, 咳もなく重症化する場合があります。

④ 脱水しやすく, 電解質のバランスを崩しやすくなります。

　身体の水分量が53％と若い人と比べ9％も少ないことや, 口渇中枢の機能低下から, のどの渇きを感じることに鈍くなり水分不足から脱水しやすくなります。また, 高血圧症などの影響で体液中のナトリウム, カリウムのバランスが

崩れやすく，意識障害の原因となり生命の危険に陥る場合があります。

⑤ 治療後の生活に支障をきたします。

治療のための安静によって，病気が治った後に，心身機能が低下しADL，QOLが低下することで廃用症候群の引き金になります。具体的には，大腿骨頸部骨折後に下肢筋力の低下，股関節，膝関節の拘縮から，立位がとれず，歩行できなくなり寝たきり生活になる可能性が高くなるというようなことです。

廃用症候群
長期臥床により身体機能を使わないことで起こる，筋力，内臓機能，気力の低下の状態。

3）介護を必要とする高齢者

『平成26年版高齢社会白書』によると，65歳以上で要介護認定をうけている要支援1から要介護5までの高齢者は，5,457千人となっており，介護保険制度の開始2000（平成12）年から2倍以上の増加と，介護度も重度化の傾向にあります。

また，65歳以上の高齢者の17.6％が要介護認定をうけている状況です。さらに65歳以上の高齢者を，74歳までの前期高齢者と75歳以上の後期高齢者に分けて要介護認定の状況を確認してみると以下図表7－3のように，年齢に比例して介護認定者数の増加，介護の重度化がみてとれます。

また，介護が必要になった主な原因は，総数では1位脳血管疾患，2位認知症，3位高齢による衰弱，4位関節疾患です。しかし，1位の脳血管疾患にお

図表7－3　65歳以上要介護認定の状況

単位：千人，（　）内は％

年齢区分	介護区分	人数（％）
65～74歳（前期高齢者）	要支援	213（ 1.4）
	要介護	473（ 3.0）
75歳以上（後期高齢者）	要支援	1,282（ 8.4）
	要介護	3,489（23.0）

出所）『平成26年版　高齢社会白書』要介護認定の状況より作成

図表7－4　要介護者等の性別にみた介護が必要になった主な原因

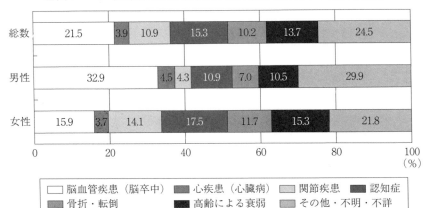

資料）厚生労働省「国民生活基礎調査」2010年

いて、男性は女性に比べ約2倍以上、4位の関節疾患においては、女性が男性に比べて約3倍となっており、性別上の罹患状況の顕著な特性がみられます（図表7－4）。

（2）高齢者の生活
1）家族構成と家族形態の変化

65歳以上の高齢者がいる世帯数（図表7－5）は、2012（平成24）年現在、2,093万世帯で、全世帯（4,817万世帯）の43.4％を占めています。また、世帯構造別の構成割合をみると、1980（昭和55）年では三世代世帯の割合が一番多く、50.1％と全体の半数を占めていましたが、2012年では夫婦のみの世帯が30.3％で一番多く、単独世帯を合わせると53.6％と半数を超えます。年々、家族形態が縮小しています。また、子どもとの同居について、1980（昭和55）年には60.6％近かったのが、平成7年を境に50％を割り、2012年には34.9％と

図表7－5　65歳以上の者のいる世帯数及び構成割合（世帯構造別）と全世帯に占める65歳以上の者がいる世帯の割合

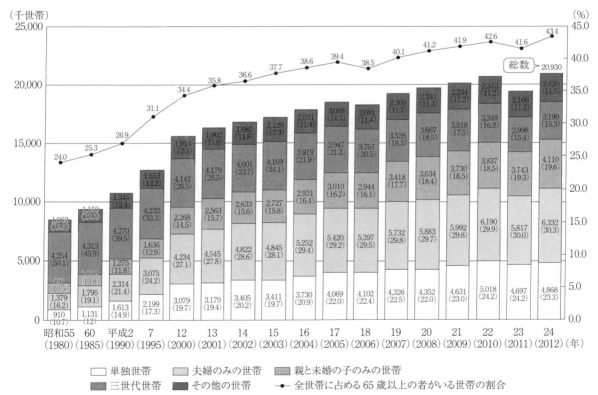

注1) 平成7年の数値は兵庫県を除いたもの、平成23年の数値は岩手県、宮城県及び福島県を除いたもの、平成24年の数値は福島県を除いたものである。
2) （　）内の数字は、65歳以上の者のいる世帯総数に占める割合（％）
3) 四捨五入のため合計は必ずしも一致しない。
資料) 昭和60年以前は厚生省「厚生行政基礎調査」、昭和61年以降は厚生労働省「国民生活基礎調査」

大幅に減少しています。一方，ひとり暮らしの高齢者は1980年には10.7％でしたが，2012年では16.1％と増加しています。

また，2010（平成22）年の国勢調査によると高齢者のひとり暮らしは，男性11.1％，女性20.3％と，圧倒的に女性のひとり暮らしが増えています。この背景には，社会環境，特に経済成長に伴う都市部への人口の集中，少子化，未婚の増加による家族規模の縮小などがあります。このことは，高齢化が進み，病気や介護が必要になったり，生活に問題を抱えた場合，家族による支援が困難な状況に陥ることが考えられます。

2）高齢者の経済状況

高齢者世帯の所得は「公的年金・恩給」209.8万円（69.1％）（平成24年「国民基礎調査」）がもっとも多い状況です。全世帯との総所得での差はありますが，世帯員1人当たりの平均は，1月当たり10万円を少し超える程度です。

また，高齢者の経済生活に関する意識調査（図表7－6）によると，総数では「まったく心配ない」と「それほど心配ない」を合わせると71％です。また，80歳以上になると心配がないの割合は多くなっています。しかし，70～74歳では，「多少心配」「非常に心配」を合わせると34.3％と一番多くなっています。このような結果，75歳以上の後期高齢者になると，後期高齢者医療制度など，社会保障制度が手厚くなるなどが考えられます。

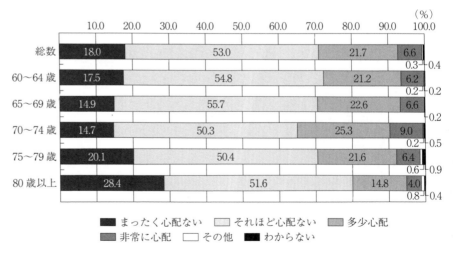

図表7－6　高齢者の暮らし向き

注）対象は，60歳以上の男女
出所）内閣府「高齢者の経済生活に関する意識調査」2011年

3）高齢者の就労

高齢者人口の増加により就業者数は年々増えています。特に2013（平成25）

年度は，636万人と前年に比べ41万人の増加がみられます。また，欧米諸国と比較しても，わが国の高齢者の就業率はもっとも高い水準にあり，高齢になっても仕事をするわが国の勤労気質がよくあらわれています。内閣府「高齢期に向けた『備え』に関する意識調査」（平成25年）によると，その就労意欲の主な理由の1位は，「生活費を得たい」が（76.7％）となっています。しかし，働くことだけでなく「仕事を通じて，友人，仲間を得ることができる」（30.1％）や，「生きがいが得られる」（28.9％），「健康によい」（23.5％）という回答も上位を占めており，仕事以外での友人，生きがい，健康維持につながる活動が少ないのではないかということがうかがえます。また，高齢者自身の就労のために最も必要なことは何かという設問に対して，約6割の人が「健康・体力づくり」と答えています。高齢になって健康・体力づくりということは限界がありますから，若年期から将来を見据えた健康維持への支援が必要になります。

4）高齢者の社会参加活動

60歳以上で自主的にグループ活動に参加している人は6割以上です。具体的な活動の上位では1位「町内会・自治会」，2位「趣味のサークル・団体」，3位「健康・スポーツのサークル・団体」です。しかし，実際に参加している団体と参加したい団体については，図表7－7のように差がみられます。「町

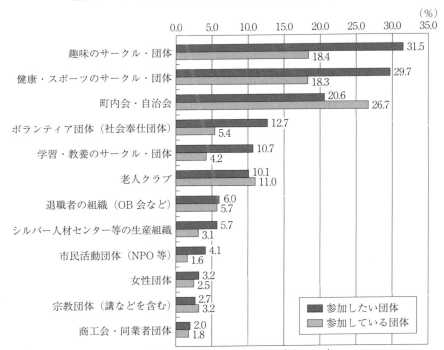

図表7－7　参加したい団体と参加している団体（複数回答）

出所）内閣府「高齢者の地域社会への参加に関する意識調査」2013年
注1）調査対象は，全国の60歳以上の男女
　2）「その他」や「参加したくない」などの回答を除く

内会・自治会」への参加は，積極的に参加している訳ではないことがうかがえます。

3 障がいのある人のくらしの理解

障がい者とは，「身体障害，知的障害，または精神障害等があるものであって，継続的に日常生活または社会生活に相当な制限を受ける者」と障害者基本法に定義づけられています。以下（図表7－8）の通りに分けられます。しかし，これらの障害がいつから，どのように発症したのかによって生活は大きく変わってきます。

図表7－8　障害の分類

区分	内容	手帳制度
身体障害者	視覚，聴覚，平衡機能，言語，肢体不自由，内部障害等の身体上の障害がある18歳以上の者であって，都道府県知事から手帳の交付を受けた者	身体障害者手帳
知的障害者	知的機能の障害が発達期（おおむね18歳まで）に現れ，日常生活に支障が生じているために何らかの援助を必要とする状態	療育手帳
精神障害者	統合失調症，精神作用物質による急性中毒またはその依存症，知的障害，精神病質その他の精神疾患を有する者	精神障害者保健福祉手帳

出所）谷口敏代編（2013）p.2-3より作成

出生時すでに障がいがある場合は，先天性障害といわれ，出生時・後に病気，事故等の後遺症により障がいをもった場合には，後天性障害または中途障害といわれます。

(1) 障がい者（3区分）の理解
1) 障がい者の概数と生活の場

身体障がい，知的障がい，精神障がいの3区分の概数は，身体障がい者393万7千人，知的障がい者74万1千人，精神障がい者320万1千人（図表7－9参照）です。

身体障がい者の生活の場はほとんど在宅ですが，知的障がい者の施設入所の割合が16.1％と一番高い状況にあります。このことは知的障害が先天性や周産期に発症する確率と医療ニーズの高さに関連していることが考えられます。

2) 障がいのある人の生活
① 障がい児と教育

障がいのある児童の義務教育は，障がいの状態に応じて重度の場合は特別支援学校へ通学することになります。この場合の通学は送迎のサービスがありま

図表7－9　障害別の住まい（在宅・施設）

（万人）

区　分	総　数		在宅総数	施設総数	施設入所（％）
身体障害児・者	393.7	（18歳未満 7.8） （18歳以上 383.4） （不詳 2.5）	386.4	7.3	1.9
知的障害児・者	74.1	（18歳未満 15.9） （18歳以上 57.8） （不詳 0.4）	62.2	11.9	16.1
精神障害者	320.1	（18歳未満 17.9） （18歳以上 301.1） （不詳 1.1）	320.1	287.8	10.1

出所）『平成26年版　障害者白書』基本的統計より作成

す。しかし，軽度の場合は，小・中学校のなかに設置された支援学級や，科目によっては通常の学級のなかで学習します。通学は自力です。

その後，高等学校，大学，専門学校への進学は本人の身体状況，能力に応じて進路が決定されます。しかし，専門学校，大学への送迎サービスはありません。また，交通手段や学校内のバリアフリーの整備状況は，地域，学校差があり，これからの課題でもあります。また，先天的に重度の障害がある重症心身障害児は，人工呼吸器や，経管栄養による栄養補給が必要な医療ニーズが高く，施設での生活を余儀なくされています。修学免除であり，学習の機会に恵まれない状態にありますが，各施設においては，子どもたちの体調に合わせ毎日の介護のなかで教育的な実践が取り組まれています。

② 障がいのある人の就労

障がい者の雇用・就業に関しては，「障害者雇用促進法」に基づいて就労支援が取り組まれています。同法では，各企業に対して，雇用する労働者の2.0％を障害者雇用に充てることとされ，それが守られない場合には罰則が設けられているということもあり，実雇用率は目覚ましく上昇しています。それ以外にも，障害別の就労支援の対策，職業訓練，職業紹介，職場適応援助者等の職業リハビリテーションなどによって障がい特性に応じた支援がなされています。

身体障がい者においては，60.2％が「配偶者有」の状況です。精神障がい者においても3分の1以上である34.6％が「配偶者有」です。一方，知的障がい者においては，配偶者の割合は2.3％と低く，障害特性がうかがわれる状況です（図表7－10）。

職業リハビリテーション
主に青年から中年までの障害者を対象として就労できるよう職業訓練を目的としたリハビリテーション。

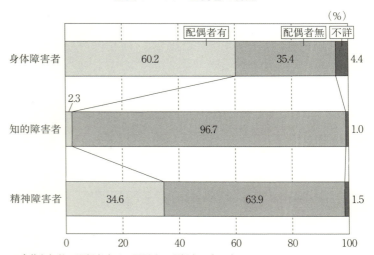

図表7−10　配偶者の有無

※身体と知的の配偶者有は，同居する配偶者の有る率
資料）厚生労働省「身体障害児・者実態調査」2006年
　　　厚生労働省「知的障害児（者）基礎調査」2005年
　　　厚生労働省「精神障害者社会復帰サービスニーズ等調査」2003年

4　介護を必要としている人の生活環境の理解：施設の理解

　介護を必要としている人の生活の場は，介護の程度，家族形態や同居者の有無などによって，多様に存在します。自宅における生活支援では，主として介護保険制度によって介護福祉サービスをうけることができます。また，障害児・者は，障害者総合支援法により，地域での生活を支援されます。

（1）高齢者施設
①　介護老人福祉施設
　老人福祉法では，特別養護老人ホーム，介護保険法では，指定介護福祉施設といわれます。入浴，排泄，食事等の日常生活上の介護，機能訓練，健康管理および療養上の世話を行う目的の施設です。
②　介護老人保健施設
　1986（昭和61年）老人保健法改正より，医療施設，福祉施設と家庭をつなぐ中間施設として創設されました。その後，介護保険法の制定により介護保険が適応される施設となりました。医学的管理のもとに介護および機能訓練，その他必要な医療ならびに日常生活の世話を行うことが目的の施設です。
③　指定介護療養型医療施設
　療養病床のある病院，診療所，老人性認知症疾患療養病床のある病院で，介護を提供できる医療施設ですが，2000（平成12）年医療法の改正に伴い介護保険法の指定をうけました。医療，看護，リハビリテーションを中心として医学的管理のもとにチームケアによって療養生活を維持することが目的の施設です。

一般の病院との違いは、治療によって早期に完治することは見込めない人も多く、現状維持、悪化を防ぐということが目的となります。

④ 養護老人ホーム

老人福祉法に基づく施設で、入所は市町村による措置により決定されます。

入所者が自立した生活を営めるよう、社会活動への参加をはたらきかけることが施設の目的です。しかし、入所当初は身辺動作が自立されていても、加齢や入所後の発病などにより、介護が必要になってくる場合があります。そこで、要介護状態になった入所者が同じ施設で生活することができるように、介護保険法による特定施設入所者生活介護の指定をうけている養護老人ホームもあります。

⑤ サービス付き高齢者向け住宅

2011（平成23）年「高齢者の居住の安定確保に関する法律（高齢者住まい法）等の一部を改正する法」により創設された高齢者専用の賃貸住宅です。現在は日常生活について自立していても、ひとり暮らしの不安や将来のことを考え、自分で決断される人や、経済的にも余裕がある人が利用される傾向にあります。バリアフリー構造、ケア専門家の安否確認、生活相談などのサービスを提供します。

⑥ 有料老人ホーム

施設の設置者は、社会福祉法人ではなく一般企業であることも多く、施設規模、設備によって利用料金や契約内容がいちじるしく異なります。介護型、住宅型、健康型に分類されています。

> **バリアフリー**
> すべての人びとの社会参加や活動に対するバリア（障壁・障害）を無くすこと。建物や道路等環境面だけでなく心理的・制度的・情報のバリアフリーが求められている。

⑦ 認知症対応グループホーム

介護保険法に基づく認知症高齢者に対するサービスです。家庭的な雰囲気を整え、可能な範囲で利用者と共に買い物に行くことや、調理、掃除、洗濯を一緒に行い、共に生活するという施設です。

(2) 障害者施設

① 障害者支援施設

障害者総合支援法では、介護給付のなかの施設入所支援といわれています。

利用者の心身状態に応じ、療養、訓練、介護の支援がなされますが、視覚障害、知的障害との重複、自力で身体を動かすことのできない重度の肢体不自由など、多様な身体障害がある人への生活支援も必要とされます。

② 障害児入所支援

主として自閉症児、肢体不自由児、重症心身障害児を入所させる医療型障害児入所施設と、主として知的障害児、自閉症児、盲児、ろうあ児、肢体不自由児を入所させる福祉型障害児入所施設と、主として肢体不自由児、重症心身障

害児を入所させる指定医療機関があります。

③ グループホーム

障害者総合支援法では，訓練等給付のなかの共同生活援助といわれています。障がい者が夜間，休日に共同生活します。障がい者の心身の状況に応じて，入浴，排せつ，食事等の介護を行います。ひとり暮らしがしたいと希望し，それが可能であると認められた人のためにサテライト型住居もあります。

④ 福祉ホーム

障害者総合支援法では，地域生活支援のなかに位置づけられています。住居を求めている障がい者に対して，低額な料金で住まいを提供するとともに，障がい者の心身の状況に応じて，入浴，排せつ，食事等の介護を行います。

注）
(1) ポルトマン著，高木正孝訳『人間はどこまで動物か』岩波新書，1961年，p.69
(2) 小坂橋喜久代・松田たみ子編『こころとからだのしくみ』（最新介護福祉全書）メヂカルフレンド社，2013年，p.89
(3) バイステック，F. P. 著，尾崎新・福田俊子・原田和幸訳『ケースワークの原則』誠信書房，2014年，p.27

参考文献
　内閣府『平成26年版　高齢社会白書』
　内閣府『平成26年版　障害者白書』
　厚生労働省「平成23年生活のしづらさなどに関する調査（全国在宅障害児・者等実態調査）」
　福祉小六法編集委員会編『福祉小六法』2011年版，みらい
　成清美治・加納光子編『現代社会福祉用語の基礎知識（第11版）』学文社，2013年
　エリクソン，E. H., J. M. エリクソン著，村瀬孝雄・近藤邦夫訳『ライフサイクル，その完結』みすず書房，2001年
　尾崎新編『「ゆらぐ」ことのできる力』誠信書房，2013年
　バイステック，F. P. 著，尾崎新・福田俊子・原田和幸訳『ケースワークの原則』誠信書房，2014年
　河合隼雄・鷲田清一『臨床とことば　心理学と哲学のあわいに探る臨床の知』TBSブリタニカ，2003年
　谷口敏代編『障害の理解』（最新介護福祉全書）メヂカルフレンド社，2013年
　林　泰史・長田久雄編『発達と老化の理解』（最新介護福祉全書）メヂカルフレンド社，2013年
　西村洋子編『介護の基本』（最新介護福祉全書）メヂカルフレンド社，2013年
　小坂橋喜久代・松田たみ子編『こころとからだのしくみ』（最新介護福祉全書）メヂカルフレンド社，2013年
　坪山孝監修『介護総合演習』メヂカルフレンド社，2013年
　長谷川浩編『人間関係論』（系統看護学講座）医学書院，2007年
　奈良間美保著者代表『小児看護学概論』（系統看護学講座）医学書院，2006年
　中島紀恵子著者代表『老年看護学』（系統看護学講座）医学書院，2006年
　いとう総研資格取得支援センター『見て覚える！介護福祉士国試ナビ2013』中央法規，2012年

4. 介護を必要としている人の生活環境の理解：施設の理解

> **プロムナード**
>
> 「関心ということ」
>
> 　介護の実践において，介護を必要とする人に対して「関心」をもつことがいかに大切かは当然のことです。また，介護者は，介護が必要な人に対して，何かしなければならない，してあげなければならないと，することばかりに気を取られてしまう傾向にあります。しかし，日常的に「されること」で生活が成り立っている人にとっては，それが負い目になっていることや，意欲，気力の低下につながっていることも少なくありません。日々の生活で，だれかの助けがないと生きてゆけなくとも，自分が人の役に立っていることが実感できれば生きていく意欲につながります。そのことは介護の目指す方向でもあります。相手への関心のみならず，「相手が関心をもてること」に気づける介護者を育てなければと肝に銘じました
>
> 　それは，鷲田清一氏の『臨床とことば』「関心ということ」のページにご自身の入院体験での興味深い事例からです。以下概略
>
> 　…お昼すぎになると，前のベッドの高齢の男性（意識も定かでなさそうな）のベッドサイドで，新人ナースとおぼしき女性が，そのおじいさんの付添用の椅子に腰かけて蒲団に覆いかぶさり「お休み」をする。するとおじいさんの眼が見開き，廊下の方を見張り上司のナースが通ると，彼女の背中を叩いておこす。…という場面です。ナースは何のケアをしているわけでなく，おじいさんの自主的な見張り役のおかげで休息をえており，おじいさんの表情の変わりようをしっかりと観察され考察されています。
>
> （鷲田清一・河合隼雄『臨床とことば』TBSブリタニカ，2013年）

学びを深めるために

「わかりあえないことから」―コミュニケーション能力とは何か―
平田オリザ著　講談社現代新書 2012 年

　まえがきに，この本は「コミュニケーション教育の勧めではないし，ましてこの本を読んでコミュニケーション能力がつくというハウツー本でもない」と断り書きをされています。しかし，著者の小学校でのコミュニケーション教育の実践，大阪大学コミュニケーションデザインセンターでの具体的な教育実践の記述から，「コミュニケーション」が整理され理解することができ，その教育の必要性を実感できるテキスト本です。

　コミュニケーション能力，コミュニケーション教育と叫ばれながら現実はそうではない社会についての批判もあります。中高一貫男子校での教育をうけ，国立医学部に入学してきた優秀な学生たちになぜ，コミュニケーション教育が必要か，ひとりっこで溺愛され，セキュリティーの完備したマンションで生活をしてきた。つまり，生活体験が乏しく，人との関わりが少ないなかではコミュニケーション能力の育ちようがないということだと思われます。そこで，「演劇」の役割，他者を演じることや，自由にシナリオをつくるという参加，体験学習からコミュニケーション能力を育成していくというプロセスを読みやすく，解りやすく伝えてくれます。

第 8 章

介護サービス

1 介護サービスの概要

(1) インフォーマルな介護サービスとフォーマルな介護サービス

　介護サービスは、大きくインフォーマルな介護サービスとフォーマルな介護サービスに区分できます。インフォーマルな介護サービスとは、住民参加型の介護サービスです。具体的には、誰もが安心して老いることができる地域づくりを目指す、地域住民による助け合い・支えあいの介護サービスです。高齢者や障がい者への家事援助（生ゴミを出す・買い物など）や話し相手などで、サービスの内容・対象・利用条件は限定的ではなく、柔軟性があります。ボランティア活動はもとより有料の活動や活動時間をためておくシステムもあります。地域住民の福祉活動の「てびき」的存在として、「国民の社会福祉に関する活動への参加の促進を図るための措置に関する基本的な指針」が1993（平成5）年4月に厚生大臣告示として出されました。具体的な考え方として、①自主性の尊重、②公的サービスとの役割分担と連携、③地域福祉の総合的推進、④皆が支え合う福祉コミュニティづくりがあげられます。その人らしい生き方を尊重して、一人ひとりのニーズに対応していくならば、住民参加型の介護サービスの提供が大切になってくると思われます。

　一方、フォーマルな介護サービスとは、老人福祉法、介護保険法、障害者の日常生活及び社会生活を総合的に支援するための法律（障害者総合支援法）などによる法律に基づいた介護サービスがあります。老人福祉法では、原則措置制度によって介護サービスを利用します。介護保険法では、介護サービスが必要になった被保険者に対して、市町村が要介護認定を行い、要支援または要介護と認定された人が、自分の好きな介護サービスを利用します。障害者総合支援法では、市町村が多様な特性や心身の状態に応じて障害支援区分を行い、障がい者は自分の好きな介護サービスを利用します。法律に基づく介護サービスの利用は、煩わしく思える手続きが求められますが、制度の継続性や財源の安定性は、インフォーマルな介護サービスよりも高いといえます。また、介護保険制度では、指定を得ることができれば、多様な事業者が介護サービスを提供することが可能です。シルバーサービスに代表される営利法人やボランティアの要素を強くもったNPO法人など、法人格をもったこれらの介護サービスの提供事業者の成長が期待されています。

(2) ケアプランとケアマネジメント

　ケアプランとは、個別のケア（介護）計画のことです。誰が立案するかによって、いろいろな名称があります。介護支援専門員（ケアマネジャー）が立案するケアプランには、居宅サービス計画と施設サービス計画があります。その対象は、要介護1～5と認定された人です。在宅生活を希望した場合、居宅

NPO法人
1998年に成立した特定非営利活動促進法は、特定非営利活動（福祉の増進・環境保全・国際協力・まちづくりなどの分野の活動）を行う団体に法人格を付与した。この法人のこと。

ケアマネジャー
介護支援専門員。居宅介護支援事業者や介護保険施設に所属し、ケアマネジメント業務や要介護認定の訪問調査の代行、保険支給限度額管理などを行う専門職。ケアマネジャーになるための条件としては、保健・医療・福祉分野などで資格を得ており、5年以上の実務経験を有する従事者である。そして、各都道府県が実施する介護支援専門員実務研修受講資格筆記試験に合格後、実務研修を受講し修了し、都道府県知事から修了書の交付を受けて資格を取得することになる。

介護支援事業所に勤務している介護支援専門員は、利用者の身体的状況・精神心理的状況・社会環境状況と利用者が利用できる社会資源を踏まえて、介護保険で利用できるサービスの種類・頻度・日時・担当者などを定めた計画を作成します。介護保険施設での生活を希望した場合、施設に勤務している介護支援専門員は、利用者の身体的状況・精神心理的状況・社会環境状況を踏まえて、施設でのケアプランを作成します。また、要支援1・2の人を対象にしたケアプランは、介護予防サービス計画という名称で、地域包括支援センターに勤務している保健師が担当します。さらに、介護支援専門員が立案したケアプランにおける介護サービスの担当者は、それぞれの介護サービスに応じて、具体的に、個別訪問介護計画（ホームヘルプサービスの計画）、個別通所介護計画（デイサービスの計画）、個別短期入所計画（ショートステイの計画）などを作成します。また、介護福祉士の養成課程において、学生は、施設の介護実習で介護過程に取り組み、介護過程を通してケアプラン（介護計画）の作成を学びます。介護過程とは、単に介護のプロセスという意味ではなく、介護を実践するための思考と具体的な実践のプロセスです。介護過程のプロセスのひとつの段階として、ケアプラン（介護計画）の作成があります。このように、ケアプランといってもさまざまな種類があります。

　一方、ケアマネジメントとは、多様なニーズをもち、援助が必要な人に対して、その人の身体的状況・精神心理的状況・社会環境状況とその人が利用できる社会資源を踏まえて、その人のニーズが少しでも解決できるように、その人にとって適切な社会資源（介護保険法や障害者総合支援法などのサービスも含む）を結びつけるプロセスです。日本では、介護保険制度の領域で積極的にケアマネジメントを活用していますが、ケアマネジメントの本来の意味は、介護保険制度に限定されたものではありません。

　ケアマネジメントのプロセスは、図表8-1のような段階をたどります。インテークとは、サービス提供の可否を決定するためのケアマネジメントの入り口の段階です。アセスメントとは、利用者の情報を収集し、ニーズを明確にする段階です。計画の作成は、利用者の目標を設定し、ケアプランを作成する段階です。モニタリングの段階では、新しいニーズを発見したり、提供している介護サービスに問題があったりすることがあります。そのような場合は、アセスメントの段階にもどって、再アセスメントを行い、作成したケアプランを修正して、再度、修正したケアプランにしたがって実施します。このようにケアマネジメントのプロセスは、一方通行的に進むのではなく、新たなサイクルを生み出し、少しずつ援助が必要な人（利用者）のQOLが高まっていくようなスパイラルのプロセスです。終了の段階は、利用者が支援を必要としなくなったり、死亡したりすることが想定されます。終了評価は、これまでのケアマネジメントのプロセスを評価すること、フォローアップは、今回に不十分であっ

社会資源

社会福祉的サービスを利用する人びとの生活上のニーズを充たすために活用できる種々の制度、政策、施設、法律、人材などのこと。社会福祉的援助においては、人間を心理社会的存在として理解し、利用者と社会との関係性に注目する。両者の関係（相互作用）において、うまく機能していないところや、欠けたところを補い、関係を調整することが援助の目的のひとつとなる。社会資源の活用は、そのための有効な方法である。ただし、その活用の主体はあくまで利用者（クライエント）であり、援助者は、利用者がそれを有効に利用できるよう正確な情報を提供し、利用者の問題解決能力に応じて手助けするといった側面援助を行うのである。

ニーズ

人間が社会生活を営むうえで必要不可欠な基本的要件を欠いた場合、発生するのがニーズである。福祉サービスに対する必要、要求、需給、需要、困窮等と訳すことができる。

アセスメント

援助過程における情報収集に基づいた問題状況の全体的な「把握」と「評価」の段階であると位置づけられている。クライエント自身の能力も含めて総合的に把握、分析し、問題解決のもっとも有効な方向性を模索することが重要なテーマとなるのである。

図表 8 − 1 ケアマネジメントのプロセス

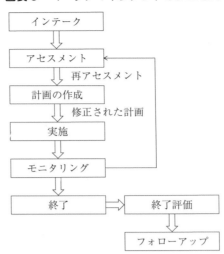

た点などを，新しい利用者に対するケアマネジメントに生かすように確認することです。

(3) 介護保険制度における介護サービスの種類

　介護保険では，要支援（1・2）と認定されるか，要介護（1 〜 5）と認定されるかによって利用できるサービスが異なります。要支援の場合は，その状態を改善するという介護予防を目的とした 12 種類の介護予防サービスと 3 種類の地域密着型介護予防サービスのなかから選ぶことができます。要介護の場合は，その状態の重度化をできる限り防ぐというという目的で 12 種類の居宅サービス，8 種類の地域密着型サービス，3 種類の施設のなかから選ぶことができます（図表 8 − 2 参照）。さらに，要介護度に関係なく，住宅改修とケアプラン作成のサービスがあります。このように，介護保険法で定められた基準に従ってサービスを提供することを給付といいます。被保険者の要支援状態に対しての給付を予防給付，被保険者の要介護状態に対しての給付を介護給付といいます。また，この他に市町村特別給付があります。

図表 8 − 2 要支援・要介護のサービス体系

サービス	介護給付	サービス	予防給付
居宅サービス 介護保険法第 8 条第 1 項に規定	①訪問介護	介護予防サービス 介護保険法第 8 条第 2 項に規定	①介護予防訪問介護
	②訪問入浴介護		②介護予防訪問入浴介護
	③訪問看護		③介護予防訪問看護
	④訪問リハビリテーション		④介護予防訪問リハビリテーション
	⑤居宅療養管理指導		⑤介護予防居宅療養管理指導
	⑥通所介護		⑥介護予防通所介護

	⑦通所リハビリテーション		⑦介護予防通所リハビリテーション
	⑧短期入所生活介護		⑧介護予防短期入所生活介護
	⑨短期入所療養介護		⑨介護予防短期入所療養介護
	⑩特定施設入居者生活介護		⑩介護予防特定施設入所者生活介護
	⑪福祉用具貸与		⑪介護予防福祉用具貸与
	⑫特定福祉用具販売		⑫特定介護予防福祉用具販売
地域密着型サービス 介護保険法第8条第1項14	①夜間対応型訪問介護	地域密着型介護予防サービス 介護保険法第8条第2項14	
	②認知症対応型通所介護		①介護予防認知症対応型通所介護
	③小規模多機能型居宅介護		②介護予防小規模多機能型居宅介護
	④認知症対応型共同生活介護		③介護予防認知症対応型共同生活介護
	⑤地域密着型特定施設入居者生活介護		
	⑥地域密着型介護老人福祉施設入居者生活介護		
	⑦定期巡回・随時対応型訪問介護看護		
	⑧複合型サービス		
居宅サービス計画 介護保険法第8条第1項21	①居宅介護支援	介護予防サービス計画 介護保険法第8条第2項18	①介護予防支援
介護保険施設 介護保険法第8条第1項22	①介護老人福祉施設		
	②介護老人保健施設		
	③介護療養型医療施設		
住宅改修 介護保険法第45条	①居宅介護住宅改修	住宅改修 介護保険法第57条	①介護予防住宅改修

出所）笠原幸子『高齢者への支援と介護保険制度』ミネルヴァ書房，2014年，137頁

　たとえば，要支援（1・2）と認定された人に対する介護予防訪問介護と，要介護（1～5）と認定された人に対する訪問介護は，介護サービスの内容は異なります。それぞれの利用者に適したケアプランが作成されるからです。したがって，介護予防訪問介護と訪問介護の援助内容は異なりますが，共通している内容について，介護給付を例にあげて説明します（図表8－3参照）。

図表8－3　在宅生活をするためのサービス体系

サービスの種類	サービスの内容
訪問介護	介護福祉士などが要介護者の自宅（ケアハウスや有料老人ホームの居室を含む）に訪問して，入浴・排泄・食事などの介護，その他の日常生活上の世話を行う（夜間対応型訪問介護を除く）
訪問入浴介護	要介護者の自宅に訪問して，浴槽を提供して入浴の介護を行う

訪問看護	病状が安定期にあり，訪問看護が必要と主治医が認めた場合，要介護者の自宅に看護師などが訪問して療養上の世話または必要な診療の補助を行う
訪問リハビリテーション	病状が安定期にあり，リハビリテーションが必要と主治医が認めた場合，要介護者の自宅に理学療法士または作業療法士などが訪問して，要介護者の心身の機能の維持回復を図り，日常生活の自立を助けるために理学療法，作業療法，その他必要なリハビリテーションを行う
居宅療養管理指導	要介護者の自宅に病院，診療所，薬局などの医師，歯科医師，薬剤師などが訪問して，療養上の管理および指導を行う
通所介護	要介護者が老人デイサービスセンターなどに通って，入浴・排泄・食事などの介護，その他の日常生活上の世話および機能訓練をうける（認知症対応型通所介護を除く）
通所リハビリテーション	要介護者が老人保健施設，病院，診療所などに通って，心身の機能の維持回復を図り，日常生活の自立を図るために，理学療法，作業療法，その他必要なリハビリテーションをうける
短期入所生活介護	要介護者が短期入所施設，特別養護老人ホームなどに短期間入所して入浴・排泄・食事などの介護，その他の日常生活上の世話および機能訓練をうける
短期入所療養介護	要介護者が老人保健施設，介護療養型医療施設に短期間入所して看護，医学的管理の下，介護および機能訓練，その他の必要な医療と日常生活上の世話をうける
特定施設入居者生活介護	有料老人ホームなどの特定施設で生活している要介護高齢者が，その施設で，入浴・排泄・食事などの介護，その他の日常生活上の世話および機能訓練や療養上の世話をうける
福祉用具貸与	要介護者の日常生活が便利になるように，また，日常生活の自立を図るために，厚生労働大臣が定めた福祉用具をレンタルする
特定福祉用具販売	要介護者のが日常生活が便利になるように，また，日常生活の自立を図るために，特に，入浴や排泄に使用する用具を購入する
夜間対応型訪問介護	介護福祉士などが要介護者の自宅（軽費老人ホームや有料老人ホームの居室を含む）に夜間定期的に巡回訪問して，入浴・排泄・食事などの介護，その他の日常生活上の世話を行う。通報による訪問もある
認知症対応型通所介護	認知症の要介護者が老人デイサービスセンターなどに通って，入浴・排泄・食事などの介護，その他の日常生活上の世話および機能訓練をうける
小規模多機能型居宅介護	要介護者が自らの希望や状況に応じて，小規模多機能型事業所に通ったり，短期間宿泊したりして，入浴・排泄・食事などの介護，その他の日常生活上の世話および機能訓練をうける
認知症対応型共同生活介護	数名の認知症の要介護者が，共同生活をして，入浴・排泄・食事などの介護，その他の日常生活上の世話および機能訓練をうける
地域密着型特定施設入居者生活介護	定員29名以下の有料老人ホームなどの特定施設で生活している要介護高齢者が，その施設で，入浴・排泄・食事などの介護，その他の日常生活上の世話および機能訓練や療養上の世話をうける
地域密着型介護老人福祉施設入居者生活介護	定員29名以下の特別養護老人ホームで生活している要介護者が，地域密着型施設サービス計画に基づいて入浴・排泄・食事などの介護，その他の日常生活上の世話および機能訓練や療養上の世話をうける
定期巡回・随時対応型訪問介護看護	訪問介護と訪問看護が密接に連携しながら，24時間，短時間の定期巡回型訪問と依頼に応じて随時の訪問を行う
複合型サービス	小規模多機能型居宅介護と訪問看護など，複数の在宅サービスを組み合わせたサービスのこと
居宅介護支援	要介護者がサービスを適切に利用ができるように，介護支援専門員が要介護者本人やその家族の希望を聞きながら居宅サービス計画の原案を作成し，計画したサービスが適切に提供されるように連絡調整などする
居宅介護住宅改修	要介護者が自宅の手すりの取り付けなど，厚生労働大臣が定める住宅改修の費用をうける

出所）図表8−2に同じ，140頁

介護保険施設とは，介護老人福祉施設，介護老人保健施設，介護療養型医療施設の3つの施設のことをいいます。それぞれの施設の介護サービスについては図表8－4で説明します。また，介護療養型医療施設は，在宅復帰や在宅生活支援を重視する施設や生活重視型の施設への移行を進め，2018年3月末で廃止されることになっています。

図表8－4　施設サービス

サービスの種類	
介護老人福祉施設	要介護者に対して，施設サービス計画に基づいて，入浴・排泄・食事などの介護，その他の日常生活上の世話，機能訓練，健康管理，療養上の世話を行う定員30名以上の特別養護老人ホーム
介護老人保健施設	要介護者に対して，施設サービス計画に基づいて，看護，医学的管理の下，介護および機能訓練，その他の必要な医療と日常生活上の世話を行う施設
介護療養型医療施設	要介護者に対して，施設サービス計画に基づいて，療養上の管理，看護，医学的管理の下，介護やその他の世話，機能訓練，その他必要な医療を行う療養病床などを有する病院や診療所

出所）図表8－2に同じ，141頁

（4）介護報酬と算定基準

　介護報酬とは，介護サービスを提供する事業者が，利用者（要支援または要介護と認定された人）に対して介護サービスを提供した場合，その報酬として介護サービスを提供した事業者に支払われる費用のことです。介護サービスにはたくさんの種類があります。介護サービスの種類・回数・利用時間ごとに報酬が計算されます。たとえば，訪問介護の1時間の利用を500単位（原則，1単位は10円）と仮定した場合，訪問介護（介護サービスの種類）を1週間に2回（回数）利用し，1回2時間（利用時間）利用した時，1週間では，500単位×2時間×2回で，2,000単位となります。原則，1単位は10円ですから，介護報酬は，2,000単位×10円で20,000円になります。利用者は介護サービスを利用した時，介護報酬の1割を負担することになっていますので，20,000円×0.1で2,000円の自己負担になります。20,000円－2,000円で，残った18,000円は，介護保険の保険者である市町村が，介護サービスを提供した事業者に支払うことになります。このように，介護保険制度では，介護サービスの種類ごとに，計算して報酬を確定する拠り所となる介護報酬が設定されています。

2　介護サービス提供の場の特性

（1）居宅における介護サービスの場

　老人福祉法に定められている居宅における介護サービスは，同法第5条の2に定められている老人居宅生活支援事業（① 老人居宅介護等事業，② 老人デイサービス事業，③ 老人短期入所事業，④ 認知症対応型老人共同生活援助事

業，⑤小規模多機能型居宅介護事業，⑥複合型サービス福祉事業）と第10条の4の日常生活用具の給付や貸与があります。

また，介護保険法に定められている居宅における介護サービスは，大きく分けて要介護1〜5の人に対する介護サービスと要支援1・2の人に対する介護予防サービスがあります（図表8-2）。

高齢者の居住の安定確保に関する法律（高齢者住まい法）にも，居宅における介護サービス提供の場があります。高齢者向けの賃貸住宅として，2011（平成23）年にサービス付き高齢者向け住宅の登録制度が創設されました。独居高齢者や夫婦のみの高齢者の世帯が急増していることなどへの対応のひとつとして，バリアフリー構造で，安否確認や生活相談サービスを必須としています。サービス付き高齢者向け住宅に住んでいる人が要支援・要介護と認定された場合，介護保険法に定められている居宅における介護サービスを利用できます。サービス付き高齢者向け住宅は，供給促進税制が創設されたこともあり，近年急速に増加しています。

（2）施設における介護サービスの場

老人福祉法に定められている施設における介護サービスは，同法第5条の3に定められている老人福祉施設（①特別養護老人ホーム，②養護老人ホーム，③軽費老人ホーム，④老人短期入所施設，⑤老人デイサービスセンター，⑥老人福祉センター，⑦老人介護支援センター）です。さらに，第29条から第31条において老人福祉施設ではありませんが，有料老人ホームについて定められています。

介護保険法に定められている施設は，要介護1〜5の人に対するものだけです（図表8-4参照）。認知症対応型共同生活介護，特定施設入所者生活介護，小規模介護老人福祉施設は，施設における介護サービスに分類されると思ってしまいますが，制度上は，居宅における介護サービスに分類されているので注意が必要です。

施設においては，介護サービスを利用する人は，24時間365日（日数は人によって異なる）生活します。したがって，「嫌なので帰ります」というわけにはいきません。自宅に帰る日まで，医療施設へ入院するまで，または，死亡するまで生活する場です。介護サービスの提供者は，利用者の人権と深く関わっていることを意識することが求められます。

3　居宅における介護サービスの特性

居宅における介護サービスには多くの種類がありますが，ここでは，訪問介護と認知症対応型共同生活介護（認知症グループホーム）に焦点を当てて説明

します。

(1) 訪問介護における介護サービスの特性

　訪問介護における介護サービスは，サービス提供の場が利用する人の自宅であり，介護サービスを利用する人は，何らかの介護が必要な一人暮らしの人，昼間独居の人，高齢夫婦世帯などが多いようです。したがって，① 家屋の条件（戸建・集合住宅など），家具の配置，階段・段差などの家屋の構造などの空間の制約があること，② 原則，サービスの提供時は，利用者と訪問介護員だけで，閉ざされた空間であること，③ 利用者と訪問介護員の人間関係だけではなく，利用者と介護家族，介護家族と訪問介護員など，さまざまな人間関係が介護サービスに影響していること，④ 介護サービスを提供する時間が設定されているので，限られた時間のなかで，訪問介護計画に従って援助しなければならないこと，⑤ 利用者は，訪問介護以外の社会資源も利用していることが多いことを理解しなければならないこと，⑥ 介護サービスが必要な状態であっても，これまでの生活スタイルをできるだけ維持することが求められるという特性があります。

　このような特性をもった訪問介護における援助者としての基本的視点は，① 要介護認定などによって，利用者は自分自身の心身機能状況や社会環境状況をある程度理解していると思われますが，真に理解するためには，訪問介護員が，利用者を共感的に理解し，利用者の強さ（ストレングス）を見極めることが求められます。また，② 利用者への理解は当然ですが，家族介護者も理解すること，③ 介護サービスを提供するプロセスのなかで，少しずつ利用者，そして，家族介護者との信頼関係を構築すること（初期の段階では，利用者の要求を無条件で聞き入れることも必要），④ 自宅という個別的な環境のなかで，利用者が一人の生活者として，尊重される介護サービスを提供すること，⑤ 訪問介護以外の社会資源の利用に関する知識をもとに，必要に応じて新たな社会資源の活用の提案や導入のきっかけづくりを行うことなどがあります。これらを達成するためには，訪問介護員はアセスメント能力が求められます。

(2) 認知症対応型共同生活介護（認知症グループホーム）における介護サービスの特性

　介護保険で，地域密着型サービス・地域密着型介護予防サービスに位置づけられている認知症対応型共同生活介護の特性は，① 介護サービスの提供の場が，利用する人の暮らしてきた地域にある新たな住まいであり，② 利用する人は，身体機能は大きく低下していないけれど，認知症の進行によって何らかの介護サービスが必要になった人が多いようです。また，③ ひとつのユニットの定員は原則9名まで，ひとつの事業所は2ユニットまでと定められている

ので、認知症対応型共同生活介護（認知症グループホーム）は、小規模で少人数であることが理解できます。④定員が9名までの場合、昼間は3名以上、夜は1名以上の介護職が配置され、食事やその他の家事は、原則として利用者と共同で行うように努めることが求められています。⑤ケアプラン作成者も配置（兼務可能）されますが、看護師などの医療職の配置義務はありません。⑥介護老人福祉施設・介護老人保健施設・病院などと連携・支援体制を整備することが必要です。⑦ここで生活する利用者は、中核症状である記憶障害に加えて、思い出せない、大切なことを忘れてしまうのではないかという不安・焦燥感から興奮・作話・徘徊などのBPSD（Behavioral and Psychological Symptoms of Dementia）がみられることが多いようです。

このような特性をもった認知症対応型共同生活介護（認知症グループホーム）における援助者としての基本的視点は、①居住環境の変化によるダメージに留意し、安心して暮らせる場（居場所）を提供すること、②他の利用者、介護スタッフなどとの新たな人間関係に留意し、少しずつ馴染みの関係を構築していくこと、③利用者の強さ（ストレングス）を見極め、したいこと・興味のあることに気づけば、声かけをしてみること、④BPSDに影響を及ぼすと考えられる生活のなかの音や匂いに配慮すること、⑤できること・しようと思っていることは時間がかかっても任せること、⑥介護サービスが必要な状態であっても、これまでの生活スタイルをできるだけ維持することなどがあります。これらを達成するためには、介護スタッフはアセスメント能力の向上が求められます。

> **BPSD**
> (Behavioral and psychological Symptoms of Dementia)
> 認知症の行動・心理症状と訳されている。脳の器質的要因によって発生する認知機能障害などが原因で幻覚・妄想・徘徊・異食・攻撃的言動・危険行為、夕方の不穏状態・不潔行為・性的逸脱行為・ケアへの抵抗などのこと。従来問題行動とよばれていたが、現在では行動障害とよばれている。

> **強さ**（ストレングス）
> 介護サービス利用者のもつ能力、成長への可能性など良い点のこと。

4 施設における介護サービスの特性

施設における介護サービスには多くの種類がありますが、ここでは、ユニット型介護老人福祉施設と介護老人保健施設に焦点を当てて説明します。

(1) ユニット型介護老人福祉施設における介護サービスの特性

ユニット型介護老人福祉施設における介護サービスは、従来の施設ケアの試行錯誤のなかで生まれてきました。その特性は、①介護サービスを利用する人の個性と生活リズムを生かすケアをするために、個室が原則であること（夫婦で利用する場合などを除く）、②利用者が相互に人間関係を構築することを支援するための場としてリビングスペースを設置すること、③トイレや洗面所は居室に設置するか、ユニット内に複数ヵ所設置すること、④浴室は居室のある階（フロア）に設置すること、⑤スタッフの配置は従来型の介護老人福祉施設と同様で、スタッフ：利用者＝1：3です。しかし、2ユニットに1名以上のユニットリーダーを配置することや、日中、必ずフロアにスタッ

フ一人は配置されることにより，スタッフの配置は基準以上になっていることが多いようです。

このような特性をもったユニット型介護老人福祉施設における援助者としての基本的視点は，①利用者に対して，自分（利用者）自身の意志と役割をもっていることを伝え，主体的な生活を営むことができるように支援すること（具体的には，衣服の選択や朝おきる時間などを利用者自身が決定できるように支援する），②利用者同士が適度な距離を保ちつつ，良好な人間関係が構築できるように支援すること，③生活歴とそのプロセスのなかで培われた生活スタイルや生活習慣をアセスメントすること，④複数の介護スタッフで相談しながらケアすることは少なくなり，利用者の変化の気づきや介護スタッフの工夫は，全介護スタッフに共有することが難しくなります。したがって，情報共有のツール（記録や申し送りなど）が重要になります。利用者のバイタルサイン，食事量，排泄記録だけではなく，利用者の言動と介護スタッフの対応が記録されると，利用者の言動の背景や対応した介護スタッフの意図を理解することができます。⑤介護スタッフが単独で行動することが多いユニットケアでは，新人の介護スタッフが先輩と一緒にケアするなかで学んでいくことが少ないようです。そのため，ユニットケアでは，ケアカンファレンスやスーパービジョンが重要になります。どこのユニットにも属さないフリーの介護スタッフリーダーを配置している施設もあります。

2003年4月に制度化されたユニットケアは，個室になると多くの利用者が個室に閉じこもるのではないかと心配されました。しかし，一人になりたくなったら居場所として個室があるという安心感は，他の利用者と集うリビングでの生活を充実させているようです（図表8－5）。一人ひとり違って当たり前

図表8－5－①　ユニットケアを実施することによる入所者の生活上の変化

	ユニットケア実施前	ユニットケア実施後
ベッド上の滞在率	67.7%	40.2%
リビングの滞在率	16.7%	42.8%
日中に占める睡眠時間	42.3%	22.5%
日中に占める食事時間	7.6%	11.3%
一人あたりの食事量	1,463 kcal	1,580 kcal
ポータブルトイレの設置台数	29台	14台

図表8－5－②　ユニットケアを実施することによる介護スタッフの行動の変化

	ユニットケア実施前	ユニットケア実施後
居室の滞在率	39.2%	18.0%
廊下の滞在率	9.2%	4.9%
リビングの滞在率	9.4%	37.5%

出所）厚生労働省「『2015年の高齢者介護』～高齢者の尊厳を支えるケアの確立に向けて～報告書」から抜粋

という利用者の個別性を尊重したケアが，ユニットという環境を最大限に活用しながら提供されています。

（2）介護老人保健施設における介護サービスの特性

介護老人保健施設は，老人保健法（2008年より，高齢者の医療の確保に関する法律）において在宅復帰を促進する施設として創設されました。その後，介護保険施行時から介護保険法を根拠法とする施設として再スタートしました（老人保健法に定められていた老人保健施設は削除された）。したがって，①自立した日常生活を営むことができるようにすること，②居宅における生活への復帰を目指すという方針は，施設創設当初から同じです。介護老人保健施設と介護老人福祉施設における入所者と退所者の状況をみると，介護老人保健施設が在宅生活への復帰を目指していることが理解できます（図表8－6参照）。したがって，介護老人保健施設に入所した人は，理学療法士，作業療法士，言語聴覚士によるリハビリテーションに重点をおいて，在宅復帰を目指しています。

このような特性をもった介護老人保健施設における援助者としての基本的視点は，上記のユニット型介護老人福祉施設と大きく変わることはありません。し

図表8－6　介護老人保健施設と介護老人福祉施設における入所者と退所者の状況

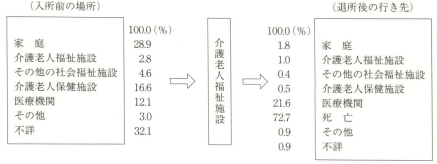

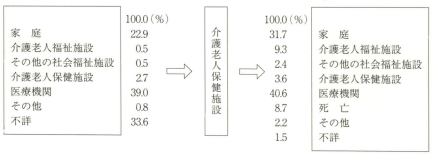

出所）厚生労働省大臣官房統計情報部編『平成25年介護サービス施設・事業所調査』2014年

かし，介護老人保健施設としての特徴をあげると，①入所した時点で退所に向けての施設サービス計画を策定することになるので，退所後の居宅を訪問して施設サービス計画を立案することなどが求められます。②制限はありますが，医療サービスが提供できる施設なので，看護師の配置も介護老人福祉施設と比較すると多くなっています（図表8－7参照）。したがって，リハビリテーションの専門職（理学療法士，作業療法士，言語聴覚士）も含めて，介護職員，看護職員とのチームワークが重要です。

図表8－7　介護老人福祉施設と介護老人保健施設の比較

	介護老人福祉施設	介護老人保健施設
方　針	①能力に応じ自立した日常生活を営むことができるようにすること，②家庭的な雰囲気を有し，地域や家庭との結びつきを重視すること，③保健医療サービスや他の福祉サービスとの連携に努めること	①能力に応じ自立した日常生活を営むことができるようにすること，②居宅における生活への復帰を目指すこと
対象者	常時介護が必要で在宅生活が困難な要介護1～5の人	病状安定期にあり，入院治療をする必要はないが，リハビリテーションや看護・介護を必要とする要介護1～5の人
職員配置（利用者100人当たり）	医師（非常勤可） 看護師　3名 介護職員　31名 介護支援専門員　1名 その他：生活相談員など	医師　1名 看護師　9名 介護職員　25名 理学療法士、作業療法士、言語聴覚士のいずれか　1名 介護支援専門員　1名 その他：支援相談員など

参考文献

井上千津子編『介護の基本』（介護福祉士養成テキストブック4）ミネルヴァ書房，2009年

厚生労働統計協会編『国民の福祉と介護の動向』厚生の指標増刊第59巻10号，2012年，厚生労働統計協会

プロムナード

特別養護老人ホームと介護老人福祉施設は同じ施設なの？
　老人福祉法と介護保険法では，同じような介護サービスが提供されています。たとえば，特別養護老人ホームと介護老人福祉施設は同じ施設です。同じ施設でありながら，2つの法律を根拠にしています。本来なら，介護が必要な人に対する介護サービスは，まず介護保険で提供されます。しかし，制度の狭間で介護保険料を納めることができなかった人など，介護保険で介護サービスを利用できない人に対しては，老人福祉法で対応することになります。

学びを深めるために

笠原幸子『ケアワーカーが行う高齢者のアセスメント─生活全体をホリスティックにとらえる視点』ミネルヴァ書房，2014年
　　利用者にとって最適なケアプラン作成のためには，ホリスティック（全人的）

な視点からのアセスメントが必要ですが，現状では客観的な評価がしやすい身体機能状況のアセスメントに偏ってしまいがちです。本書は，利用者を取り巻く専門職のなかで最も利用者に近い存在であるケアワーカーに着目し，ケアワーカーがどのような視点で利用者をアセスメントしているのか明らかにし，その結果をもとに，ケアワーカーのアセスメント力向上への支援策を提案している。

前田万亀子編著『介護の常識50―なんでそうなるの？』ひかりのくに，2014年

　本書では，利用者とのかかわりを声かけで絵解きしながら，それぞれの理由や根拠を解説し，必要な介護の技術・知識のおさらいができます。実習中など，常に携帯することで介護の不安が解消されると思います。

第 9 章

介護実践における連携

1 多職種連携（チームアプローチ）の意味

　要介護者の生活は24時間365日続いています。そのため、提供されるサービスは途切れることなく要介護者の暮らしを支えていく必要があります。また、要介護者が求めているサービスも、医療、相談援助、介護などさまざまで、多分野・多職種の専門職による多様なサービスを専門的な知識や技能を身に付けた多職種がチームになって実践し、互いの専門職能力を発揮し、総合的に要介護者を支えることによって、より質の高いサービスが提供できるのです。

　サービス提供にあたっては、サービス事業者間の調整や協働を図ることなしには適切なサービスを提供することができません。同一職種だけでなく他の専門職とのチームアプローチが不可欠となりますので、どの専門職がどのような業務を担っているのかを相互に理解しておくことが大切です。

　ここでは、主な福祉専門職スタッフの機能と役割について概説していきます。

(1) 専門職スタッフの役割と連携
1) 社会福祉士

　1987（昭和62）年に「社会福祉士及び介護福祉士法」が制定され、法第2条に「社会福祉士とは、社会福祉士の名称を用いて、専門的知識及び技術をもって、身体上若しくは精神上の障害があることまたは環境上の理由により日常生活を営むのに支障がある者の福祉に関する相談に応じ、助言、指導、福祉サービスを提供する者または医師その他の保健医療サービスを提供する者その他の関係者との連絡及び調整その他の援助を行うことを業とする者」と規定されています。

　社会福祉士は、ソーシャルワークの視点から相談、助言、指導をする名称独占の国家資格です。高齢者や身体上の障害、また精神上の障害をもった方々など、何らかの理由で日常生活に援助が必要とされる方の相談にのり、その方にとってよりよい環境を整えることが仕事になります。社会福祉士は、こうした方々の窓口となって行政や福祉サービス業者と連携を図り、その方々の架け橋となるとても重要な仕事をしています。ご家族の相談などから、その要介護者やご家族が抱えている問題を正確に理解し、人権の尊重、自立支援、権利擁護といった専門的な視点をもって業務を行っています（第10章参照）。

2) 介護支援専門員（ケアマネジャー）

　1997（平成9）年に「介護保険法」が制定され、法第1章第7条5項において「介護支援専門員とは、要介護者または要支援者からの相談に応じ、及び要介護者等がその心身の状況等に応じ適切な居宅サービス、地域密着型サービス、施設サービス、介護予防サービスまたは地域密着型介護予防サービスを利用で

チームアプローチ
クライアント（福祉サービス利用者）の抱える課題を、専門職者と協力し、対応していく援助者側の試みをチームアプローチという。
　チームのメンバーには、保健師・医師あるいは経済・法律・建築・教育の専門職者などが考えられる。

ソーシャルワーク
　社会福祉の実践活動のことであり、さまざまな専門的社会福祉援助の全体をさす。福祉関係の相談機関のみならず、施設ソーシャルワーク、医療ソーシャルワーク、精神科ソーシャルワーク、学校ソーシャルワークなど多様な実践領域がある。

きるよう市町村，居宅サービス事業を行う者，地域密着型サービス事業を行う者，介護保険施設，介護予防サービス事業を行う者，地域密着型介護予防サービス事業を行う者等との連絡調整等を行う者であって，要介護者等が自立した日常生活を営むのに必要な援助に関する専門的知識及び技術を有するものとして介護支援専門員証の交付を受けた者」と規定されています。

連絡調整をはじめ，要介護者のニーズをアセスメントして，居宅サービス計画や施設サービス計画を作成します。サービスの継続的な支援を行うためにも，介護現場で働く介護職員と連携を図り，その他にも，介護保険給付管理も担う，ケアマネジメントの過程すべてに関わる仕事を行います。

3）精神保健福祉士

精神保健福祉士は，精神科ソーシャルワーカー（PSW：Psychiatric Social Worker）という名称の国家資格です。

1997（平成9）年に「精神保健福祉士法」が制定され，法第2条において「精神保健福祉士とは，登録をうけ，精神保健福祉士の名称を用いて，精神障害者の保健及び福祉に関する専門的知識及び技術をもって，精神病院その他の医療施設において精神障害の医療をうけ，または精神障害者の社会復帰の促進を図ることを目的とする施設を利用している者の社会復帰に関する相談に応じ，助言，指導，日常生活への適応のために必要な訓練その他の援助を行うことを業とする者」と規定されています。

精神障害者に対して，疾患の状態に合わせて，退院後の住居や再就労の場の選択等についての提案を行い，精神障害者の抱える生活問題や社会問題の解決のための援助や，社会参加に向けての支援活動を通して，その人らしいライフスタイルの獲得を目標として業務を行っています。

2　保健医療職種との連携の意義と役割

要介護者がよりよい日常生活を営むためには，介護福祉士のサポートだけではなく，療養上の管理指導や世話，診療の補助，医学的管理下での介護やリハビリテーションも必要となります。医師だけではなく，各専門職や機関が連携を図り，協力して治療に関わっていくチーム医療が行われています。介護職チームだけでは達成できない課題を，多職種が協働し，チームを組むことで達成できるのです。

介護の現場には，福祉職も医療職も配置されており，多職種が連携するチームを組むためには，それぞれのメンバーの役割を知らなければ協働できません。

介護保険施設
介護保険法に規定する指定介護老人福祉施設，介護老人保健施設，指定介護療養型医療施設である。厚生労働省令で定められている員数の介護支援専門員，医師，看護師および介護その他の業務に従事する従事者を配置しなければならない。

ケアマネジメント
介護支援サービス，介護保険法で認定された要介護者に対して，介護サービス計画（ケアプラン）の作成や，市町村や居宅サービス事業者，介護保険施設との連絡調整，権利擁護などを行うこと。

(1) 主な保健医療職種の役割と連携

1) 医師

医師は,「医師法」に基づいて,医学の専門的知識や技術をもって,病気の診断や投薬などで治療を行っています。介護の現場では,日々の健康状態の診察のみだけにとどまらず,事故時の救急医療やターミナルケアなどでも,医師の診断を仰いで医療従事者と介護者が連携しています。病院や診療所,障害施設や介護保険施設,保健所などで活躍しています。

> **ターミナルケア**
> 終末期ケアともよばれる。死が間近に迫った末期患者と,その家族・近親者を対象とするケアである①身体的苦痛を緩和する。②死に対する不安や葛藤,恐怖などを和らげて精神的安定を促す。③自己実現と生活の質の向上に向けて援助する。④家族にケアへの参加を促し,患者との別れの受容を援助する。

2) 保健師

保健師は,「保健師助産師看護師法」に基づいて,地区活動や健康教育・保健指導などを通じて疾病の予防や健康増進など公衆衛生活動を行う地域看護の専門家です。保健所や企業といった場所での保健指導(集団検診や健康相談)や,同じ健康の悩みを抱えている人のネットワークづくり,疾病予防のアドバイスなどのほか,在宅療養者を訪問し,その要介護者に携わっている関係者と必要な連携を図るなどさまざまな業務を行っています。保健所や保健センター,学校などで活躍しています。

3) 看護師

看護師は,「保健師助産師看護師法」に基づいて,疾病者に対し療養上の世話や診療の補助を行うこととされており,医療,保健,福祉などの場で,医師などが患者を診療する際の補助や病気や障がいのあるひとたちの日常生活における援助,疾病の予防や健康維持増進を目的とした教育を行います。

介護者は,要介護者が日常生活を送る上で,診療が必要とされる場合や,異常を発見した場合に,看護師に報告・連絡・相談をし,助言や指導をうけてケアに繋げます。病院や介護保険施設など,医療と福祉の双方で活躍しています。

4) 理学療法士

理学療法士は,PT(Physical Therapist)ともよばれており,「理学療法士及び作業療法士法」に基づいて,医師の指示の下に,病気やけがや高齢,障がいなどによって運動機能が低下したリハビリテーションが必要な人に対し,座る,立つ,歩くなどの基本的な動作能力をはじめ,ADL(日常生活動作)の回復や維持,および障がいの悪化の予防のために運動療法や温熱,電気,牽引などの物理療法を行い,関節可動域の拡大や筋力の強化,麻痺の回復,痛みの軽減などの運動機能に直接働きかける治療から動作訓練,歩行練習などの能力向上を目指す治療までを行い,本人の潜在能力を引き出し,自立した日常生活を送ることができるよう支援する医学的リハビリテーションの専門職です。病院や診療所,介護保険施設,障害者支援施設,リハビリテーションセンター,特別

支援学校などで活躍しています。

5）作業療法士

作業療法士は，OT（Occupational Therapist）ともよばれており，「理学療法士及び作業療法士法」に基づいて，脳機能や身体，精神に障がいがある人を対象に，応用的動作能力の回復を図るために，医師の指示のもと，絵画や手芸，工作，園芸，陶芸，織物などを通じて，手先の訓練や指導を行います。また，社会的適応能力の回復を図るために，対人関係や作業活動を利用して心理的な接近を図り，社会生活に復帰させるための心理的な準備や社会教育などを行います。その他，身体上の障がいを代替するための補装具や備品の改良，環境の改善についても指導しています。病院や診療所，精神・神経科病院，介護保険施設，障害者支援施設，リハビリテーションセンターなどで活躍しています。

6）言語聴覚士

言語聴覚士は，ST（Speech-Language-Hearing Therapist）ともよばれており，「言語聴覚士法」に基づいて，音声機能や言語機能，または聴覚に障がいがある人を対象に，その機能の維持・向上を図るため，言語訓練をはじめ，必要な検査や診断，助言，指導の援助を行います。

言語・聴覚障がいの代表的なものには，自分の声や相手の言葉が聞き取れない聞こえの障がいや，失語症，高次脳機能障害といった言語機能の障がい，食べたり飲み込んだりできない摂食・嚥下障がいなどがあり，このように言葉によるコミュニケーションに問題がある人や摂食・嚥下の問題がある人に対して言語療法を行い，訓練に必要な検査および助言・指導を行い，よりよい生活を送ることができるよう支援しています。病院，診療所，介護保険施設，障害者支援施設，特別支援学校などで活躍しています。

> **高次脳機能障害**
> 認識機能と関わりの深い記憶，言語（会話，読字，書字），計算，道具の使用，対人交流，社会交流，思考，創作，判断などの大脳皮質や皮質下機構，小脳の正常な働きが，脳卒中や脳外傷，脳腫瘍などで損傷をうけることによっておこる。代表的な障害は，健忘，失語，失行，失認，認知症である。

7）歯科衛生士

歯科衛生士は，「歯科衛生士法」に基づいて，歯科医師の直接指導の下に，歯科疾患の予防および口腔衛生の向上を図ることを目的として，人びとの歯・口腔の健康づくりをサポートし，歯科予防処置や歯科診療の補助，歯科保健指導を行っています。歯科診療では，歯科医師を中心とした「チーム医療」が行われており，歯科医師の診療を補助するとともに，歯科医師の指示をうけて歯科治療の一部を担当しています。寝たきり者や要介護者等に対する口腔ケアも行っており，日常の口腔ケアは，本人か介護者が行っていますが，口腔内の状態に応じて歯科衛生士による口腔ケアが必要となります。介護者は，要介護者の日々の状態を医療従事者に報告することにより，適切なケアをうけることができます。このように要介護者は，歯科衛生士と介護者の協働により，美味し

> **チーム医療**
> 医師だけでなく，各専門職や機関が連携をはかり，協力し合って治療に関わっていくこと。それぞれの専門的な視点から多角的な支援ができるよう，各スタッフが密に連携し，それぞれの職種の専門性を尊重したチーム医療が行われることが望ましい。

> **口腔ケア**
> 水や薬液によるうがい，綿棒，歯ブラシ等を用いて口腔内全体，また歯と歯の間をきれいにすること。微生物の繁殖，悪臭や感染の予防になり，自他ともに気分を爽快にする。

く食事を摂取することができ，健康で生き生きとした生活を送ることができるのです。

8）管理栄養士

管理栄養士は，「栄養士法」に基づいて，傷病者に対する療養のため必要な栄養の指導，個人の身体の状況，栄養状態等に応じた高度の専門的知識および技術を要する健康の保持増進のための栄養の指導並びに特定多数人に対して継続的に食事を提供する施設における利用者の身体の状況，栄養状態，利用の状況等に応じた特別の配慮を必要とする給食管理およびこれらの施設に対する栄養改善上必要な指導等を行うこととされています。

管理栄養士は，要介護者の嗜好品や摂食・嚥下機能に合わせた形態での食事を提供しています。そのためには，介護者が要介護者の食事に関する情報を的確に管理栄養士に伝える必要があります。こうした連携があるからこそ，健康で美味しく食事が摂取できるのです。活躍の場は，病院や福祉施設などです。

（2）医行為と介護

医療行為は，法的には医行為とよばれ，「医師の医学的判断および技術をもってするのでなければ，人体に危害を及ぼし，または危害を及ぼすおそれのある行為」とされており「医師法」第17条や「保健師助産師看護師法」第31条などの医療資格に関する法律は，医師・歯科医師・看護師などの免許をもたない者の医行為は禁止されています。介護現場での主な医行為は，喀痰吸引，胃ろうによる経管栄養管理，経鼻経管栄養，褥瘡の処置，服薬，膀胱カテーテルの管理，浣腸，摘便，酸素療法，インスリン注射などがあり，主に看護師がその役割を担っています。介護職は，こうした行為を専門職に委ねて，医療関係者と密に連携を図りながら，介護職が行えるサービスを提供していきます。

喀痰吸引及び経管栄養は，原則として医行為であるとされてきましたが，2011（平成23）年の社会福祉士及び介護福祉士法改正によって，一定の教育研修を実施した者につき，法律上介護福祉士も喀痰吸引と経管栄養の実施が可能と認められました。その背景には，難病患者に認定されている進行性の筋委縮や筋力低下を主徴とする筋委縮性側索硬化症（Amyotrophic Lateral Sclerosis ALS）があります。全身の筋肉が委縮して，自分では歩くことも，手を動かす事も，会話することも，食べ物を飲み込むことも，咳をして痰を出すことも出来なくなってしまうため，吸引器で痰を吸引する喀痰吸引の処置が必要です。その処置は，24時間365日行う必要があり，家族の介護負担が大きいため，家族などの負担軽減やケアの担い手の不足を解決することが求められたのです。

このように，人の生命に携わり，リスクが高い医療的ケアを安全に提供するためには，医療と福祉の連携が必要不可欠であり，要介護者が，安心・信頼し

図表9-1 介護職員が行える医療的ケアと認められる者

介護職員が行える医療的ケア
① 口腔内の喀痰吸引
② 鼻腔内の喀痰吸引
③ 気管カニューレ内部の喀痰吸引
④ 胃ろうまたは腸ろうによる経管栄養
⑤ 経鼻経管栄養

医療的ケアが認められる者
① 介護福祉士：養成課程で必要な知識，技術を修得し，2015年度以降の国家試験に合格した者。
② 上記以外の介護福祉士や介護職員も，一定の研修をうけることなどにより，都道府県知事から認定証をうければ実施可能。
③ 上記の者が従事する施設や事業所も，医療との連携などに関する基準を満たして，都道府県知事の登録をうけることが必要。

出所）日本医療企画『介護・福祉サービスの理解』（介護職員初任者研修課程テキスト1）2012年より作成

て医療をうけられるように，専門職の役割を発揮し，質の高いサービスを共に考えることが介護のプロに課せられた使命であるといえます。また，保健医療サービスと福祉サービスを同時に必要とする場合も多く，これらのサービスを総合的・効果的に提供していくためにも，多職種との連絡調整を密に行うことが求められています。

(3) 医行為に該当しない行為

介護職が行える行為として，厚生労働省からは，「通常は医行為に該当しない行為」として，以下の項目が示されています。

① 水銀体温計・電子体温計により腋窩で体温を計測すること，及び耳式電子体温計により外耳道で体温を測定すること。
② 自動血圧測定器により血圧を測定すること。
③ 新生児以外の者であって入院加療の必要がない者に対して，動脈血酸素飽和度を測定するため，パルスオキシメーターを装着すること。
④ 軽微な切り傷，擦り傷，やけど等について，専門的な判断や技術を必要としない処置をすること。（汚物で汚れたガーゼの交換を含む）
⑤ 皮膚への軟膏の塗布（褥瘡の処置を除く）皮膚への湿布の貼付，点眼薬の点眼，一包化された内用薬の内服（舌下錠の使用も含む），肛門からの坐薬挿入または鼻腔粘膜への薬剤噴霧を介助すること。ただし，患者が以下の3つの条件を満たしていることを医師，歯科医師または看護職員が確認し，これらの免許を有しない者による医薬品の使用の介助ができることを本人または家族に伝えている場合に，事前の本人または家族の具体的な依頼に基づき，医師の処方をうけ，あらかじめ薬袋等により患者ごとに区分し授与された医薬品について，医師または歯科医師の処方及び薬剤師の服薬指導の上，看護職員の保健指導・助言を遵守した医薬品の使用を介助すること。

□ 患者が入院・入所して治療する必要がなく容態が安定していること。
□ 副作用の危険性や投薬量の調整等のため、医師または看護職員による連続的な容態の経過観察が必要である場合ではないこと。
□ 内用薬については誤嚥の可能性、坐薬については肛門からの出血の可能性など、当該医薬品の使用の方法そのものについて専門的な配慮が必要な場合ではないこと。

以下に掲げる行為も、原則として、医師法第17条、歯科医師法第17条及び保健師助産師看護師法第31条の規制の対象とする必要がないものであると考えられる。

⑥ 爪そのものに異常がなく、爪の周囲の皮膚にも化膿や炎症がなく、かつ、糖尿病等の疾患に伴う専門的な管理が必要でない場合に、その爪を爪切りで切ること及び爪ヤスリでやすりがけすること。

⑦ 重度の歯周病等がない場合の日常的な口腔内の刷掃・清拭において、歯ブラシや綿棒または巻き綿子などを用いて、歯、口腔粘膜、舌に付着している汚れを取り除き、清潔にすること。

⑧ 耳垢を除去すること。(耳垢塞栓の除去を除く)

⑨ ストマ装具のパウチにたまった排泄物を捨てること。(肌に接着したパウチの取り替えを除く。)

⑩ 自己導尿を補助するため、カテーテルの準備、体位の保持などを行うこと。

⑪ 市販のディスポーザブルグリセリン浣腸器を用いて浣腸すること。

※ 浣腸器は、挿入部の長さが5から6cm程度以内、グリセリン濃度50%、成人用の場合で40グラム程度以下、6歳から12歳未満の小児用の場合で20グラム程度以下、1歳から6歳未満の幼児用の場合で10グラム程度以下の容量のもの。
(厚生労働省医政局長通知平成17年7月26日付け医政発第0726005号)

医薬品の使用介助は、看護職員によって実施されることが望ましいのですが、介護職員が行うときにはその指導の下で実施されるべきものであり、看護師等と連携が重要で、要介護者の安全で良質なケアをうける権利を保障するべきことを忘れてはならないのです。また、介護職員は、要介護者と日々の生活のなかで関わる頻度が高く、要介護者の状態の変化をいち早く発見することができるため、異常があればすぐに医師や看護師等に報告することにより、早期発見・早期治療につながるのです。

3 地域連携の意義と目的

多くの人が、医療や介護が必要となっても住み慣れた環境のなかで暮らし続けたいと考えています。そのためには、地域連携が必要不可欠となります。地域連携とは、要介護者やその家族を地域の機関や地域住民と協働・連携して支

えていくことです。

　地域連携の目的は，要介護者によって心身の状態や家族，友人関係や住環境といった社会環境によりそれぞれ異なるため，要介護者の生活について十分に理解し，生活状況に応じて情報を共有し合い，要介護者が自分らしく生きることを支えることです。地域連携の意義は，サポートをする人たちが，要介護者の健康の維持・増進や，介護予防といった支援から，要介護といった重篤な者に対し適切なサービスが提供できるように，協働・連携することによって，問題解決への力が強化し，地域福祉が向上することにあります。

　地域連携のあり方には，次の3つがあります。

- 「個人レベル」利用者の地域の関係機関が利用者を中心としてその支援のために連携をとりあうレベル
- 「組織レベル」特定の利用者に限らず，地域でおこりうるニーズを想定して，関係機関があらかじめ連携をとっているレベル
- 「制度レベル」特定の組織に限らず，制度として構築された連携体制がとれているレベル

　地域に関わる機関として，民生委員・児童委員，ボランティアセンターや自治会・町内会，老人クラブ，特定非営利活動（NPO）などがあります。

（1）地域連携に関わる機関の理解
1）民生委員・児童委員

　民生委員は，厚生労働大臣の委嘱をうけてひとり暮らしの高齢者等に対する援護活動や相談・助言活動など，社会奉仕の精神をもって社会福祉の増進に努める方々であり，児童委員を兼ねており，任期は3年です。1948（昭和23）年，「民生委員法」が制定され，2000（平成12）年に民生委員法の改正が行われ，「常に住民の立場に立って相談に応じ，かつ，必要な援助を行う」ということが法律上に明記されました。また，福祉サービスを適切に利用できるように，関係機関と連携し，把握している情報を提供します。

2）ボランティアセンター

　ボランティアセンターは，ボランティアを希望している人や団体と，ボランティアのサポートを求めている人や団体とをコーディネートすることや，ボランティアをしたい人に幅広い理解を深めるために，研修会や講演会を開催しています。ほとんどのボランティアセンターは，社会福祉協議会に設置されています。

　ボランティア活動は，ボランティアする人の自発的・主体的な意思によって，社会問題の解決や必要とされている活動を理解・共感し，勤労とは別に労働力，

特定非営利活動（NPO）
「民間非営利組織」のこと。「利益拡大のためだけではなく，その（営利性でない）使命実現のために活動する」という組織原理をもつ。

児童委員
各市町村に置かれる民間奉仕者である。任期は3年で，職務は，担当区域の児童および妊産婦に関する状況把握，相談援助，児童相談所，保健所，福祉事務所などの関係機関への連絡や，児童福祉司，社会福祉主事の職務に協力することである。

技術，知識を提供しています。誰もが安心・安全・快適に暮らすためには，人と人との繋がりが大切となり，人間関係から生まれる暮らしやすい生活を構築していくために，ボランティアの活躍が期待されています。

3）自治会・町内会

地区祭りや盆踊り，旅行，バザー，防犯，防火，清掃といった活動に取り組む団体です。地域の人びとが，安心して暮らせるまちづくりに取り組んでおり，独居の高齢者や，障がい者の方も含めて，すべての地域の住民を支えて活動しています。

4）老人クラブ

1962（昭和37）年に全国組織として，財団法人全国老人クラブ連合会が設立されました。地域を基盤とする高齢者の自主的な組織で，現在，全国に11万クラブ，667万人の会員がいます。おおむね60歳以上の人を対象にしています。

日常的に声をかけ合い，歩いて集まることのできる小地域の範囲で組織しています。高齢者の生きがいや健康づくりの推進に向けて活動しています。

4 地域包括支援センターの機能と役割と連携

地域包括支援センターは，2005（平成17）年に「介護保険法」の改正に伴い創設された機関です。これと同時期に創設されたのが，地域支援事業です。地域包括支援センターは，地域支援事業のなかの包括的支援事業を担当するセンターとして重要な役割を担っています。

(1) 地域包括支援センターの概要

地域包括支援センターは，地域住民の心身の健康の保持及び生活の安定のために必要な援助を行うことにより，その保健医療の向上及び福祉の増進を包括的に支援することを目的とする施設（介護保険法第115条の45）とあり，地域包括支援センターの実施主体は市町村となっていますが，市町村は非営利法人などに運営を委託することもできます。

地域包括支援センターの職務に従事する専門職は，保健師，社会福祉士，主任介護支援専門員を配置することとなっており，医療・保健・福祉の3領域の専門職がいます。保健師は，介護予防ケアマネジメント業務として介護予防のケアプラン作成，実施，評価を行ったり，機能低下予防や健康の保持増進のため，二次予防事業の対象者の主治医の医師と連携を図りながら支援しています。また，介護保険認定の結果，要支援1・2と判定をうけた方のケアプラン作成を行います。社会福祉士は，総合相談・支援業務および権利擁護業務を行い，

4. 地域包括支援センターの機能と役割と連携

図表 9－3　地域包括支援センターのイメージ

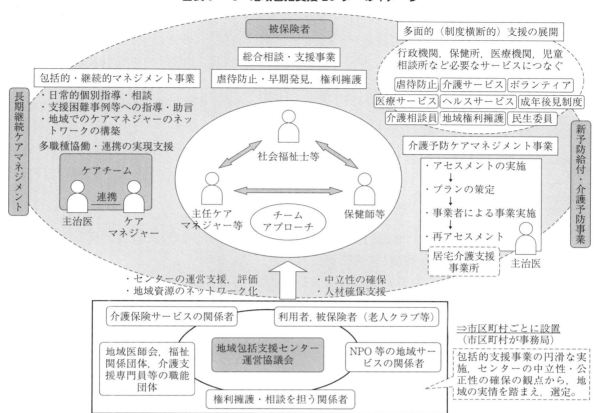

出所）厚生労働省「第17回社会保障審議会資料」2005 年

法律全般の知識や地域ネットワークの構築，さらに虐待の対応，実態把握を行います。主任介護支援専門員は，包括的・継続的ケアマネジメント業務を行います。専任の介護支援専門員として従事していた期間が通算して 5 年（60 ヶ月）以上である者が主任介護支援専門員となります。主任介護支援専門員は，地域の介護支援専門員の後方支援をします。

　地域包括支援センターは，高齢者が住み慣れた地域で安心して過ごすことができるように，包括的および継続的な支援を行う地域包括ケアシステムを実現するための中心的役割を果たすことが求められています。地域包括ケアシステムの構築は市町村の責務ですが，地域包括ケアシステムを構築し，かつ有効に機能させるために，保健師等，社会福祉士，主任介護支援専門員がその専門知識や技能を互いに活かしながらチームで活動し，地域住民とともに地域のネットワークを構築しつつ，個別サービスのコーディネートをも行う地域の中核機関として設置されています。

（2）地域包括ケアとは

　地域住民が住み慣れた地域で安心して尊厳あるその人らしい生活を継続する

> **フォーマル・ケア**
> 行政，社会福祉法人，地域の団体・組織，民間企業に属する専門職によって提供される公式なケアの総称。

> **インフォーマル・ケア**
> 専門職によるフォーマル・ケアに対して，個人を取り巻く家族，親戚，友人，同僚，近隣，ボランティアなどによって提供される非公式なケアの総称。

ことができるように，介護保険制度による公的サービスのみならず，その他のフォーマルケアやインフォーマルケアといった多様な社会資源を本人が活用できるように支援することを地域包括ケアとよびます。そして，それぞれの地域が，自助，互助，共助，公助の役割分担をしながら一体的に提供するシステムを地域包括ケアシステムとよびます。

地域包括ケアが必要となる背景として，①少子高齢化，②要介護（支援）認定者の増加，③単独および高齢者世帯の増加，④認知症高齢者数の増加，⑤家族機能の低下，⑥地域の相互扶助の低下，⑦ニーズの多様化，⑧ニーズの変化があげられます。つまり，このような状況に対応することが，地域包括ケアには期待されているわけです。

(3) 地域包括ケアシステムを実現するための5つの取り組み

1）医療との連携強化
・24時間対応の在宅医療，訪問看護やリハビリテーションの充実強化を図ります。
・介護職員による痰吸引・経管栄養の医行為を実施します。

2）介護サービスの充実強化
・特別養護老人ホームなどの介護拠点の緊急整備を行います。
・24時間対応定期巡回・随時対応サービスの創設など，在宅サービスの強化を図ります。

3）予防の推進
・できる限り要介護状態にならないための介護予防の取り組みや自立支援型の介護の推進を行います。

4）多様な生活支援サービスの確保
・高齢者のひとり暮らしや高齢者夫婦の世帯の増加，認知症の人の増加を踏まえ，見守り，配食，買い物など，さまざまな生活支援サービスや財産管理などの権利擁護サービスを行います。

5）高齢者住まいの整備
・高齢期になっても住み続けることができるよう高齢者住まいのバリアフリー化などの整備を行います。

5 市町村,都道府県の機能と役割

　都道府県は,「介護保険法」において,介護保険事業の運営が健全かつ円滑に行われるように,必要な助言及び適切な援助をしなければならないとされています。そして,市町村および特別区は,「介護保険法」において,介護保険を運営する保険者と規定されています。

　平成25年4月1日,障害者の日常生活及び社会生活を総合的に支援するための法律（障害者総合支援法）が施行されました。この法律は,地域社会における共生の実現に向けて障害福祉サービスの充実等,障害者の日常生活及び社会生活を総合的に支援するため,障害者自立支援法を改正したものです。

　都道府県は,市町村と協力して連携を図りつつ,必要な自立支援医療費および都道府県地域支援事業を総合的に行うこととしています。市町村は,「介護保険法」と同様に,「障害者総合支援法」においても実施主体となっています。障害者が自ら選択した場所に居住し,または障害者若しくは障害児が自立した日常生活または社会生活を営むことができるよう,必要な自立支援給付及び市町村地域生活支援事業を総合的かつ計画的に行うこととしています。

　それでは,「介護保険法」と「障害者総合支援法」に関わる都道府県と市町村の役割をみていきます。

1)(1) 介護保険制度に関わる組織や機関の役割

都道府県
・財政安定化基金の運営などの財政負担
・介護保険審査会の設置運営
・介護サービス事業者の指定（または許可）・指定更新・指導や監督などおよび指定の取り消し
・介護サービス情報の公表に関する業務
・介護支援専門員の登録・登録更新・介護支援専門員証の交付・試験および研修の実施
・要介護認定・要支援認定に関する市町村への支援に関する業務
・都道府県介護保険事業支援計画の策定・市町村への助言

市町村
・介護保険特別会計の設置
・被保険者の資格管理
・要介護（要支援）認定と介護認定審査会の設置
・第1号保険料の賦課・徴収（普通徴収分）

- 保険給付などに関する業務
- 地域密着型サービス事業所・介護予防支援事業者の指定・指定更新・指導監督など，事業者・施設への報告命令や立ち入り調査
- 指定居宅サービス事業者・指定居宅介護支援事業者・施設への立ち入り検査
- 地域支援事業の実施と地域包括支援センターの設置・運営
- 市町村介護保険事業計画の策定

2）（2）障害者総合支援法に関わる組織の役割

都道府県
- 都道府県障害者計画の作成
- 地方障害者施策推進協議会の設置と運営
- 都道府県障害福祉計画の作成
- 市町村のサービス実施状況の把握と助言
- サービスの指定事業者の許認可
- 都道府県地域生活支援事業
- 上乗せ事業等の独自事業
- 広域福祉事務所・更生相談所・保健所の設置
- 発達障害者支援センターなど，障害児関連の相談支援の専門機関の設置

市町村
- 介護給付費・訓練等給付費などの支給決定と，それに伴う障害程度区分の認定
- 自立支援協議会の設置
- 市町村障害福祉計画の策定
- 市町村地域生活支援事業の実施
- 上乗せ事業等の独自事業
- 社会福祉協議会・福祉事務所・保健福祉センターの設置
- 自立支援給付をうけている障害者および指定事業者に対する調査

参考文献
小澤温・秋元美世編『社会の理解』（最新介護福祉全書第2巻）メヂカルフレンド社，2013年
介護福祉士養成講座編集委員会編『社会と制度の理解』（新・介護福祉士養成講座2）中央法規，2014年
介護福祉士養成講座編集委員会編『介護の基本Ⅱ』（新・介護福祉士養成講座4）

中央法規，2013 年
川村匡由『福祉のしごとガイドブック』中央法規，2009 年
日本介護福祉士養成施設協会編『介護福祉士養成テキスト 1 人間の尊厳と自立／社会の理解』法律文化社，2014 年
野中猛『多職種連携の技術』中央法規，2014 年

プロムナード

　わが国の平均寿命は，世界でも最高水準となり，高齢化が加速しています。要介護者をサポートしている人たちには，介護保険関係者，医療従事者，住民，行政などの専門職や地域住民と多種多様で，沢山の人たちがひとりの要介護者を支えています。専門職に従事する者は，他の職種の立場に立って，それぞれの役割と責務，苦労を想像しながら，自身がもっている専門的知識と技術でできることを考えていきます。
　要介護者の生活は，その人の心身の状態や家族・友人関係や住環境といった社会環境によりそれぞれ異なりますので，その人の生活状況に応じて，情報を共有し合い，要介護者のこれからの暮らしを想像しながらサポートすることも大切となります。そのためには，福祉も保健・医療も，地域住民も，要介護者に関わるすべての人たちが，共通認識を深め，自身がもっている情報を伝えることができる場を設けることが必要となります。介護が必要となっても，人生の最期まで個人として尊重され，その人らしく生きていける社会を構築していくためにも，要介護者に関わる人たちが連携し，協働体制を整え，ネットワークを広げていくことが，今後の課題と考えられます。

学びを深めるために

白澤政和『地域のネットワークづくりの方法』中央法規，2013 年
　本章で取り上げた地域包括支援センターの機能と役割と連携について，地域のネットワークづくりの現状から具体的活動についてわかりやすく解説されている一冊です。

第10章

介護従事者の倫理

1 職業倫理

（1）職業倫理という語をめぐって

　職業倫理とは，その職業に従事する者として適切な行動をとるように自らをコントロールするための，行動の基準や規範のことをいいます。それは法律（たとえば「社会福祉士及び介護福祉士法」の義務規定）や職能団体の倫理綱領（たとえば「日本介護福祉士会倫理綱領」）などによって，社会的約束事として明文化されている場合もありますが，そうでない場合もあります。いずれにしても，職業倫理というのは，「何のためにこの仕事をするのか」あるいは「どのようにこの仕事をすればよいのか」を自身に問いかけ確認するための，物差しとなるものです。

　倫理は，知識，技術とならんで，ソーシャルワークやケアワークにおける専門性の構成要素のひとつとされています。倫理の前提である価値と併せて，価値／倫理と表されることもあります。

　そこで，国語辞典（『広辞苑』岩波書店）で「価値」の意味を調べてみると，価値とは，「1）物事の役に立つ性質・程度。2）『よい』といわれる性質。『わるい』といわれる性質は反価値。広義には価値と反価値とを含めて価値という。① 人間の好悪の対象になる性質。② 個人の好悪とは無関係に誰もが『よい』として承認すべき普遍的な性質。真・善・美など」と説明されています。

　ついで「倫理」の項をみると，「人倫のみち。実際道徳の規範となる原理。道徳」と記さています。この説明に出てくる人倫と道徳ということばを，さらに辞典でみてみましょう。「人倫」（Sittlichkeit）はドイツの哲学者ヘーゲル（Hegel, G.W.F.）が示した概念で，「客観化された理性的意志。その実体は家族・市民社会・国家で，道徳性を超える立場とされる」と記されています。倫理ということばは道徳と同じ意味に使われることがありますが，辞典の「道徳」の項には，「人のふみ行うべき道。ある社会で，その成員の社会に対する，あるいは成員相互間の行為の善悪を判断する基準として，一般に承認されている規範の総体。法律のような外面的強制力を伴うものではなく，個人の内面的な原理」であると説明されています。つまり，主観的で内面的な道徳よりも，客観性と社会性（外面的強制力を伴う場合も含む）をより多く帯びているものが倫理であるといえます。

　これらの用語説明を整理すると，「何がよいか，何がよくないか」という物事の性質が「価値」，「何をすればよいか，何をしてはならないか」という個人の行為の原理が「道徳」，それがその社会の成員に共通の行動の基準となったものが「倫理」だということになります。倫理の具体的な内容は，時代・社会・文化・職業の種類等によって異なりますが，職業倫理とはこのような諸要素によって組み立てられていると考えてよいでしょう。

参考までに，広義にとらえた介護従事者の各職種において，職業倫理を明文化したものである職能団体の倫理綱領の例を，以下にあげておきます。
・日本介護福祉士会「日本介護福祉士会倫理綱領」（1995年）
・日本社会福祉士会「社会福祉士の倫理綱領」（1995年，最新改訂2005年）
・日本看護協会「看護者の倫理綱領」（2003年）
・日本理学療法士協会「倫理規程」（1978年，最新改訂2012年）
・日本作業療法士協会「作業療法士の職業倫理指針」（2005年）
・日本介護支援専門員協会「介護支援専門員倫理綱領」（2007年）
・全国ホームヘルパー協議会「倫理綱領」（2004年）

　近年，元来医療分野で検討されてきた生命倫理が注目され，マスコミ等でも盛んに議論されていますが，介護従事者の職業倫理を生命倫理の視点から考えようとする介護福祉士（養成）のテキストも登場しています。あるテキストでは，「ターミナル期の生活援助を考える時，病気のため本人の尊厳が保てなくなり，しいては（原文ママ，ひいては）本人の生活の質を損なう場合，私たちの介護福祉はどうあるべきかといった命題は避けて通れない」と，介護における生命倫理上の課題を指摘しています。また別のテキストでは，「今日では，人間の生命や生活を扱う専門職では『生命倫理』の視点から職業倫理を考え，実践する傾向にあります。具体的に生命倫理（学）の視点から介護福祉士の倫理（どうしたらいいか）を考えてみると，『介護実践に関する専門知識や技術を，どのように用いると，利用者や家族，そしてすべての人々の命が生かされて喜び，また，私たち介護職もやりがいを感じるのか……』ということを求めて介護実践することになる」として，生命倫理に立った介護実践方法に言及しています。これらの主張は，介護実践は人間のwell-being（良く生きぬく幸福）を追及すると同時に，well-dying（良く死にゆく幸福）をも視野に入れる必要があることを示唆しています。生命倫理の課題としては，昨今話題の再生医療も含めて，人工授精，遺伝子診断，臓器移植，脳死，尊厳死，終末期医療など種々の問題が思い浮かびますが，それらは，法学，経済学，社会学，心理学，宗教学などさまざまな分野と関係する学際的なテーマであることが大きな特徴です。社会福祉学や介護福祉学のなかにも生命倫理（学）の思想や理論を取り込むことは，介護従事者が普遍かつ固有のケアワークの人間観・生活観・生命観・死生観を構築していく上で重要なことといえるでしょう。

> **生命倫理**
> 　生命にかかわる倫理。古来，患者の生命をゆだねられる医師に求められてきた医の倫理に，人工授精・胎児診断など生殖への介入，臓器移植とそれに関わる脳死問題など，医療技術の発達により生じた新しい局面を加えた。広義には，組み換えDNA技術など生命に影響を与える技術に関わる倫理も含まれる（以上『広辞苑』）。最近ではIPS細胞による再生医療における倫理も話題に上っている。

2　実践の大義をさぐる

（1）何のためにどのようにケアワークの仕事をするのか

　一般的な倫理を，その社会が容認する職業の各ジャンルに当てはめたときに，「何のためにこの仕事をするのか，どのようにこの仕事をすればよいのか」を

確認し自己を律するための物差しである職業倫理となります。そこで，介護従事者は，この時代この社会にあって何のためにどのようにケアワークの仕事をするのか，というテーマに迫りたいと思います。

介護従事者のみならず福祉・医療・司法などの対人援助に関する専門的な仕事をするケアワーカーやソーシャルワーカー（以下，ワーカーと省略）には，自身をその実践に向かわせる理由や目標があるはずです。

かつて，アメリカの全国ソーシャルワーク会議会長（1929年就任）を務めたリー（Lee, P. R.）は，福祉実践は cause（大義）から function（機能）へと発展するととらえました。リーの業績を日本に紹介した岡田藤太郎は，cause ということばに大義という日本語をあてましたが，それは援助実践の原因・理由・目標（いずれも cause の訳語として用いられる）のことを指すといってよいでしょう。そして，岡田は晩年の著『社会福祉学汎論』（1998年）のなかで，「大義から機能へといえば，大義は前近代的で古く，機能は近代的で新しいと受けとるかもしれないが，そうではなくて，大義に機能が加わるのであり，大義を生かして永続するためにもそのことが必要であるとリーは説いている」[4]とリーの主張点を強調しています。そこで次に，実践の原因・理由・目標を表す語として，岡田の訳にならって「大義」ということばを用いつつ，3つの実践の大義をあげてそのなか身について考えていきたいと思います。

1）社会正義という大義による実践

ひとつ目の大義としてあげたいのは，「社会正義」です。先に示した日本社会福祉士会の「社会福祉士の倫理綱領」（2005年）は，社会福祉専門職団体協議会が検討を重ねて作成した原案に基づき，それまでの日本社会福祉士会の旧倫理綱領（1995年）を全面的に改訂して策定，採択されたものです。それは，国際ソーシャルワーカー連盟が2000年に採択した「ソーシャルワークの定義」を基底に置いたものであり，「社会福祉士の倫理綱領」の〈前文〉のなかにも定義が引用掲載されています。その定義とは次のようなものです。

「ソーシャルワーク専門職は，人間の福利（ウェルビーイング）の増進を目指して，社会の変革を進め，人間関係における問題解決を図り，人びとのエンパワーメントと解放を促していく。ソーシャルワークは，人間の行動と社会システムに関する理論を利用して，人びとがその環境と相互に影響し合う接点に介入する。人権と社会正義の原理は，ソーシャルワークの拠り所とする基盤である。」

これをうけて，倫理綱領〈前文〉の冒頭で，社会福祉士は，「平和を擁護し，人権と社会正義の原理に則り，サービス利用者本位の質の高い福祉サービスの開発と提供に努めることによって，社会福祉の推進とサービス利用者の自己実現をめざす」のだという，実践の大義（理由・目標）が示されています。原理

社会福祉専門職団体協議会
国際ソーシャルワーカー連盟に加盟している，日本ソーシャルワーカー協会，日本社会福祉士会，日本医療社会事業協会（現在の日本医療社会福祉協会），日本精神保健福祉士協会の4団体で編成。2003年2月から合同で委員会を設け，「医療ソーシャルワーカー倫理綱領」（1961年），「ソーシャルワーカーの倫理綱領」（1986年日本ソーシャルワーカー協会，1995年日本社会福祉士会），「精神保健福祉士協会倫理綱領」（1988年）を改訂して4団体共通の倫理綱領を作成する作業に取り組み，2005年に原案をまとめた。

日本社会福祉士会の旧倫理綱領
1986年に日本ソーシャルワーカー協会が制定した「ソーシャルワーカーの倫理綱領」を，1995年に日本社会福祉士会が同タイトル同内容で，同会の倫理綱領として採択したもの。

としてあげられている人権と社会正義は，ワーカーの援助実践に明瞭な大義を付与する倫理を示すことばです。とりわけ「社会正義」は，ソーシャルな視点で利用者をとらえるための重要な倫理といえます。

なお，国際ソーシャルワーカー連盟は2014年7月のメルボルン総会において，2000年の定義を見直した「ソーシャルワークのグローバル定義」を採択しました。その内容は次のとおりです。

「ソーシャルワークは，社会変革と社会開発，社会的結束，および人々のエンパワメントと解放を促進する，実践に基づいた専門職であり学問である。社会正義，人権，集団的責任，および多様性尊重の諸原理は，ソーシャルワークの中核をなす。ソーシャルワークの理論，社会科学，人文学，および地域・民族固有の知を基盤として，ソーシャルワークは，生活課題に取り組みウェルビーイングを高めるよう，人々やさまざまな構造に働きかける。この定義は，各国および世界の各地域で展開してもよい。」

この新しい定義では，原理に集団的責任と多様性尊重が加わり，より具体的なソーシャルの視点が示されました。これにより「社会福祉士の倫理綱領」も改訂の検討が進められていますが，社会正義の倫理が，原理すなわち実践の大義の中核にあることに変わりはありません。

次に，介護福祉士の倫理綱領に目を転じましょう。「日本介護福祉士会倫理綱領」(1995年)は，その〈前文〉で，介護福祉士は，「介護福祉ニーズを有するすべての人々が，住み慣れた地域において安心して老いることができ，そして暮らし続けていくことのできる社会の実現を願って」この仕事をするのだという，実践の大義（理由・目標）を掲げています。そして，介護福祉士が「一人ひとりの心豊かな暮らしを支える介護福祉の専門職」であることを明言しています。それは，ノーマライゼーション（normalization）実現とQOL（quality of life）尊重の視点に立ち，一人ひとりの尊厳を支える介護実践を目指す，介護福祉士の専門職としての決意を表明したものでもあります。ノーマライゼーション，QOL，尊厳を支える介護等については第5章で詳述されています。

ところで，この「日本介護福祉士会倫理綱領」には社会正義ということばは使われていません。これは，日本介護福祉士会が社会福祉専門職団体協議会に加盟していないことから，2000年の国際ソーシャルワーカー連盟の定義に登場した用語を取り入れたものに改訂されていないという事情によるものです。しかし，〈前文〉のみならず全体を通して，社会正義の倫理が根底に流れていることは明らかです。倫理綱領は〈前文〉と7つの項目から成っていますが，詳しい内容は第4章で紹介されていますので，ここでは各項目の見出しのみを示しておきます。すなわち，① 利用者本位，自立支援，② 専門的サービスの提供，③ プライバシーの保護，④ 総合的サービスの提供と積極的な連携，協力，⑤ 利用者のニーズの代弁，⑥ 地域福祉の推進，⑦ 後継者の育成，の7点

共生

異なる種類の生物が密接な関係で共に生活している現象を生物学では共生(symbiosis)とよぶが，1990年に「自然と人間の共生」をテーマに国際花と緑の博覧会（花の万博EXPO'90）が開催されたのを契機に，共生の語が社会的に多用されるようになった。やがて社会科学分野にも広まり，すべての人びとが社会から疎外・排除されることなく，人間として尊重され必要な支援体制が整っている社会の状態をいうようになった。日本では，2001年に内閣府に共生社会政策統括官（部署名）を設置し，2005年には共生社会形成促進のための政策研究会が「『共に生きる新たな結び合い』の提唱」を発表して5点の目指すべき社会の姿を示した。すなわち，① 各人が，しっかりした自分をもちながら，帰属意識をもちうる社会，② 各人が，異質で多様な他者を，互いに理解し，認め合い，受け入れる社会，③ 年齢，障害の有無，性別などの属性だけで排除や別扱いされない社会，④ 支え，支えられながら，すべての人びとがさまざまな形で参加・貢献する社会，⑤ 多様なつながりと，さまざまな接触機会が豊富にみられる社会，である。これらを基にして，2006年6月に国は共生社会政策を公表し，正式に国の政策としてスタートした。現在，障害者や高齢者分野のみならず，男女共生，多文化共生，共生教育等々多くの分野で政策や活動が展開されている。

です。

　これらの倫理綱領に示されている内容は，ワーカーと利用者間との個別の関係に限定せずに，社会全体のソーシャルな人間の関係性という視座に立ってみるなら，虐待，貧困，差別，争い，人権侵害などのない自由で平等な共生の理念に基づいた社会の形成，すなわちソーシャル・インクルージョン（social inclusion）の実現を希求する，いわば人類普遍の目標ともいえるものです。したがって，社会福祉士にせよ介護福祉士にせよ，社会正義はリーの示した福祉実践の大義の中心に据えられるべき倫理と位置づけてよいでしょう。

　では，ケアワークにおける社会正義とは何をいうのでしょうか。社会正義についてもう少し話を進めていきます。

　インド出身のノーベル賞経済学者であるセン（Sen, A.）は，ロールズ（Rawls, J.）が『正義論』（原著1971年）(6)のなかで示した「公正としての正義」の概念を下地にして，その著『不平等の再検討』（原著1992年）(7)において，社会福祉における平等と不平等を論じました。その根底にある価値観は，貧困や格差社会の是正を目指す，公正あるいは平等という福祉実践の大義となるべき社会正義でした。また，センの理論のなかには潜在能力（capability）という特徴的な概念が登場します。それは人が善い生活や人生を送るために選択することのできるさまざまな機能の組み合わせの集合を意味しており，人には何ができるのかという可能性を表すものです。すなわち，人間は，よい栄養状態にあることから社会生活に参加していることなど，基本的なものから複雑なものまで多岐にわたり，しかもみずから選択できる機能を有しているのだと，とらえました。つまりQOL（quality of life：生活の質）を，所得の高低や効用の大小からではなく，このような潜在能力から計ろうとした点に，センの主張の特徴があります。(8)

　このセンの主張をケアワークの実践に当てはめてみましょう。まず，ワーカーが行う支援の内容や方法は，利用者個人の属性・特性，置かれている社会的環境，政治的・経済的状況等によって左右されることがあってはなりません。つまり，男であろうが女であろうが，高齢であろうが若年であろうが，住んでいる場所が都会であろうが村落であろうが，家族が大勢いようがひとり暮らしであろうが，裕福であろうが低所得であろうが，さらにいうなら，時の政府が保守系であろうが革新系であろうが，個々人に必要な支援は差別なく提供されねばなりません。そしてワーカーは，利用者各人がもつ潜在能力をみつけ，引き出して，そのなかから自ら心地よく好ましいと感じることを選択できるように，支援しなければなりません。それが，とりわけ発言力の弱い今日的なバルネラビリティ（vulnerability）のなかに置かれた人たちのQOLの確保を支援することになります。そこから，だれもが等しく自分の人生を楽しむことを阻まれることなく，人としての尊厳が守られるべきであるという社会正義の信念に

ソーシャル・インクルージョン
（social inclusion）
社会的包摂あるいは排除しない社会と訳される。ソーシャル・エクスクルージョン（social exclusion）の対義語として登場。ソーシャル・エクスクルージョンが，一般に，基本的な政治，経済，社会活動に参加できず，社会的に排他された状況をいうのに対し，ソーシャル・インクルージョンは，社会的に排除されている人びとを社会のなかに包み込み，支えあうことをいう。2000年の厚生労働省の「社会的な援護を要する人びとに対する社会福祉のあり方に関する検討会報告書」で，「社会の構成員として包み支えあう（ソーシャル・インクルージョン）ための社会福祉を構築する必要がある」と言及されている。

ロールズ, J.
（米 Rawls, Jhon；1921-2002）
主著は『正義論』（A Theory of Justice, 1971）。正義の2つの原理すなわち「基本的自由に対する平等の原理」と「格差原理」を提起した。前者では，他者の自由を侵害しない限り自由は許されるべきものであるとしている。後者では，社会的・経済的不平等にあるもっとも恵まれない立場にある人びとに対して最大の便益を供与しなければならないとしている。たとえば累進課税，社会福祉政策，開発途上国に対する援助等である。こうした考え方は，能力は個人のものではなく社会の共有財産であるという思想に基づいている。これらの基本的自由と社会的公正に基づいたロールズの思想は，以後の政治倫理に多大なる影響を与えた。

立った実践が生まれ育ちます。ワーカーには，目の前にいる個人に関心を向ける視点と同時に，その背後にある環境や状況をも読み取ることのできるソーシャルな視点が必要とされるのです。これは第5章で述べている「人権」の視点に通じるものです。

　リーの主張点のとおり，ソーシャルな視点に立つ社会正義の「大義」が基底にあってこそ，今日の高度にシステム化された支援の「機能」が有効に働きます。利用者本位，自立支援，利用者のニーズの代弁，地域福祉の推進等々のことばで表された倫理綱領の諸項目は，このことを反映して成り立っています。

2) このひとりの人への思い入れという大義による実践

　2つ目の実践の大義は，「このひとりの人への思い入れ」というものです。ハンセン病患者のケアに生涯をささげ，日本のマザー・テレサといわれた井深八重（1897－1989）の生きざまを紹介するなかから，この大義について探っていきたいと思います。(9)

　井深八重は元会津藩（現在の福島県）の高級藩士の一族の娘として生まれ，伯父の井深梶之助（当時明治学院大学総理）夫妻のもとで幼少期を過ごした後，京都の同志社女学校（現在の同志社女子大学）専門学部英文科を卒業し，県立長崎高等女学校に英語の教員として赴任しました。着任後1年ほどして身体に異常を感じ受診したところ，ハンセン病（当時らい病）と診断され，静岡県の神山復生病院に入院隔離されることとなりました。失意のどん底にあった八重はここで，神父で病院長のレゼー（Lézey, L. D.）に出会い，キリスト教信仰に導かれ支えられます。ところが3年後，ハンセン病は誤診であったことが判明し，八重の人生の選択が行われることとなりました。彼女は3年間を共に過ごした，いま目の前で苦しんでいるハンセン病患者と年老いた恩人のレゼー神父の助け手となることを決意し，26歳で看護婦（現在は看護師）の資格をえて病院に戻ってきました。それから81歳までを現役のケアワーカー（看護婦長）として，ハンセン病患者のために働きます。

　八重は自身の回想の文章のなかで，そのときの決意の胸中を，「今自分がこの病気でないという証明書をえたからといって，今更，既にご老体の大恩人や，気の毒な病者たちに対して踵をかえすことが出来ましょうか。私は申しました。『もし許されるならばここに止まって働きたい』と。レゼー神父は，私のこの希望を祝福して受け入れてくださいました」と述べ，続いて，「思えば恩師レゼー師には，大正9年から昭和5年（筆者注：1930年レゼー没年）までの11年間お仕えしたことになります。悲しみのどん底からこの私を救いあげて，人生の意義を説き，永遠の真理に向かって生き抜くことこそ聖旨の道であることを教えられ，その道に励み続け，ただ，今日一日を大切にと努めて参っただけの私であります」と語っています。(11)

バルネラビリティ
（vulnerability）
可傷性，脆弱性などと訳される。インターネット社会のもつ脆弱性を意味することが多いが，心理学（主として攻撃誘発性の意）や福祉分野でも用いられる。福祉分野におけるバルネラビリティは，かつては，高齢者，障害者，生活困窮者，母子家庭等を対象とし，福祉問題を社会的支援や生活支援を必要とする層の全般的で包括的な問題としてとらえていた。しかし今日的なバルネラビリティは，その弱さゆえに虐待をうける，その弱さゆえにスキルを習得する機会をえられず労働市場から排除されるといった，2次的，3次的な弱さを負った人たちを対象とし，福祉問題を人権の保護や権利擁護を必要とする人びととの関係性と個別性の高いニーズの問題としてとらえる視点に変わってきている。現在この視点からの法の整備も進みつつある（2節，3節で紹介）。

レゼー，L.
（仏 Lézey, Lucien Drouart de；1849-1930）
フランス人宣教師でカトリックの神父。東洋伝道を目的としたパリ外国宣教会より派遣され，1873年に来日。布教活動の後，1918年に神山復生病院長となり81歳で没するまでその職にあった。同病院は現存する最古の民間のハンセン病療養所で，現在はホスピス病棟をもつ一般総合病院。

第 10 章　介護従事者の倫理

　八重は後年幾多の顕彰をうけますが，1978 年 1 月に 81 歳で朝日社会福祉賞を受賞したときの模様を，当時の新聞は，「らいに対する偏見の根強い時代から，らい者と共に生きた自らの労苦の歳月については一切触れず，世に知られることなく献身の一生を終えた恩人たちの徳をたたえる井深さんの謙虚さに，列席者たちは打たれた」(12) と報じています。そして一方で，「『侍の子』を自認し，それを洩らすこともあったという八重の人生は，最後の最後まで弛むことがなかった」(13) と記されるように，強靭な精神の持ち主でした。そのなかに，自らの当事者体験から沸き上がるやむにやまれぬ思いに駆られて，目の前の「このひとりの人」に思いを寄せ，利他の心に突き動かされてケアの仕事に身をささげた，井深八重の実践の大義を読み取ることができます。

　1996 年，らい予防法が廃止され，国はかつての隔離政策に起因するハンセン病問題の真相究明に最大限の努力をすることを約束しました。2003 年より福祉ワーカーたちの手によって，13 か所の療養所の実態調査が行われ，2009 年には「ハンセン病問題の解決の促進に関する法律」が制定されました。今では人権問題として世界的な取り組みも進められています。このように国ぐるみ・社会ぐるみで社会正義が実行されている一方で，その苦渋のなかに置かれた人びとを支えてきたのは，井深八重のような当事者の痛みに寄り添うワーカーであったことを忘れてはならないでしょう。八重の実践の姿のなかに，今日のケアワーカーのひとつの原型をみることができます。

3）自己存在の証しという大義による実践

　3 つ目の大義は，「自己存在の証し」ですが，それを考えるとき，岡山県西江原村（現在の井原市西江原町）が輩出した彫刻家の平櫛田中（1872 – 1979）の逸話が参考になりますので，少し紹介したいと思います。

　平櫛田中は東京の国立劇場に展観されている，6 代目尾上菊五郎をモデルにした木彫の「鏡獅子」の作者として知られています。この彫刻を 22 年の歳月をかけて 86 歳で完成させ，文化勲章を受章し東京藝術大学の名誉教授も務めた人物です。また，「いまやらねばいつできる，わしがやらねばたれがやる」という書を好んで書いたことでもよく知られています。107 歳で没するまで生涯現役を貫いた名匠の不屈の精神を示すことばといえるでしょう。他界したときアトリエには，向こう 30 年分に相当する彫刻材のくすのきが残されていたそうです。(14) いつも「いま，わたしがやらねば」という内面から沸き出る使命感に駆られて仕事に向かっていた平櫛の姿が思い浮かびます。

　話はケアワークに戻って，介護福祉士養成課程で学ぶ学生に，「何のためにこの仕事をしようと思うのか」を問うたことがありました。すると，ひとりの学生が「ご恩返しの先払いです」と答えました。その意味を尋ねると，「将来自分も高齢になり，あるいは障害をもち，人のお世話になる時がかならずやっ

利他
　ここでいう「利他」は「利己」の対義語。『広辞苑』によると，利他とは，「① 自分を犠牲にして他人に利益を与えること。他人の幸福を願うこと。②（以下略）」とある。

「ハンセン病問題の解決の促進に関する法律」
　ハンセン病患者であった者等の福祉の増進，名誉の回復等をするための基本理念を定め，国と地方公共団体の責務を明らかにすることを目的として，2009（平成 21）年に制定された法律。具体的には，① 国は，国立ハンセン病療養所の入所者に対して必要な療養を行い，入所者の意思に反して退所させてはいけないこと，② 国は，ハンセン病患者であった者に対し，社会復帰の支援や，日常生活および社会生活の援助をすること，③ 国は，ハンセン病の患者であった者の名誉回復を図るために，国立のハンセン病資料館を設置し，歴史建造物等を保存すること，④ 都道府県は，ハンセン病患者であった者の親族の援護をすること，等が定められている。

てくる。その時ではお返しができないから，元気なうちに先にご恩返しをしておきたい。いまそれができることが嬉しい」という説明が返ってきました。

日本には古くから互酬性の文化が色濃くあります。互酬とは贈与に対する返礼という相互行為を意味します。婚礼には祝儀，葬儀には香典を贈り，うけた側はお返しをしますが，慶弔事だけでなくお世話になったらお返しをするという行為は，日常のさまざまな場面で経験します。これが互助の慣習や相互扶助のシステムを生み，一方で，ボランティアの精神やケアワークなどの活動を育て，今日の福祉社会の形成を促すひとつの原動力になったといえるでしょう。

この話を聞いた筆者には，この学生にとっては，ケアワークの仕事をすることが未来に発信している報恩の気持ちを現在の自分と他者に知らせ確認する，いわば自己存在を証明する営みのように受け取れました。そして，利用者との関係のなかでなされる利他的な行為を通して自身のアイデンティティ（identity）を育てていくことが，この学生の喜びであり生きがいでもあるのだと理解しました。福祉実践・研究の第一人者である阿部志郎は，その著『人と社会』（2008年）のなかで，ワーカーのアイデンティティは，「支援すべき利用者と一緒に創っていく」ものであり，「長い年月をかけた関係性のなかで形成されていく」ものだと述べています。そして，「どういった関係の中で自分を生かしていくのか。そのことで，自分自身は豊かになるのか衰えるのか。そうした揺らぎを支えるもの」がアイデンティティであると結んでいます。この学生のワーカーアイデンティティを理解し，そして強化する助けになる一文だと思います。(15)

人生の達人の平櫛田中と勉学途上の学生とでは，社会への影響や貢献の種類・度合いという点では比べることはできませんが，「いま，わたしがやらねば」という思いに駆られて仕事に向かう点では，そのモチベーションは同種のものであるといえます。それは一見，普遍的でソーシャルな視点の社会正義とは正反対の，自分自身の存在をアピールして自身が満たされるという自己完結型の大義にみえるかもしれません。しかしそのなかには，自己の満足だけを求めるのではなく，他者の幸福を願い世の人びとの助けになろうという，利他的で社会有為的な動機が含まれていることを見落としてはならないでしょう。

4）実践の大義の重層構造—キーワードは「利他」—

ソーシャル・インクルージョンは，「社会正義」という大義に立つ，差別のない公正で平等な共生社会のシステムの実現を目指していますが，他方では，支援を必要としている「このひとりの人への思い入れ」という大義に立つ，ワーカー個々人の内にある利他心から発せられる実践によって支えられています。アイデンティティをより確かなものにしていくことにより，支援の実践がワーカー自身の喜びや生きがいへと高められる「自己存在の証し」と合わせて，

互助

相互扶助とほぼ同じ内容を表す言葉で，集団において，その構成員に生活上の事故や危険が生じた時，お互いに援助しあうことをいう。地域住民やボランティア，また当事者相互間などの間で援助していく「共助」，国や県，市町村などの行政を通して行われる公的責任の「公助」，一人ひとりが自らの力で生活を維持，展開していく自己責任としての「自助」の３つのバランスが必要である。1986（昭和61）年の「社会福祉改革の基本構想」は，福祉問題解決の形態として「自助」「共助」「公助」を提起した。「共助」と「互助」は同じ意味と解釈される。

福祉社会

福祉国家の発展形態としての福祉水準の高い社会をいう。国民全体の意識や行動を通じ，福祉土壌づくりを重視し，発展させる概念である。個人（家族）生活の充実，社会参加活動，地域文化の創造，地域社会の充実，多様な住民団体との連携を図り，福祉コミュニティを基礎とする自己実現を目指す社会をいう。

アイデンティティ（identity）

自我同一性。Identify（身分証明をする）と同種の語で，エリクソン（Erikson, E.H.）が自我の発達および確立の基本概念を規定するために用いた。①自分自身が固有の存在であること，②時間的な連続性と一貫性があること，③自他ともに何らかの社会的集団に所属していること，の３点の確信からなる自己意識を指す。

図表 10 − 1　介護従事者の職業倫理を内側から支える物差し「実践の大義の重層構造」

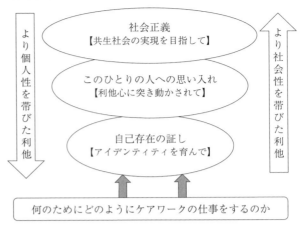

出所）筆者作成

これら3つの大義は重層をなす一体のものであるといえます。これを図示すると（図表10−1）のようになります。

「利他」というキーワードがより個人性を帯びると自己存在の証しという大義になり、より社会性を帯びると社会正義に至ると考えられます。これらの大義こそが、「何のためにどのようにケアワークをするのか」という問いに答えを与える、介護従事者の職業倫理を内側から支える物差しと考えてよいでしょう。法律に示された専門職者の義務規定や、職能団体が定めた倫理綱領は、これらが巧みに盛り込まれて、いわば外側から支える物差しとして成り立っているのです。

さて、筆者は、介護福祉士、看護師、作業療法士、介護支援専門員といった現任の介護従事者を対象とした、ダイバージョナルセラピーワーカー(16)（Diversional Therapy Worker：DTW）養成講座に携わって久しいのですが、先ごろ講座修了者の実態調査を行いました。そのなかで「講座を受講してどのようなプラスの影響があったか」を尋ねたところ、（図表10−2）に示すような結果がえられました。

「援助の動機付け（大義）が明確になった」という選択肢を選んだ人が45.3％で最多でした。第2位は「対人援助職の資質・力量が向上した」を選んだ人で41.9％、第3位は「仕事が楽しくなった」と「人として成長した」を選んだ人がそれぞれ38.4％でした。これらはワーカーとしての意識面の変化の気づきを示したものです。この調査結果から推察できることは、「何のためにどのようにこの仕事をするのか」が自分のなかで明瞭になれば、その仕事が楽しいものになり、自身の成長が実感できアイデンティティが確信できるということです。そうなれば、ワーカーと利用者との間に確固たるラポール（rapport）が形成され、ワーカーは自信をもって利用者と関わることができます。ワー

ダイバージョナルセラピー
（Diversional Therapy：DTと略）
1990年代後半にオーストラリアから移入された全人的ケアの視点に立つ対人援助の方法。2002年にオーストラリアDT協会の支持をえて、NPO法人日本DT協会が設立された。同協会では「DTとは、各個人が、いかなる状態にあっても自分らしくよりよく生きたいという願望を実現する機会をもてるよう、その独自性と個性を尊重し、援助するために、『事前調査→計画→実施→事後評価』のプロセスに基づいて、各個人の"楽しみ"と"ライフスタイル"に焦点をあてる全人的アプローチの思想と実践である」と定義している。

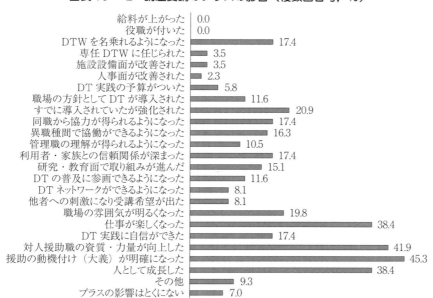

図表10－2　講座受講のプラスの影響（複数回答可，％）

出所）追手門学院大学・新野研究室編（2013：19）

カーの側にも利用者と同じようにエンパワメント（empowerment）が生じていると考えられます。何のためにどのようにこの仕事をするのかを常に意識して仕事に向かうという，職業倫理に立つ姿勢を保持することの意味は，ここにもあります。

3　プライバシーの保護

（1）秘密保持の原則と守秘義務

　バイステック（Biestek, F.P.）の7原則のひとつに「秘密保持」があげられ，「社会福祉士の倫理綱領」や「日本介護福祉士会倫理綱領」に反映されているのは周知のとおりです。また，これが明文化された法としては，「社会福祉士及び介護福祉士法」第46条（秘密保持義務）の規定があり，「社会福祉士または介護福祉士は，正当な理由がなく，その業務に関して知りえた人の秘密を漏らしてはならない。社会福祉士又は介護福祉士でなくなった後においても，同様とする」と定められています。そして，第50条には「第46条の規定に違反した者は，1年以下の懲役又は30万円以下の罰金に処する」という違反者に対する罰則も規定されています。このようなプライバシーの守秘義務はソーシャルワークやケアワークのみならず，公務員から民間事業所の従事者にわたって，対人に関わるあらゆる職に従事する者に課せられています。

　なお，公務員や司法・福祉・医療等の専門職など，その職を規定した法令により守秘義務が課せられる場合のほかに，労働契約や委任契約などを締結した

> **エンパワメント**
> （empowerment）
> 　本来，ソーシャルワークの主体者としてクライエント（福祉サービス利用者）自身を位置づけ，クライエントの病理・欠陥ではなくクライエントの強さ・生き抜く力を重視することをいうが，ここでは，クライエントとの関係性のなかから，ワーカーの側にも強さや能力が引き出されることを指してこの語を用いている。

当事者が，これらの契約に基づいて課せられる，一般社会生活上で負わなければならない民事上の守秘義務もあります。今日，人権の尊重が強調されていることとあいまって，プライバシーの保護は，職業倫理のみならず，市民生活のなかに浸透しつつある社会一般の重要な倫理となっています。

加えて，昨今のインターネット社会における個人情報流出・漏えいの事故・事件が続出している問題にも留意しておく必要があるでしょう。この問題がインターネットによる管理が進む福祉・医療等の諸現場に波及する危険性を想定しての，プライバシー保護に関するリスクマネジメント（risk management）の研究・実践の推進が急がれるところです。リスクマネジメントの理論と方法については第11章で学習してください。

> **リスクマネジメント**
> （risk management）
> 危機管理。福祉領域では，介護保険の施行や社会福祉基礎構造改革の進展により，良質で安全なサービスの提供をめざして，「福祉サービスを提供する過程における事故の未然防止や，発生した場合の，損害賠償等，法人・施設の責任問題などを含む対応」（厚生労働省「福祉サービスにおける危機管理に関する検討会」による）を中心にとらえている。しかし，基本的な視点はサービスの質の向上にあり，「より質の高いサービスを提供することによって多くの事故が未然に回避できる」と考え，利用者，家族などとのコミュニケーションや苦情解決への積極的な取り組みを重視すべきである。

(2) 個人情報保護法の意義

秘密保持に関連する新たな法律として誕生したのが，2003年5月に制定され，2005年4月に全面施行された，「個人情報の保護に関する法律（個人情報保護法）」です。同法における個人情報とは，生存する個人に関する情報であり，利用者の氏名，生年月日その他の記述等により個人を特定できる情報，すなわちプライバシーに係わる情報のことを指します。

個人情報保護法の最大の意義は，第1条で，「個人情報の有用性に配慮しつつ，個人の権利利益を保護することを目的とする」とうたわれているように，個人情報の保護と同時に，情報の利用の有用性をも認めている点にあります。つまり，利用者に必要なケアのためには，ケアを実践する関係者間で利用者の個人情報を共有することが認められているのです。一見，秘密保持の原則と矛盾する印象をうけますが，緊急の事態が発生するなどこの原則から逸脱せざるをえない場合が生じうることを想定してのことです。

そのような事態に対応できるように，同法第23条第1項第2号で，「人の生命，身体又は財産の保護のために必要がある場合であって，本人の同意を得ることが困難であるとき」には，利用者本人の同意がなくても関係機関に情報を提供することが可能であることが規定されています。生命・心身・財産を守るために関係者への情報の伝達・共有化を優先するか，人権尊重の名目を重んじるがゆえにプライバシーの守秘を優先するか，どちらが利用者の最善の利益を保護・支援することになるのかの判断が，現場のワーカーに求められます。その際に今日では，従来ありがちだったワーカー個人の経験や勘に頼る判断ではなく，エビデンスに基づいた知識や倫理による判断が重要視されています。日本介護福祉士会倫理綱領においても，「プライバシーの保護」や「利用者のニーズの代弁」と，「総合的サービスの提供と積極的な連携，協力」が併記されているのはこのためです。

（3）個人情報の適切な取り扱いのためのガイドラインの意義

　そのエビデンスを示す手だてとして，厚生労働省は，個人情報保護法の制定・施行と並行して，医療，医学研究，雇用管理，福祉，労働組合，企業年金等の分野別に指針やガイドラインを作成しました。介護関係のものとしては，2004年12月に発表された『医療・介護関係事業者における個人情報の適切な取り扱いのためのガイドライン』があります。その制定の趣旨は，病院，診療所，薬局，介護保険法に規定する居宅サービス事業者等における，個人情報の適正な取り扱いの確保に関する活動を支援する点にあります。

　全体の内容は個人情報保護法の条文ごとに説明され多岐にわたっていますが，ガイドラインのもっとも重要な意義は，ケアの実践現場において，利用者のプライバシー守秘を優先するか情報共有を優先するかの決断を迫られた際に，誤った判断を下さないためのエビデンスを示すという点にあります。現行のガイドラインにあげられている，関係機関と情報を共有することができる場合の例を（図表10－3）に示しておきます。

エビデンス（evidence）

証拠，根拠，証左。1991年カナダのマクマスター大学一般内科・臨床疫学部門のガイヤット（Guyatt, G）教授が，患者の診断を効果的に行うために文献をどのように用いるかを示した論文のなかで，エビデンス・ベースト・メディスン（Evidence Based Medicine：EBM）という術語を提唱した。診断や治療を長年の臨床経験に頼らず，臨床研究でえられた事実を根拠に判断する方法。EBMの手順は，①患者の問題点を明確にする，②問題点の解決に役立つ文献を見出す，③文献の妥当性の評価，④文献の結果を患者に適用することの判断，の4段階に分けられる。医療のみならず心理臨床やケアワークにおいても有用な方法であり，実践の科学化を進めるために必須のこととされる。

図表10－3　個人情報保護法第23条第1項第2号の規定による〈利用者本人の同意がなくても関係機関に情報を提供することができる場合の例〉

・意識不明で身元不明の患者について，関係機関へ照会したり，家族又は関係者等からの安否確認に対して必要な情報提供を行う場合
・意識不明の患者の病状や重度の認知症の高齢者の状況を家族等に説明する場合
・大規模災害等で医療機関に非常に多数の傷病者が一時に搬送され，家族等からの問い合わせに迅速に対応するためには，本人の同意を得るための作業を行うことが著しく不合理である場合
（※なお，「本人の同意を得ることが困難であるとき」には，本人に同意を求めても同意しない場合，本人に同意を求める手続を経るまでもなく本人の同意を得ることができない場合等が含まれるものである。）

出所）厚生労働省『医療・介護関係事業者における個人情報の適切な取扱いのためのガイドライン』2004年12月

　今後，虐待事例なども含む多数の事例をもとにした研究が進められ，科学的なデータに基づくより精度の高い倫理の指標としてのガイドラインとなるよう，内容の充実が図られることが望まれます。

注）
(1) 厚生労働省「介護従事者処遇状況等調査」ホームページ参照
　　URL：http://www.mhlw.go.jp/toukei/list/151-2.html（2014年10月1日閲覧）
(2) 三好明夫編著『シリーズ社会福祉の探究3 介護福祉学―介護福祉士の専門性と独自性の探究』学文社，2006年，pp.22-23
(3) 介護福祉士養成講座編集委員会編『新・介護福祉士養成講座4 介護の基本Ⅱ』（第2版）中央法規，2014年，pp.29-45
(4) 岡田藤太郎『社会福祉学汎論―ソーシャル・ポリシーとソーシャルワーク―』相川書房，1998年，p.59
(5) 国際ソーシャルワーカー連盟の新旧各定義は公益社団法人日本社会福祉士会

　　　　ホームページ参照　URL：http://www.jacsw.or.jp/（2014年10月1日閲覧）
(6)　①ジョン・ロールズ著，矢島鈞次監訳『正義論』紀伊國屋書店，1979年
　　　②ジョン・ロールズ著，川本隆史・福間聡・神島裕子訳『正義論』紀伊國屋書店，2010年
(7)　アマルティア・セン著，池本幸生・野上裕生・佐藤仁訳『不平等の再検討―潜在能力と自由』岩波書店，1999年
(8)　成清美治・加納光子編集代表『現代社会福祉用語の基礎知識』（第11版）学文社，2013年，p.230
(9)　人間の碑刊行会代表牧野登編著『人間の碑―井深八重への誘い―』2002年，井深八重顕彰記念会
(10)　井深八重「道を来て」前掲書，pp.39-40
(11)　同上，前掲書，p.40
(12)　牧野登「人間の碑―井深八重小伝」前掲書，p.160
(13)　同上，前掲書，p.166
(14)　「鏡獅子」（国立劇場展観の4分の1のスケールの木彫）および「いまやらねば」の書の一点は田中が晩年を過ごした東京都小平市にある小平市平櫛田中彫刻美術館所蔵，逸話は同美術館ホームページ参照
　　　URL：http://denchu-museum.jp/（2014年10月1日閲覧）
(15)　阿部志郎・河幹夫『人と社会―福祉のこころと哲学の丘』中央法規出版，2008年，p.26
(16)　日本DT協会ホームページで次のように説明している。「2008年1月に講座がスタートする"ダイバージョナルセラピーワーカー（DTW）"の資格は，オーストラリアのLevel2コースを，日本の現状に合わせて抜粋，アレンジしたもので，48時間で構成されています。2007年5月のオーストラリアDT協会全国大会において，日本とオーストラリアのDT協会理事長の間で交換された覚書に基づいて，オーストラリアDT協会ではこのDTW資格を『日本におけるDT実践者養成の第一歩』として位置づけ，日本ダイバージョナルセラピー協会を日本における唯一の認定機関であると認めています。これによって，この講座を修了し，面接と小論文の試験に合格した者を『ダイバージョナルセラピーワーカー』として日豪共同認定の形をとることになりました。」
　　　URL：http://dtaj.or.jp/（2014年10月1日閲覧）
(17)　追手門学院大学・新野研究室編『ダイバージョナルセラピーワーカーの実態と意識に関する調査報告書』NPO法人・日本ダイバージョナルセラピー協会，2013年3月1日
(18)　厚生労働省・身体拘束ゼロ作戦推進会議『身体拘束ゼロへの手引き』2001年，p.4

参考文献
　青木由美子『みんなの死にかた』河出書房新書，2013年
　西平直編『ケアと人間―心理・教育・宗教』ミネルヴァ書房，2013年
　広井良典編『ケアとは何だろうか―領域の壁を越えて―』ミネルヴァ書房，2013年
　望月昭・村本邦子・土田宣明・徳田完治・春日井敏之編『対人援助学の到達点』晃洋書房，2013年

プロムナード

　『魔女の宅急便』は，1985年に角野栄子の原作が発表され，1989年に宮崎駿監督でアニメ映画化，そして，2014年春には実写版の映画が劇場公開された人気児童文学作品です。主人公の魔女のキキは親元を離れて自立するため，箒に乗ってたどり着いた海辺の町で，パン屋のおかみさんの厚意をうけて，倉庫に住んで宅配業を始めます。そこで展開される物語は，何のためにいかにしてこの仕事をするのかという援助実践の大義を問いかけているように思えます。キキは専門職の魔女としての技と，人としての心の成長を日々振り返りながら，実に前向きに生きていきます。そして，自分が他者からしてもらって嬉しかったことは，人にも同じようにします。ある時は，大切な絵を届けるのに，傷つけてはいけないと，風船でふんわりもちあげながらゆっくりと運びます。またある時は，町の人たちが音楽隊の演奏を今か今かと待っているのに，楽器を積んだ列車が駅を通過してしまったことを知って，箒に乗って追いかけ走る列車に飛び移ります。クライエントのニーズに合わせて，緩やかさも激しさも使い分けることができるのです。また，キキはただの世話焼きではなくて，依頼をうけて仕事をし，焼きたてのパンを3つとかリンゴをひとつとか報酬をもらいます。これらが魔女の宅急便が人びとから重宝がられ愛される理由であるように思えます。あなたも魔女の技と心を身につけませんか。

学びを深めるために

横川善正『ホスピスが美術館になる日―ケアの時代とアートの未来―』ミネルヴァ書房，2010年

　著者は美術研究家。アートがケアの仲立ちをする論から発してケアそのものがアートであるという論調に転じていきます。ケアはもてなしの技（アート）を伴った行動であり，なくてはならないいのちの制作（アート）であると強調。ワーカー倫理を考える参考になります。

第11章 介護における安全の確保とリスクマネジメント

1 介護における安全の確保とリスクマネジメント

(1) 安全を確保することの意義

安全（safety）とは、危害や損傷、損害をうけるおそれのない状況であり、その状況は科学的・技術的な観点で客観的に判断できるものです。安心（relief）とは、主観的なもので、不安や心配がない安定した心の状態を意味します。

マズロー、A.H. はすべての人間は、自己実現を目指して生きるものであるとして、図表11－1に示すように人間の基本的欲求を5段階に構成しています（第5章第5節参照）。それによると、安全の欲求は2段階に位置付けられていますが、1段階の生理的欲求と同様に生命の維持にかかわることから同等の位置づけとされています。

たとえば、人間の生理的欲求である食事や睡眠が満たされない状態が慢性的に続くと、生命そのものが危機的状況におかれ、自己実現を目指した高次への欲求の動機づけが困難になります。それだけに生理的欲求、安全の欲求の充足は重要、かつ必要不可欠です。利用者の安全を確保するということは、その人の自己実現の欲求充足への土台となるものであり、安心した暮らしの維持を保障するものとなります。さらに、安心できるということはサービス提供者と利用者・家族との信頼関係を構築するための基本です。

在宅介護、施設介護の場における安全の確保を考える視点には、①身体介護、家事援助、②感染症や食中毒、医療的ケアに関連した介護、③自然災害や火災など人的災害時の対処等における人的・物的環境の整備があります。

図表11－1　マズロー、A.H. の基本的欲求の階層

階層	説明
⑤自己実現の欲求	5段階：自分の能力、可能性を最大限に発揮したい、理想や目的を達成したい、成長したい
④承認の欲求	4段階：自信や自尊心、他者から認められたい
③所属と愛の欲求	3段階：家族や集団の中で他者とかかわりたい　愛情のある関係を築きたい
②安全の欲求	2段階：危険から自分を防衛し安全に生活したい
①生理的欲求	1段階：生命維持に必要なもの

出所）(1) を参考に筆者作成

(2) 介護福祉サービスにおけるリスクマネジメント

(1) リスクマネジメントの基本的な考え方

リスク（risk）とは、危険や危険性、危機と訳され、ある行動によって事故

が発生すれば何らかの損失を被る可能性がある場合に用います。リスクの内容には，①事故発生の可能性，②場合によっては事故それ自体，③事故発生の条件，事情，要因，環境があります。リスクマネジメント（risk management）は，一般的にリスクに関する「経営，運営や管理」を意味します。つまり，リスクを統制管理する調整された活動を表します。

福祉サービス領域におけるリスクマネジメントの基本的な視点は，クオリティ・インプルーブメント（QI）「より質の高いサービスを提供することによって多くの事故が未然に回避できる」ということです。そして，利用者とその家族の意向や苦情の把握，職場環境などの課題解決に積極的に取り組む姿勢を重視しています。つまり，利用者の個別の状態，状況に応じた，いわゆる，個人の生活の質（Quality of Life）を重視した福祉サービスの提供が事故の回避につながるという考え方です。介護事故を防ぐための基本姿勢は，利用者一人ひとりの満足度を高めることを目的にして，ケアの質の向上を志向することになります。リスクマネジメントは，利用者および家族に危害や損害を与えないことを目的にしたケアの質の改善，ケアの質の向上を実現するための組織的な取り組みとして位置づけることができます。結果的には福祉サービスを提供する施設や職員を守ることにもなります。利用者一人ひとりの個別の状態に着目し，安全な日常を保証するということは，個人の意識や取り組みだけでは困難です。その組織で働く人たち全体で，クオリティ・インプルーブメントの考えのもとにリスクマネジメントに取り組むことが重要です。

(2) 福祉現場におけるリスク

福祉現場におけるリスクは図表11－2に示すように①介護事故，②介護過誤，③インシデント（incident），④アクシデント，⑤介護紛争があります。

リスクの具体的な内容には，利用者側では，転倒，転落，骨折・あざ・出血

図表11－2　福祉現場におけるリスクの種類

①介護事故	介護サービス提供の全過程において利用者がうける人身事故をいい，介護者が加害者である場合や廊下で転倒したなど不可抗力的な場合も含むアクシデントです。サービス提供者側に過失があるか否かにかかわらず，相手側に何らかの害（身体的傷害，精神的負担増，物品の破損，経済的負担増など）が発生した場合に「介護事故」として取り扱われることになります。
②介護過誤	介護事故のうち，介護サービス提供者側の過失（業務上の注意義務を怠たる）によって生じるアクシデントです。介護者側の過失が明らかな介護事故です。
③インシデント	誤った行為で実施される前に発見されたもの。あるいは，誤った行為などで実施されたが利用者に害を及ぼさなかったことをいいます。「ヒヤリハット」は同義語。
④アクシデント	インシデントに気づかなかった場合や適切な対応がなされず利用者，家族，職員に事故が及んだ場合をいいます。
⑤介護紛争	サービス提供者側に過失のない事故であっても，利用者や家族側からクレームがついた状態をいいます。

出所）筆者作成

> **介護事故**
> 2000年6月の国民生活センターの「介護事故の実態問未然防止に関する調査研究概要」では，介護事故の調査項目を11に分類している。①転倒，②ベッドからの転落，③介助中の事故によるあざ・出血，やけど等，④原因不明およびその他の骨折・あざ・出血等，⑤誤嚥，⑥異食，⑦薬の誤配，⑧無断外出，⑨入所者同士のトラブル，⑩物の破損・紛失，⑪疥癬等

第11章 介護における安全の確保とリスクマネジメント

(介助中，原因不明)，薬剤の誤配・誤飲，無断外出による徘徊・交通事故・溺死・凍死等，入居者同士のトラブル，私物の破損・紛失による経済的負担，自殺，褥瘡・脱水・栄養不足等による全身状態悪化，その他外傷などです。職員側では，利用者からの暴力や嫌がらせ，通勤災害，利用者送迎中の交通事故，腰痛，頸肩腕症候群，福祉用具の操作ミスによる外傷，不適切な言動による精神的苦痛などがあります。

(3) リスクマネジメントの構成要素

　リスクマネジメントは，どのようなリスクに対応するかの判断をしてマネジメントしていく必要があります。その一連の過程を図表11－3の円形で示しています。① ヒヤリハット報告事例や事故報告等からリスクの特定をする。⇒② 特定されたリスクの重大な事象から優先順位を決め，背景要因の分析を行う。アセスメントは，ヒヤリハットで事故に至らなくても，今後事故に至る可能性がある事象はすべて対象にする。⇒③ 事故予防対策を検討しリスク対応策と具体的な方法を明確にする。⇒④ 業務手順書の整備，職員研修，家族との信頼関係の構築など，リスクの対応で決定した手段を実行しリスク対応策の遵守状況の確認とともに不十分な場合は再度検討をして見直しをする。

　リスクマネジメントに関する委員会の活動によって展開されるこれらの過程は，日常の介護現場における介護過程と同様のプロセスであり意図的な活動であるということが理解できます。

> **介護過程**
> 利用者と介護者の相互関係において問題解決思考により展開される介護実践の意図的な活動をいう。

図表11－3　リスクマネジメント過程

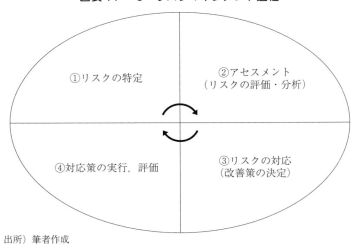

出所）筆者作成

2. 事故防止，安全対策

(1) 介護事故防止への取り組み

　福祉・介護に関連する事故情報には，「転倒」「ベッドや車いすからの転落」による「大腿骨骨折」，「誤嚥」「誤薬」事故による死亡や事故後の対処方法によって介護紛争にまで至っているものもあります。（図表11－4）

　介護は，利用者の24時間の生活の場にかかわる実践活動であり，チームケアです。介護現場で利用者と直接かかわる介護チームのリーダーやメンバーが，危険に気づき安全行動がとれるということが介護事故防止になるのです。「ヒヤリハット報告」が事故防止の中心的活動と考えるのではなく，事故防止を意図して取り組むことが重要です。そのための研修を定期的に実施するなどして自らのリスクを感じとる力を高めることが大切です。

　次にあげた事項は，日常ケアに携わる介護職員が，質の高いサービスを提供するために身につけてほしい基礎的知識・技術です。

① 人間の生理機能学的知識に基づいた移動・食事・排せつ・入浴等，日常生活介護に関する技術を身につけて，安全で正確な介護を提供する。
② 利用者の身体機能や動作方法，生活習慣の把握，認知症利用者の行動特性

> **ヒヤリハット**
> 事故に至らなかったが「ヒヤッ」としたり「ハッ」としたりした事象や経験のこと。ハインリッヒ（Heinrich, H. W.）は1件の重大な災害事故の背景には，軽度の災害事故が29件あり，さらにその背景には障害を伴わない300件の事象が存在すると"ハインリッヒの法則"として発表している。この300件の事象が「ヒヤリハット」にあたります。

図表11－4　事故情報（データバンクシステム）

場所	事故の概要
デイケア	・他の利用者に腕を殴られ打撲。 ・歩行訓練中に転倒して大腿骨骨折（対応に不満）。 ・送迎バス内で車いすのストッパーをかけず転倒。 ・半身不随の母が骨折。 ・送迎中車いすから転落。 ・転倒させられ大腿骨骨折で1か月入院。 ・骨折し入院（事業所から説明，報告がない）。 ・段差に躓き骨折し通院。
福祉施設	・車いす介助中，職員が誤って手を離し階段から車いすごと転落して死亡。 ・ベッドから車いすへ移動の際転倒し左大腿骨骨折（重症） ・車いすから転倒，3針縫合。糖尿病悪化，骨折も判明。 ・施設内で転倒し大腿骨骨折で入院，手術。 ・職員の介助が不適切で手を骨折。 ・食事中，喉に物を詰まらせ死亡。 ・車いすの足乗せ部分で膝の皮膚が剥げた。 ・認知症の母が腰を骨折（施設は責任を認めない）。 ・認知症の夫が施設内で転倒，左大腿部を骨折，手術。 ・入浴中に足を怪我。 ・トイレで転倒，股関節の骨折。 ・大腿骨骨折（施設側「知らない」という）。 ・他人の薬を間違って飲まされ体調不良で入院。 ・歩行困難な状況下で，1ヵ月半に2回も骨折。 ・運動会の綱引き中，職員が強く引きはずみで転倒し左大腿骨骨折。 ・ベッドから転落，直後に受診したが「何もない」と言われた。その後，徐々に足が腫れあがり約2週間後骨折と診断。 ・要介護5の利用者が有料老人ホームでけが（施設の対応に納得できない）。 ・ウイルスに感染し，施設内で経過観察中に危篤になった。

出所）事故情報データバンクシステム，2013年8月19日～2014年8月19日。被害者年齢は70歳代，80歳以上。一部抜粋し表に作成。

> **事故情報**
> （データバンクシステム）
> 関連機関より「事故情報」「危険情報」を広く収集し事故防止に役立てるためのデータ収集情報システム。消費者庁と独立行政法人国民生活センターが連携して関係機関の協力をえて実施している事業。福祉・介護に関連する事故（相談含む）報告例の一部抜粋。福祉施設は，有料老人ホーム，ショートステイ，老人保健施設，特別養護老人ホーム，居宅介護事業等の施設。

の把握，疾病や急変時の対処方法など，観察の技術を活かして利用者一人ひとりの特性を理解する。介護の実践では，その人の言動の意味を読み取り，利用者のもてる力，できる力を導き出すケアに心がける。

③ 言語的，非言語的コミュニケーション手段によって互いの意思疎通を図り，職員間や利用者・家族とのラポールを形成する。

④ 福祉用具・道具の安全点検，ベッド周囲の確認，介護動作の流れなど，安全規則を順守した業務の遂行をする。また，日常から「あぶないな」「ここは注意しなければ」など，職員一人ひとりが危険予知能力を発揮する。

⑤ 利用者の安全を考えた住環境や生活環境の調整をする。通路や室内の物品の配置は，災害時の避難や緊急時の際の活動に影響を及ぼす可能性がある。また，健康維持のために，室内の空気，悪臭，騒音等の環境衛生に留意する。

> **ラポール**（rapport）
> 調和的，共感的な信頼関係をいう。社会福祉援助を円滑に行ううえで援助者と利用者との間には，相互に信頼性のある援助関係が結ばれることが重要。利用者の状況や個性，年齢や援助者の援助技量により信頼関係が結ばれる時間，期間に差が生じるといわれています。

（2）介護場面における安全対策

人間は，加齢とともに身体的な活動能力，バランス感覚，注意力が低下し，転倒や転落の可能性が高くなります。日常の利用者のようすを観察し，転倒や転落のリスクとなる要因を検討して職員間で共有をします。認知症の有無にかかわらず，「いつもと違うな」「どうしたのかな」などの気づきは大切です。生活環境における構造上のリスク要因については，ハザードマップを作成するなどして全職員が周知していることが必要です。ケアの際は，直接利用者の身体に触れる機会が多いことから利用者の心身の状況などを確認し十分な注意を払う必要があります。また移動や移乗介助時の職員体制や環境整備を講じることも，重要です。

次にあげた内容は，転倒・転落・誤薬・誤嚥・皮膚剥離に関するリスク低減のための留意点です。

① 転　倒

転倒・転落を防ぐための観察の視点を，図表11－5に示しています。

② 転　落

車いすや椅子の使用時には，座位の基本肢位に整え保持できるよう見守ることが必要です。また，長時間の座位は誰しも苦痛であり楽な姿勢を求めて動いてしまうことから，転落の危険性が高くなります。1日の過ごし方の工夫をして座らせきりや同一姿勢の持続は避けましょう。万一転落したとしても最小限のけがですむように周囲の環境を整えます。たとえば，低床の介護用ベッドの使用，ベッド下にクッションやマットを敷く，起き上がりや寝返りの際につかまりやすい位置に手すりやイスなどを準備するなどの工夫をします。また，窓からの転落も予測して，窓の構造や周囲の物品の配置など環境を見直すことも必要です。

> **ハザードマップ**
> 危険性の予測される場所や物の存在を知らせる地図。さらには，避難経路や避難場所までを地図上に図示し，災害発生時の行動指針とするものです。

> **座位の基本肢位**
> 椅子に腰かけているときの正しい姿勢をいう。横からみると，股，膝，足首の関節は90度，頭は尻より少し前にして手は膝の上など身体の前に置き，正面からみると，左右のバランスがとれて，頭が身体の中央にあり傾きがなく，両足は肩幅の広さ，足の裏全体が地面に着く状態をとることです。

2. 事故防止，安全対策

図表 11 － 5　転倒・転落時のリスク要因

靴	床材と靴の素材は適しているか。サイズは合っているか。靴底のすり減り（左右差はあるか）。靴を脱いで生活する場合の上履きは適切に使用されているか。
杖・歩行器・車いすシルバーカー使用	身長や身体能力にあっているか。床の段差の有無。福祉用具は正しく使用されているか。
自力歩行できる	伝い歩きできる手すりや家具の位置。利用者が移動する範囲の床は濡れていないか。
移動する通路	照明設備は適切か（常夜灯など）。足元のコード類や物品等の配置が妨げになっていないか。

出所）筆者作成

図表 11 － 6　与薬時の 6R・3 度の確認

6つの Right	3度の確認
① 正しい患者（Right Patient） ② 正しい薬（Right Drug） ③ 正しい目的（Right Purpose） ④ 正しい用量（Right Dose） ⑤ 正しい用法（Right Route） ⑥ 正しい時間（Right Time）	① 保管場所から薬袋を取り出すとき ② 薬袋から薬を取り出すとき ③ 薬袋を保管場所に戻すとき

出所）新人看護職員研修ガイドライン（技術指導の例）厚生労働省，平成23年2月。

　特に，認知症をもつ高齢者の場合は，幻覚，妄想，不眠，徘徊といったBPSDによる転倒や転落のリスクが高くなります。一時的な対処方法では，さらにリスクが高くなる可能性もありますので，問題行動のあらわれる前後の状況を踏まえてアセスメントし，個別の対応を検討します。利用者が精神的に安定した状態で過ごすことができればリスクも低くなります。

③ 誤　薬

　誤薬は，利用者が誤った種類，量，時間や方法で薬を飲むことです。薬の内容や量によっては生命に重大な危機を及ぼすことになります。誤薬がおこる要因は，薬の基礎知識の低さ，確認不足，薬の管理方法が統一されていない等があげられています。配薬時の基本事項を職員全員で周知徹底しておきます。

　薬に関しては，医療従事者の指導のもとに正しく行うことになります。介護職は，利用者が使用している内容を指示通りであるか確認し，与薬を正しく行うことが必要です（図表11－6）。

（3）誤　嚥

　「口から食べられる」ことを継続させるケアは，尊厳を支えるケアとして重要です。しかし，摂食・嚥下機能の障がいをもつ利用者は少なくありません。全身的に機能が低下した高齢者は，食事と誤嚥の危険性は表裏一体の関係にあり，誤嚥による窒息や誤嚥性肺炎は生命の危機的状況を引きおこします。誤嚥がおこりにくい対策をとり，可能な限り経口摂取を維持することを目指します。

> **BPSD：Behavioral and Psychological Symptoms of Dementia**
> （認知症行動心理症状）
> 国際老年精神医学会（International Psychogeriatric Association：IPA）は，認知機能障害に伴う周辺症状を行動・心理症状「認知症において頻繁にみられる知覚，思考内容，気分，行動の障がい」と定義しています。

> **危険予知訓練**
> （KYT：Kiken Yochi Training）
> 製造現場などで活用され事故予防に大きな効果をあげています。日常の業務のなかに「危険」が潜んでいる場面を表現したイラストをみながら，職員がグループになって各自が気づいた「危険」を出し合い解決の方法を考えていきます。

万一，誤嚥がおきた時には迅速に対処できるよう吸引器の使用方法や救命救急処置の訓練，危険予知訓練などを定期的に行うことが大切です。また，誤嚥のリスクが高い利用者を確認し，他職種間で連携をとっておくことで，誤嚥による危険性を予防することになります。

誤嚥防止のためのケアには，① 基本的な食事介助の方法を習得する。ベッド上での食事介助や，介護者が立ったまま上から介助しない。② 食事の際には，利用者の姿勢を適切に保つ。覚醒状態，テーブルの高さ，座位時の基本姿勢，飲み込みやすい姿勢を確認する。③ 摂食や嚥下機能の状況に合わせた食事の形態や調理方法の工夫をする。④ 食器や自助具は利用者の状況にあったものを選択し，楽しく食べることを支援する。⑤ 口腔機能を維持・回復できるような口腔ケア，嚥下体操を行う，ということがあげられます。

(4) 内出血・皮膚剥離

ケアに伴う内出血や皮膚剥離は，利用者の生命の危機や，利用者の生活に与える影響は直接的ではありませんが，痛みの出現や二次感染も予測されますので避ける必要があります。発生の状況は，移動や移乗時に皮膚の一部分に大きな力が集中したとき，あるいは，入浴後の衣服着脱時に，支えた部分の皮膚が強く引っ張られた時などにおきます。高齢者の皮膚は薄く，脆弱性（もろくて弱い性質）が高まっている状態であり，入浴後は皮膚のふやけ現象により，容易に剥離しやすい状態となっています。介助時は，利用者の状態や姿勢，利用者の周囲の環境にまで注意を払い，丁寧に，利用者に負荷がかかりにくい適切な手技で，行うことが求められます。皮膚剥離が発生した場合には，直後に適切な処置を施し，傷害を最小限に抑えることで回復を早めることができます。皮膚剥離が発生したときや，剥離した状態を発見した場合には，看護職員に報告し迅速な対応を行います。

3 感染対策

介護サービスを利用する高齢者は，感染症に対する抵抗力が弱く，特に集団で生活する場では，感染が広がりやすい状況にあります。感染自体をなくすことは不可能であることを認識し，感染による被害を最小限にする実践が求められます。感染対策においては，個人やひとつの部署だけでできるものではなく，感染や感染症に対する理解を深めて，利用者および家族，全職員が日常的に効果的な感染予防を心がけることが基本となります。

(1) 感染と感染症に関する基礎的知識

① 感染と感染症

　感染とは，病原微生物がヒトに侵入し，ヒトのもつ防衛機能や免疫機構などによって排除されず，体内の臓器に住みついた状態をいいます。感染症とは，ヒトの体内に病原微生物が侵入して，臓器や組織あるいは細胞のなかで分裂増殖しその結果として症状が発現した状態です。つまり，感染および感染症は，ヒトという生物と他の生物とのたたかいであり，その結果，他の生物の力（病原体の毒力・菌量）が勝てば感染の成立となり，発症すれば感染症とよばれるのです。したがって，感染防止の対策は，両者の力関係と感染経路を問題にして対処することが重要となるのです。

② 感染症成立の3要素

　感染および感染症が成立するためには図表11－7に示すように，(1)感染源，(2)感染経路，(3)感受性をもった個体（ヒト）の要素が必要です。

　感染源となる病原体は，感染経路を通り感染を被るヒトに到達しなければ感染症は成立しないということです。感染症の成立に必要な条件は，① 病原体が十分な量存在する，② 病原体が増殖する環境の存在（適度な水分・温度，有機物の存在），③ 感染部位の存在，④ 感染経路の存在，⑤ 個体の感受性（抵抗力や栄養状態）があります。たとえば，栄養状態がよくない人，不規則な生活をしている人，ストレスの高い心身の状態にある人は防衛機能や免疫機構の働きが弱くなりますので感染に対する感受性が高い状態ということになります。

> **病原体（病原微生物）**
> ヒトに侵入して病気をおこす微生物をいう。小さい方からウイロイドやプリオン，ウイルス，マイコプラズマ，クラミジア，リケッチア，細菌，アメーバー，寄生虫（カイチュウ，ダニなど）などに分類されます。

> **免疫機構**
> ヒトが病気，特に感染症に対して抵抗力を獲得する現象までのしくみ。自己と自己以外を識別し，自己以外のものから自己を守るしくみ。

図表11－7　感染と感染症の成立

出所）筆者作成（イラストはワード「クリップアート」より）

(2) 感染予防対策

　基本的な感染防止策は，① 感染源を排除する，② 感染経路の遮断，③ 個体の抵抗力を高める，ということです。

① 感染源（病原体）の排除

　病原微生物の存在をなくし病原微生物の増殖を抑えます。感染源は，病原体そのものをいう場合と，病原体が増殖している場所，ヒトがもっている常在菌，食品，物品，患者などをいう場合があります。いずれも病原体となるものを排除することです。基本的には，標準予防策を実施します。

第11章 介護における安全の確保とリスクマネジメント

② 感染経路の遮断

主な感染経路とその疾患、対策について図表11-8に概説しています。感染症の感染経路や主な感染源を理解して感染経路を遮断する対策を講じることが必要です。

図表11-9は、高齢者介護施設における感染対策を示しているように、①

図表11-8 主な感染経路と主な疾患および感染予防対策

	感染経路	主な疾患	感染予防対策
接触感染（経口感染含む）	ヒトや動物、病原体を含む分泌物との直接接触や病原体に汚染された手指や器具を介して経口感染もする。感染経路はひとつとは限らない。	感染性胃腸炎（ノロウイルス・O-157）、多剤耐性菌感染症（MRSA）、緑膿菌感染症	・標準予防策 ・原則個室管理、あるいは集団隔離 ・手袋を着用、 ・手洗い、適宜手指衛生 ・個人専用の医療器具 ・適宜、ガウンの着用
飛沫感染	咳、くしゃみ、会話などで飛散した小さな飛沫粒子が環境中に排出され伝播し感染する。飛沫の拡散する距離は約1mで、感染源である患者と半径2m以内で接触すると感染する。飛沫は床に落下する。	一般的な風邪やインフルエンザ、肺炎球菌感染症、風疹、流行性耳下腺炎	・標準予防策 ・原則、個室管理あるいは集団隔離、同室の場合ベッドの間隔を2m以上あけること。職員はケア時にマスク着用。手洗い、うがい。患者からの飛沫の排出防止用にマスクを着用することも検討する。
飛沫核感染（空気感染）	咳やくしゃみなどで飛沫した飛沫核で伝播し感染。飛沫核は空気中に浮遊し続け空気の流れにより飛散する。換気が不十分な環境では飛沫核が拡散する。	結核、麻疹（帯状疱疹）、水痘	・標準予防策 ・入院による治療が必要 ・ケア時はN95マスクの着用。患者からの飛沫の排出防止用は通常のマスクでよい。室内の換気
血液媒介感染	病原体に汚染された血液や体液、分泌物が、針刺し事故等により体内に侵入し感染する。	・B型、C型肝炎、HIV（免疫不全症候群）	・標準予防策 ・素手で触らず、必ず手袋を着用して取り扱う。

出所）筆者作成

図表11-9 高齢者介護施設における感染対策

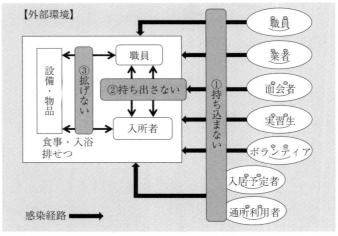

出所）高齢者介護施設における感染対策マニュアルより一部改

感染源を持ち込まない。② 感染源を持ち出さない。③ 感染源を拡げない，ということです。高齢者は，自覚症状を適切に表現できないことで早期の発見や対処が遅れ，感染が広がる可能性があります。日常の健康状態を観察し，いつもと違う症状を的確に読み取り，早期発見，早期対処することが大切です。また，咳エチケットの3か条を実践するようによびかけることも必要です。

（3）感染症予防における共通の標準予防策（スタンダード・プリコーション）

感染を予防するためには，「1ケア1手洗い」を徹底する，異常の早期発見，日常の介護場面において，図表11－10のような標準予防策が有効です。

図表11－10　標準予防策（スタンダード・プリコーション）

予防策	標　準　予　防　策
手洗い	血液・体液などに触れた後，手袋を外した後，患者ケアの前後通常は石鹸を使用。MRSAなどの場合は消毒薬で手洗いする。
手袋	血液・体液などに触れる時，粘膜や傷のある皮膚に触る時。患者間や次の業務に移る時は手袋を交換する。使用後は，ほかを汚染させないように速やかに外して手洗いする。
マスク	体液などが飛び散って，目，鼻，口を汚染しそうな時，ホコリの立つ作業をする時。
ガウン	衣服が汚染しそうなときに着用。汚れたガウンはすぐに脱ぎ手洗いする。
器具	汚染した器具は，粘膜，衣服，環境などを汚染しないように注意深く操作する。再使用のものは清潔であることを確認する。汚染した器具の洗浄は，手袋，プラスチックエプロンを着用する。場合によってマスク，ゴーグルを着用する。
リネン	汚染されたリネンは，粘膜，衣服，ほかの患者や環境を汚染しないように操作，移送，処理する。
患者配置	環境を汚染させる場合は個室隔離する。

出所）米国疾病管理予防センター『感染症予防ガイドライ，1996.』

> **咳エチケットの3か条**
> CDC隔離予防策ガイドライン2007で飛沫感染拡大防止のために日常的に実施することが推奨されている。① ティッシュなどで口と鼻を押さえ周りの人から顔をそむける。② 使用後のティッシュはすぐに蓋つきのごみ箱に捨てる。③ 症状のある人はマスクを正しく着用する。

> **スタンダード・プリコーション**（standard precautions 標準予防策）
> 1985年に米国疾病管理予防センターが病院感染対策のガイドラインとしてユニバーサル・プリコーション（一般予防措置策）を提唱。その後1996年にこれを拡大し整理した予防策

（4）高齢者に多い代表的な感染症

1）インフルエンザ

① 症状：38度を超える高熱が3日程度続く。頭痛，筋肉痛，腰痛などを伴う。解熱しても咳が持続，細菌性肺炎を合併すると重篤になりやすい。

② 感染予防策：流行時期前のワクチン接種が効果的です。インフルエンザ陽性の場合は個室収容または同一型のインフルエンザ患者を同室にした隔離対策が有効です。

2）ノロウイルス性胃腸炎

① 症状：嘔気・嘔吐・下痢です。腹痛，頭痛，発熱を伴うこともあります。

② 感染予防策：入居者の日常の健康状態の把握をする。排泄物の取り扱いに注意します。アルコール性手指消毒剤は効果がないので，石鹸・流水による手洗いをします。

3）結　核

① 症状：寝汗・発熱・咳が 2 週間以上続く場合は検診をうけます。その他，長引く倦怠感，微熱，食欲不振，体重減少は要注意です。
② 感染予防策：利用者の入所時の健康診断，入所者・職員・実習生，ボランティアは，定期的に健康診断をうけて健康管理に努めます。

4）疥　癬

① 主症状：病原体は，人の皮膚角質層に寄生するヒゼンダニ。通常疥癬と重症疥癬（痂皮型疥癬）があります。潜伏期間は 1～2 か月と長く，肉眼での確認は容易ではない。寄生虫の排泄物や虫体に対するアレルギー反応による皮膚の病変，掻痒（かゆいところをかくこと）が中心です。
② 感染予防策：標準予防策に加えて接触感染予防策を行います。通常疥癬は皮膚の落屑（表皮の角質層がはげ落ちたもの）を散らかさないように注意する。衣類は，熱処理，入浴時の制限はしません。

> **通常疥癬と重症疥癬（痂皮型疥癬）**
> 重症疥癬はダニの寄生数が 100 万匹以上に及ぶため，感染力は強く集団感染を引きおこす可能性が高い。疥癬虫は皮膚から離脱すると短時間で死滅，また，50 度の熱に 10 分間で死滅する。通常の疥癬は，本人に適切な治療がなされれば治癒します。

参考文献

小木曽加奈子『医療職と福祉職のためのリスクマネジメント―介護・医療サービス向上を視野に入れて―』学文社，2010 年
加藤良夫編『ホームヘルパーのためのヒヤリ・はっと介護事故防止ハンドブック』（ホームヘルパー現任研修テキストシリーズ⑩）日本医療企画，2002 年
釜英介『リスク感性を磨く OJT　人を育てるもうひとつのリスクマネジメント』日本看護協会出版会，2004 年
亀井利明監修，上田和勇・亀井克之編『基本　リスクマネジメント用語辞典』同文館，2004 年
「特集　介護における感染症の防止」『介護福祉』No72，2008 年冬季号
福祉サービスにおける危機管理（リスクマネジメント）に関する取組指針～利用者の笑顔と満足を求めて～平成 14 年 3 月 28 日，福祉サービスにおける危機管理に関する検討会報道資料
　http://www.mhlw.go.jp/houdu/2002/04/no422-2.html
コーン・コリガン・ドナルドソン編，医学ジャーナリスト訳『"TO ERR IS HUMAN" 人は誰でも間違える―より安全な医療システムを目指して―』日本評論社，2012 年
志自岐康子・習田明裕・松尾ミヨ子編『看護学概論』（ナーシング・グラフィカ基礎看護学①）メディカ出版，2013 年
「高齢者介護施設における感染対策マニュアル」平成 25 年 3 月
　http://www.mhlw.go.jp/topics/kaigo/osirase/tp0628-1/
成清美治・加納光子編集代表『現代社会福祉用語の基礎知識（第 11 版）』学文社，2013 年
西村洋子編『介護の基本』（最新介護福祉全書 3 巻）メヂカルフレンド社，2013 年
マズロー，A. H. 著，小口忠彦訳『人間性の心理学』産業能率大学出版部，1987 年

プロムナード

「ヒューマンエラー"人は誰でも間違える"」

　人間のエラーは，目にみえるエラー（active errors）と，みえないエラー（latent errors）に分けられます。事故後の分析では，目にみえるエラーのみを焦点化して分析するのは再発防止に効果的ではないということです。目にみえるエラーは，現場で利用者と接する段階でおこる事象で，その影響は直接的で身近なものです。日常の介護において，「注意不足でうっかりしていた」「失念していた」「手順通りしなかった」，あるいは，「思い込み」「集中力が散漫」「時間に追われていた」などによってヒヤリハット報告をする。「ヒヤッ」「ハッ」とした場面に遭遇したこと自体がリスクなので，ヒヤリハット報告の徹底をしても事故は減少しないのです。万一事故に至った場合，特定の個人の責務として処罰をうけ再教育が課せられるといった方法で対処されていないでしょうか。そのような取り組みは再発防止の唯一の対策とはならないのです。その事象に隠れている目にみえないエラーは，たとえば，職員配置や勤務体制，施設設備の不備など，現場で対応している者では調整できる範囲にないこと，また，意思伝達の不十分さなどです。これらは，事故発生の要因となります。ひとつの事故にはさまざまな要因が絡み合っていることが多いことから，目にみえるエラーとみえないエラーの両面を分析することから多くを学ぶということが事故予防，再発防止になるのです。人間はどんな仕事でも間違えることを認識したうえで間違いを防ぐためのシステムを確立し機能させるということが重要なのです。

福祉の仕事に関する案内書

北里研究所監修『予防に役立つ　感染症の事典　目に見えない世界をのぞいてみよう』PHP研究所，2008年

　プロローグは「感染症について正しい知識や予防法を知ることがとても大切だよ」と漫画ではじまります。感染症の歴史から感染症の種類，予防法，海外における留意事項まで感染症の世界についてイラストや写真で紹介しています。

山田滋・下山名月『安全な介護　改訂版　ポシティブ・リスクマネジメント』ブリコラージュ，2012年

　介護現場で効果的な事故予防活動を進めるためのポイントをつかむために参考になります。第1部では，28件の事故事例から過失の意味が理解できます。第2部では安全な介護の基本的な考え方から技術の展開までを事例やイラストで示されています。

第12章

介護従事者の安全・健康管理

1　介護従事者の心身の健康管理

（1）介護従事者の健康管理はなぜ必要か

　介護の対象者は身体上または精神上の障がいがある人であり，介護従事者には心身の状態に応じたアセスメント能力や実践力が求められます。そのために，常に正しい知識や技術，観察力や判断力を必要とします。そして，何より，明るい笑顔やわかりやすい声掛け，職員間の円滑なチームワークがなくてはなりません。筆者の経験では，介護従事者が明るくチームワークが良好な施設は，利用者の表情が穏やかで活力があるように見受けられ，よい印象をうけます。

　しかし，介護従事者が業務上の悩みや個人的な問題を抱えていたり，身体の不調があると，笑顔や声掛けの不足，観察力・判断力の低下，丁寧さに欠ける対応となってしまい，利用者との信頼関係を損ねたり介護業務への支障が生じたり，介護事故も発生しかねません。介護従事者の心身の不調は悪循環となり，退職を余儀なくされるケースもあります。介護サービスの目的は利用者が望む生活，望む人生を実現することにあり，介護従事者は心身の健康が介護の質を左右し，利用者の生活の質をも左右するという立場にあることを意識して健康管理に努めなければなりません。

（2）介護従事者を取り巻く労働環境の課題

　介護従事者は，日々，やりがいを実感しながら介護の仕事に取り組んでいます。しかし，深刻な課題を抱えている施設や事業者もあり，介護従事者が介護業務に専念できるような対策が求められています。

1）慢性的な人材不足の状態にある

　介護保険制度では，利用者本位の個別ケアが基本理念とされており，介護従事者は，多様な介護ニーズの対応に取り組んでいます。しかし，平成25年度の調査によると回答した半数以上の事業者が介護従事者の不足をあげています（図表12－1）。介護保険法の規定による人員配置基準を満たしていても，公休や交代・変則勤務のシフトを組むなど余力がなく，人材不足は否めない状態にあります。今後，団塊の世代が65歳以上になる平成27年には164～172万人（推定値）が，さらに，後期高齢者に突入する平成37年には218～229万人（推定値）の介護従事者が必要とされており，人材不足はより深刻になります。

2）非正規雇用者が多い

　介護の現場は，非正規雇用者に大きく依存している現状があり，介護職員の場合は41％を非正規雇用者が占めています。労働時間が短く，時間給のパートタイムの労働条件が，正規雇用者に負担をかけやすい状況をつくっています。

正規雇用
　正規雇用とは，特定の企業や施設で定年まであるいは定年制を設けず，常勤で従業する雇用の形態をいい，正規雇用者は「短時間労働者の雇用管理の改善等に関する法律」では「通常の労働者」と記されている。雇用保険，労災保険，健康保険，厚生年金保険の制度が適用され，安定した労働環境といえる。（1週間の労働時間や雇用日数，業種により例外がある）

非正規雇用
　非正規雇用とは，正規雇用以外の雇用形態をいい，パートタイム労働や派遣労働，契約社員等の雇用の形態をいう。1週間の労働時間等の要件を満たせば，雇用保険，健康保険，厚生年金保険が適用される。なお，労災保険についてははパートタイム労働等，労働時間に関わらず労災認定があれば給付をうけることができる。介護従事者の場合は，1週間の所定労働時間が通常の労働者の1週間の所定労働時間と比較して短いパートタイム労働が多い。

1. 介護従事者の心身の健康管理

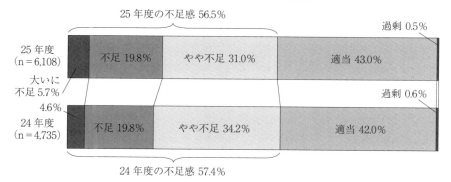

図表12－1 従業員の過不足状況

出所）公益財団法人介護労働安定センター
「介護労働の現状について 平成25年度介護労働実態調査」2014年

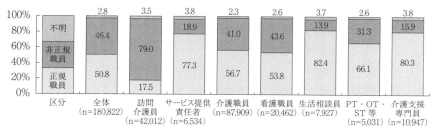

図表12－2 介護職の正規・非正規職員割合

出所）図表12－1に同じ

訪問系の事業においては，79％を非正規雇用者が占めています（図表12－2）。訪問先へは直行・直帰が可能で働きやすい雇用形態ではありますが，連携や報告・連絡・相談が希薄になりやすい状況です。

3）介護従事者の教育課程や内容に格差がある

国家資格である介護福祉士になるには，養成校で学ぶ方法，実務者研修あるいは福祉系高校を経て国家試験をうける方法等があり，資格取得の方法は一律ではありません。また，介護従事者は介護福祉士のみではなく，訪問介護員2級に相当する介護職員初任者（以下，ホームヘルパーという）や介護に関する資格をもたない者とさまざまで，介護に従事する者の教育過程やその内容に大きな開きがあります。公的な介護サービスは介護計画に基づいて提供されるために，利用者に対し同じ視点での対応や，業務内容の理解が必要とされます。介護従事者の教育内容の格差を解消するためには，介護現場で対人援助職としての専門性を高めていくことが求められます。他者からの助言や指摘によって，自らの行動を修正していくスーパービジョンがあります。また，介護の現場では，プリセプター制の導入もみられます。しかし，業務をひとりで任せられる

スーパービジョン
（supervision）

対人援助の専門職者は，自分自身の考えあるいは行動に対し自信がもてない，あるいは自らでは気づかないまま好ましくない行動を取っている場合が存在する。このような時，他者からの視点で，助言を得たり指摘をうけることは，自らの行動を修正していくうえで有効である。この一連の取り組みをスーパービジョンという。そのさい，自らの状況・行動を話す側の者をスーパーバイジー（supervisee），指摘・助言する側の者をスーパーバイザー（supervisor）という。この取り組みは，グループ（group）で実施することもあり，その場合には1対1の個人スーパービジョンと区別する意味でグループスーパービジョンという。

プリセプターシップ制
（preceptor ship）

プリセプターは英語preceptorに由来し，教授や教師を意味する。プリセプターシップ制とは，新人の看護師（preceptee）を教育するために先輩を教育者（preceptor）として現場で一定期間，指導を行う制度として，1980年代にアメリカから導入された。介護の現場でも新人の介護従事者が介護業務に慣れるために先輩からマンツーマンでの教育が普及している。

状態になるには個人差があり，チームへの影響や他の介護従事者に業務負担がかかることも少なくありません。

4）男性よりも女性介護従事者が多い

一般的に，女性は男性に比べ体格が小さく筋肉量も少ないことから，体力面で男性に劣っています。生理や妊娠，出産，家事，育児による心身への負担も少なくありません。しかし，介護職員の75.2％，ホームヘルパーの場合は92.4％を女性が占めており（図表12－3），女性ならではのきめ細かな対応が利用者に安心感を与える一方，利用者の抱上げ等で無理を重ね，心身の疲労蓄積が危惧されています。

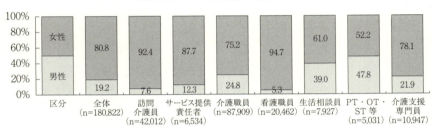

図表12－3　介護職の男女比率

出所）図表12－1に同じ

5）交代・変則勤務がある

介護保険施設等では夜間勤務（以下，夜勤という）や早出・遅出といった変則勤務がシフトに組まれています。夜勤の場合，人手不足や非正規雇用者が多い労働環境と相まって，1フロアをひとりで担当し，必要な時に他フロアから応援を依頼している現状もあります。介護従事者にとって，利用者の夜間の様子を観察できるよい機会でもありますが，反面，以下のような心身の負担も生じています。

① 人手の少ない夜勤業務に対し，精神的ストレスを感じている。

夜間は，利用者の転倒等の事故や急変等が発生することがあり，夜勤者には対応の判断や機敏な行動が求められます。また，災害時等も利用者の安全は夜勤者に委ねられています。このような事態に対し，介護従事者は不安や緊張感をもって夜勤業務を行っており，精神的ストレスの要因になっています。

② コール対応や予期せぬ事態により，仮眠や休息時間が取りにくい。

仮眠や休息は心身の疲労を軽減してくれますが，夜間は，昼間とは違う様相をみせる利用者の対応に，時間を取られることも少なくありません。通常の業務に加え，不眠や不安を訴える利用者や認知症のある利用者の対応に追われ，仮眠や休息時間が十分取りにくい場合があります。

③ 夜勤の疲労が回復しにくい労働環境がある。

　人手不足と相まって、夜勤の回数や夜勤明け後の公休等に関する労働環境が万全とはいえないケースがあります。極端に多い夜勤や夜勤明け後の公休の確保が困難な場合には、疲労や睡眠不足が十分回復しないまま、次の勤務に入り慢性的な疲労や睡眠不足を引き起こします。

(3) 介護従事者の心身の健康

　世界保健機関（World Health Organization, WHO）はWHO憲章前文で、「健康」とは「完全な身体的、精神的及び社会的福祉の状態であり、単に疾病又は病弱の存在しないことではない」と定義しています。人の精神状態が身体の健康状態を左右し、身体の健康状態が精神に影響を及ぼし、社会的な環境も心身に大きく関わっています。介護従事者も例外ではなく、むしろ、密接に関連しあう業務の特性があります。その理由は、介護業務が人の人生や死に直面する仕事であり、利用者、チームメンバー、多職種との適切な人間関係を作っていくことが求められるからです。このようなことから、ここでは特に精神面の健康について説明します。

1) 介護従事者とストレス

　平成25年度に介護労働安定センターが行った調査によると、介護従事者の半数以上が「働きがいがある」と介護の仕事を選び、その他「人の役に立ちたい」「お年寄りが好き」「生きがい・社会参加」といった対人援助ならではのやさしい気持ちや思い入れをもって入職しています（図表12-4）。しかし、実際に仕事に就くと「人手が足りない」「仕事内容の割に賃金が安い」「有給休暇がとりにくい」「身体的負担が大きい」「精神的にきつい」「社会的評価が低い」「休憩がとりにくい」等の労働環境や精神面での不満が出現しています。特に「精神的にきつい」は調査回答者の約3割が回答しています。

　「精神的にきつい」と感じる内容は、労働環境の不満や対人関係のつまずき、理想と現実とのギャップ、利用者との死別体験等、一概には語ることはできませんが、事態は深刻です。人の悩みやストレスは主観的なものであり、その内容も程度も個々で異なり、他者からはわかりにくいものですが、ストレスが心身の不調となり休業や退職を余儀なくされる例もあるため、早い段階での解決が望まれます。

　また、介護従事者はバーンアウト・シンドロームに陥りやすいといわれています。バーンアウト・シンドロームも離職の要因とされ、介護従事者の離職率の高さが指摘されています。

　しかし、新しく入職する人の約4割は「直前は介護の仕事」と応えており、退職しても再び介護の仕事に就きたいと願っている離職者がいるのは、やはり

世界保健機関
（World Health Organization WHO）
　国際連合(United Nations)の専門機関のひとつである世界保健機関は、1946年にニューヨークで開催された国際保健会議が採択した世界保健憲章に基づいて1948年に設立された。すべての人びとが最高の健康水準に到達することができるようにすることを目的とし、現在、本部事務局はスイスのジュネーブに置かれている。なお、同機関の最高意思決定は世界保健総会（World Health Assembly）であり、全加盟国（2006年において193の国と地域が加盟）によって構成されており、総会は年1回開催されている。

ストレス
（stress）
　本来は、工学用語で金属などの歪みを意味する用語であった。環境の刺激によって生じる不快などに対する身体、精神、行動の緊張状態をストレスという。その際の刺激をストレッサーとよぶが、刺激自体をストレスとする場合も多い。適度なストレスは、その人の意欲を促し、成長、発達の一因となる場合も考えられる。しかし、過度のストレスがかかると、心身に異常をきたし、さまざまな症状を喚起させる場合がある。心身症などの大きな原因として、ストレスがあげられる。

> **バーンアウト・シンドローム**
> （burnout syndrome）
> 燃え尽き症候群。アメリカの精神分析学者，フロイデンバーガー（Freuden-berger, H. J.）が提唱した概念。仕事熱心で，我を忘れて仕事に打ち込んでいた人が，何らかのきっかけから突然陥る無気力で非活動的な精神状態のこと。抑うつ，全身倦怠，頭痛，不眠，虚脱感などが主な症状としてあらわれる。理想が高く，責任感の強い，真面目でエネルギッシュな性格の人が陥りやすく，特に看護や福祉領域の援助専門職についている人びとの間に多くみられることから，援助専門家のメンタルヘルスの問題として，近年，よく取り上げられるようになってきている。

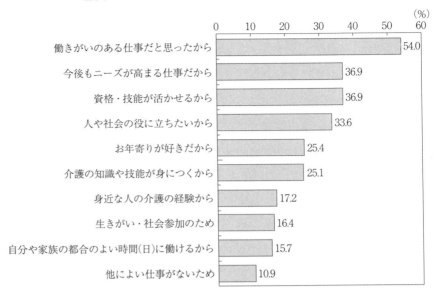

図表12－4　現在の仕事を選んだ理由（労働者回答）

- 働きがいのある仕事だと思ったから　54.0
- 今後もニーズが高まる仕事だから　36.9
- 資格・技能が活かせるから　36.9
- 人や社会の役に立ちたいから　33.6
- お年寄りが好きだから　25.4
- 介護の知識や技能が身につくから　25.1
- 身近な人の介護の経験から　17.2
- 生きがい・社会参加のため　16.4
- 自分や家族の都合のよい時間(日)に働けるから　15.7
- 他によい仕事がないため　10.9

出所）図表12-1に同じ

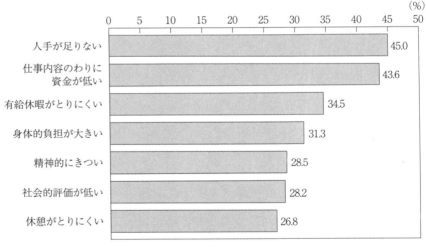

図表12－5　労働条件等の不満（労働者回答）

- 人手が足りない　45.0
- 仕事内容のわりに資金が低い　43.6
- 有給休暇がとりにくい　34.5
- 身体的負担が大きい　31.3
- 精神的にきつい　28.5
- 社会的評価が低い　28.2
- 休憩がとりにくい　26.8

出所）図表12-1に同じ

介護の仕事に魅力があるからと思われます。

2）ストレスからくる主な症状と疾患

　人は心配事やストレスがあると食欲が低下したり，血圧が上昇したり，または，不眠になったりと，身体的な症状が出る経験は誰にもあります。人の体の自律神経が人体のすべての機能と密接に関連しあっているからです。精神的なストレス等があると，生体防御反応としてストレスに対抗しようとします。そ

図表 12 − 6　ストレスが心身にもたらす症状

適応障害
① ストレスのために出勤する事ができない，出勤しても業務に支障が出る。 ② 家庭でひきこもりの状態になる。
精神疾患
① うつ病を発症する。 ② 神経症を発症する。
心身症
ストレスにより，自律神経のバランスがくずれ，身体各所に変調をきたす。 ① 胃潰瘍や過敏性腸症候群等，消化器系への変調が出る。 ② 胸腺・リンパ腺が委縮し，免疫力が低下する。また，感染症に罹患しやすくなる。 ③ 副腎が肥大し，副腎皮質ホルモンが過剰に分泌され，疲弊状態になる。
外傷後ストレス障害（PTSD：Post traumatic Stress Disorder）
① 体験の記憶がよみがえるフラッシュバックの状態になり，強度に不安状態になる。 ② 苦痛な記憶から逃れたいと，自分の感情を閉じこめたり，周りとの関係を避けたり，無気力な状態になる。 ③ 常に苦痛な体験が身近にあるように感じ，緊張状態が持続している。そのために，パニックを起こしたり，異常な警戒心やいらだち，睡眠障害等が出る。

出所）文部科学省「CLARINET へようこそ　第 2 章 心のケア各論　6. ストレス状態が続くと」（http://www.mext.go.jp/a_menu/shotou/clarinet/002/003/010/003.htm（2014 年 8 月 26 日閲覧））の項目に筆者が追記し，表にまとめた。

こで，自律神経の交感神経が優位に立ち，副腎皮質ホルモン等を分泌する内分泌系の活動も高まり，緊張状態に入ります。このような状態が慢性化すると，やがて身体に深刻な症状があらわれます。

3）介護従事者のメンタルヘルスケア（Mental health care）

　2000（平成 12）年に厚生労働省は「事業所における労働者の心の健康づくりのための指針」（以下，指針という）を定め，国をあげて心の健康の必要性を示しました。その背景には労働者の自殺や労災認定される精神疾患に罹患する労働者の増加に対する懸念があります。その後，指針は何度か見直しをされ，関係者が一体となって総合的かつ計画的に労働者のメンタルヘルスケアに重点を置いた対策がされています。厚生労働省がメンタルヘルスケアの基本的な考え方を以下のように示しています。

① 心の問題の特性

　心の健康問題は評価は容易ではなく，発生過程には個人差が大きくプロセスの把握が困難である。心の健康問題を抱える労働者に対し，健康問題以外の観点から評価が行われる傾向が強い。

② 労働者の個人情報の保護への配慮

　メンタルヘルスケアを進めるにあたっては，健康情報を含む労働者の個人情報の保護及び労働者の意思の尊重に留意することが重要である。心の健康に関する情報収集も個人情報保護に配慮する。

③ 人事労務管理との関係

　労働者の心の健康は，体の健康に比較し，職場配置，人事異動，職場の組織

図表 12 − 7　4つのメンタルヘルスケアの推進

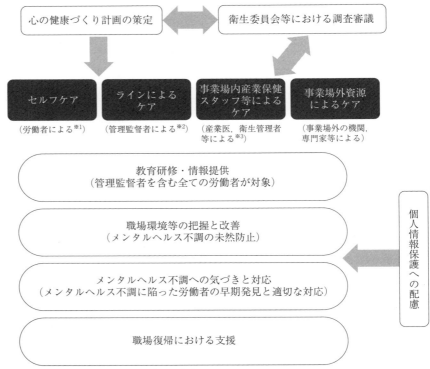

※1　管理監督者もセルフケアの対象者に含まれる。
※2　通常のラインによるケアが困難な業務形態の場合も，実務において指揮命令系統の上位にいる者によりケアが行われる体制を整えるなど，同様のケアが確実に実施されるようにする。
※3　それぞれのスタッフの役割は以下のとおり。
　○産業医等：専門的立場から対策の実施状況の把握，助言・指導などを行う。
　　　　　　　また，長時間労働者に対する面接指導等の実施やメンタルヘルスに関する個人の健康情報の保護についても，中心的役割を果たす。
　○衛生管理者等：教育研修の企画・実施，相談体制づくりなどを行う。
　○保健師等：労働者及び管理監督者からの相談対応などを行う。
　○心の健康づくり専門スタッフ：教育研修の企画・実施，相談対応などを行う。
　○人事労務管理スタッフ：労働時間等の労働条件の改善，労働者の適正な配置に配慮する。

出所）厚生労働省「職場における心の健康づくり〜労働者の心の健康の保持増進のための指針〜」2007年，p.5

等の人事労務管理と密接に関係する要因に影響をうける。メンタルヘルスケアは人事労務管理と連携しなければ，適切に進まない場合が多い。

④ 家庭・個人生活等の職場以外の問題

心の健康問題は，職場のストレス要因のみならず家庭・個人生活等の職場外のストレス要因の影響をうけている場合が多い。個人の要因等も複雑に関係し相互に影響しあう場合が多い。

このような基本的な考え方に沿って，メンタルヘルスケアの推進を職場や職場外等の専門スタッフによって支援する事の重要性を示しています。

具体的には，メンタルヘルスケアを推進するための教育研修や情報提供を実施する事，心の健康にはさまざまな要因が影響を与えるので職場環境等の把握や改善をする事，メンタルヘルスの不調に陥った労働者に気付く事，休業した

労働者が円滑に職場復帰できるように支援する事等があります。

介護の現場でも，介護従事者間や上司に自分の不調を訴えることができ，周囲がサポートする体制作りをすることが重要です。

2 腰痛対策

（1）介護従事者と腰痛

1）腰痛予防対策の意義

介護従事者の腰痛は，休業4日以上の職業性疾病として厚生労働省が調べた結果，平成12年の介護保険制度創設以降，10年で約2.5倍近く増加しています（図表12－8）。報告に上がらない腰痛を含めると，その実態はかなり深刻です。介護従事者は，重度の要介護者の増加に伴い，腰部に過度の負担がかかる動作や姿勢を取らざるをえない状況が多くなっています。無理をした介助は利用者の安全を脅かし，介護従事者は腰部へ負荷がかかり腰痛を引き起こします。その結果，長期休業に追いやられ，他の介護従事者に業務の負担がかかるという悪循環が生まれます。利用者と介護従事者がともに安全で，介護業務に支障を来さないためにも，職場全体で腰痛予防対策に取り組む必要があります。

> **腰　痛**
> 腰痛の原因は多岐にわたり，疾患による痛みから身体を酷使する動作や長時間同じ姿勢を取るために発生する痛み，加齢による痛み，精神的ストレスが要因の痛み，身体のゆがみが原因の痛み等がある。痛みの種類や痛みの範囲も激痛や鈍痛，放散痛，足先までのしびれ感等がある。腰痛を引きおこす主な疾患は椎間板ヘルニア，腰部脊柱管狭窄症，圧迫骨折等がある。

図表12－8　保健衛生業の中分類業種別腰痛発生件数（平成14～24年）

出所）平成25年度厚生労働省委託事業　社会福祉施設の労働災害防止　日本労働安全衛生コンサルタント会，p.2

2）腰痛発生の要因

厚生労働省は，平成25年の「職場における腰痛予防対策指針」全面改訂版

において、腰痛の発生要因として「動作要因」「環境要因」「個人的因子」「心理・社会的要因」の4点をあげています。実際はこれらの要因のいくつかが関連しあい腰痛が発生しています。[1]

① 動作要因：重量物の取り扱い、福祉用具の整備、人力による人の抱上げ作業、長時間の静的作業姿勢（拘束姿勢）、不自然な姿勢、急激な不用意な動作
② 環境要因：振動、温度等、床面の状態、照明、作業空間・設備の配置、勤務条件等
③ 個人的因子：年齢及び性、体格、筋力等、既往症及び基礎疾患
④ 心理・社会的要因：仕事への満足感や働きがいが得にくい、上司や同僚からの支援不足、職場での対人トラブル、仕事上の相手先や対人サービスの対象者とのトラブル、労働者の能力と適正に見合わない職務内容やその負荷、過度な長時間労働、職務上の心理的負担や責任

3）腰部の機能

① 脊柱

腰部は5個の腰椎と骨盤からなり、骨盤は仙骨、尾骨、腸骨、坐骨、恥骨からなっています。脊柱全体を側方からみると頸椎と腰椎は前方に歪曲し、全体にゆるやかなS字状のカーブをなしています。生理的歪曲といい、垂直方向からの衝撃を緩和させています。腰椎は上半身の重力を骨盤に伝える働きがあり、屈曲することができるのが特徴です。

② 椎間板

椎間板は、脊柱の椎骨と椎骨の間にある線維軟骨組織です。髄核にはゼラチン状の水分を80％含み、輪状繊維の弾力性が身体上下からの衝撃を緩和させるクッションの役割と、前後左右に身体を曲げたりね

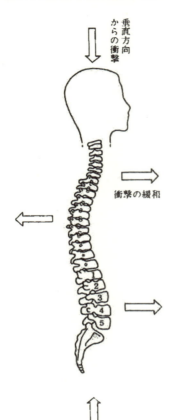

図表 12 − 9
脊柱の生理的弯曲と衝撃の緩和

出所）佐野茂夫『やさしい腰痛』日本医事新報社、1994年、p.30

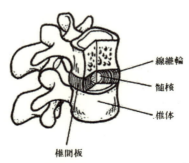

図表 12 − 10　椎間板は中心にある髄核とこれを取り巻く線維輪に分かれ、髄核は荷重をすべての方向に分散させる

出所）佐野茂夫『やさしい腰痛』日本医事新報社、1994年、p.13

じったりする際の重要な椎骨の連絡役を果たしています。加齢により水分が減少すると椎間板が摩耗し，腰痛の原因になります。
③ 脊柱を支える筋
　脊柱を支える腹筋と背筋は脊柱を安定させ，筋群が互いに拮抗して伸展，収縮することで脊柱を横に曲げたり，後ろにそらせたりすることができます。腹筋は緊張することにより，腹腔をひとつのシリンダーの状態にして腰椎への負荷を軽減します。腹筋が弱くなると椎間板への負荷を増加させます。特に第4・第5腰椎とその椎間板には体重の60％の負荷がかかっているため，腹筋や背筋が弱まると腰部への負担が高まり腰痛が発生しやすくなります。

(2) 腰痛の対策

① 職場における腰痛予防対策指針
　「職場における腰痛予防対策指針」全面改訂版では，介護従事者の腰痛の予防を目指し，具体的で効果的な腰痛予防対策が示されています。
② ボディメカニクスの活用
　ボディメカニクスの活用は介護従事者の腰部にかかる負荷を最小限に留め，身体的負担や腰痛予防に効果があります。利用者にとっても安心して介助をうけることができ，安全・安楽な状態をつくります。
① 支持基底面積を広くとる。
　両下肢を前後または左右に広げると支持基底面積が広くなり，身体が安定します。その際，片方の足先を進行方向に向けると腰部をひねる動作を避けることができます。
② 重心を低くする。
　支持基底面積を広くとると同時に膝を曲げ，腰を下に落とすと，重心が低くなり身体が安定します。
③ 重心線が支持基底面積のなかにある。
　重心線が支持基底面積の中央にあると身体が安定します。前傾姿勢は重心線が支持基底面積の中央から外れるため身体が不安定になります。
④ 利用者・対象物とできるだけ重心線を近づける。
　介護従事者は利用者・対象物とできるだけ密着し，より重心線を近づけることで身体が安定し，重さの負担も軽減します。
⑤ てこの原理を活用する。
　てこの原理を活用すると，少ない力で大きな力を発揮することができます。介護従事者や利用者の身体の一部を支点とする方法で負担軽減を図ります。
⑥ 大きな筋を活用する。
　人の肩，上腕，臀部，大腿部の筋は長くて太く強いといわれています。大きな筋を均等に活用し利用者や対象物の重さを分散すると，腰部の負担が軽減し

ボディメカニクス
　生体力学ともいわれ，身体の筋肉，骨格，内臓などの各系統間の力学的相互関係のことをいう。この力学的相互関係が良好で無理のない状態をよいボディメカニクスという。介護する者はよいボディメカニクスを実践することにより，最小の力で容易に行動することができ，腰痛等から身を守ることができる。また，介護される者にとっても，安全，安楽となる。介護する者は，自分自身と介護される者双方にとって，どのような姿勢や動作をすれば，効果的で無理のない介助ができるのかを知ることが大切である。

図表12−11　腹筋による腰椎免荷

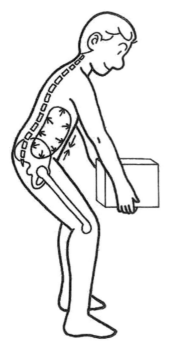

出所）佐野茂夫『やさしい腰痛』日本医事新報社，1994年，p.33

ます。

⑦ 利用者の身体を小さくまとめる。

　利用者の手足はできるだけ小さくまとめると重さの負担が軽減します。摩擦面も少なくなり介助がしやすくなります。

● 履物の選び方

　介護従事者は運動量が多いために，履物は靴型が適しています。サンダル型は通気性がよく着脱しやすいという利点がありますが，踵部が固定されていないために，左右にずれやすくなり身体が安定しません。また，つま先も固定されていないために，前に滑りやすくなります。この状態を修正しようとして，無意識のうちに下肢の筋や腰部に負担がかかっています。靴型は底面に適度な厚みがあるものが床面からの衝撃を和らげてくれ，足底の反りがスムーズにできます。つま先や踵部が固定されているために，姿勢が安定し腰部への負担がかかりにくくなります。

● 腰痛予防体操

　腰痛予防体操は「職場における腰痛予防対策指針」でも作業前や作業中，作業終了後に行うよう推奨しています。特に筋肉を伸ばした状態で静止する「静的ストレッチング」が筋肉への負担が少なく安全で，臀部を中心とした腹筋，背筋，臀筋等の筋の柔軟性を確保し疲労回復を図ってくれます。

　なお，腰痛の急性期や回復期でのストレッチングは医師と相談の上，行うようにします。

図表12−12　静的ストレッチの留意点

① 息を止めずにゆっくりと吐きながら伸ばしていく
② 反動・はずみはつけない
③ 伸ばす筋肉を意識する
④ 張りを感じるが痛みのない程度まで伸ばす
⑤ 20秒から30秒伸ばし続ける
⑥ 筋肉を伸ばすときはゆっくりとじわじわと戻っていることを意識する
⑦ 一度のストレッチングで1回から3回まで伸ばす

出所）25年度厚生労働省委託事業『社会福祉施設の労働災害防止　介護従事者の腰痛予防対策』p.27

図表12－13　ストレッチングの例

出所）平成25年厚生労働省委託事業『社会福祉施設の労働災害防止　介護従事者の腰痛予防対策』p.28

3　事故防止と対策

(1) 介護従事者自身に関わる事故

　介護の現場では，介護従事者単独の事故も少なくありません。階段からの転落による骨折や入浴準備中の熱傷，または介助中のすり傷にいたるまで事故の程度や種類はさまざまですが，いくつかの要因が重なり事故を誘発しています。

1) 事故発生の要因

● 個人的要因

　介護の現場では介護従事者の年齢層の高さが指摘されています。視力・聴力の衰えや体力の低下等が介護事故に繋がりやすく，また，高血圧症や腰痛，貧血等の持病をもつ介護従事者や心身の不調がある場合も注意が必要です。

図表 12 − 14　労働災害事例

事故型	年齢	性別	概　要
動作の反動, 無理な動作	32	男	入浴後, 利用者の着衣介助を行いストレッチャーへ職員 2 名で抱きかかえるように持ち上げた際, 腰に痛みが走った。
動作の反動, 無理な動作	37	女	入浴介助中に, 利用者の体を浴槽から引き上げる際, 誤って腰に負担がかかり, 激痛で動けなくなった。
動作の反動, 無理な動作	22	女	利用者が車いすからずり落ちそうになっていたので姿勢を正そうと介助した際に, 右足をひねり損傷した。
動作の反動, 無理な動作	26	女	利用者のトイレ介助中, 利用者が便座から立ち上がる際, 転倒しそうになり, それを支えた時に, 右手首をひねり損傷した。
転倒	51	男	デイサービス施設内で, 利用者を車いすから介護ベッドに移乗時, 足元に伸びていたベッドのコードに左足をとられて転倒し, 左足アキレス腱を断裂した。
転倒	62	女	入浴介助中に, 次に入浴する利用者を迎えに行く際, 浴室から廊下に出た所で滑って転倒し, 顔面と左足を打撲した。
転倒	67	女	利用者の夕食の下膳のためワゴン車を厨房に持って行き, 引き返す時, 床が濡れていて, 左足が滑り, 右膝をついたところ骨折した。
墜落, 転落	29	男	脱衣室へ着替えを届けるために階段を下りる際, スリッパが滑り階段から転落して, 腰部と左腕を打撲した。
切れ, こすれ	38	男	老人ホームの厨房で調理中, 野菜スライサーで右手中指を切断した。

出所）厚生労働省『社会福祉施設における労働災害防止のために～腰痛対策・4 S 活動・KY 活動～』http://www.mhlw.go.jp/new-info/kobetu/roudou/gyousei/anzen/dl/111202-1.html（2014 年 8 月 10 日閲覧）を加工して作成

● 環境要因

　介護の現場は利用者の安全に配慮したバリアフリーや照明，広さが確保されており，それは，介護従事者にとっても安全でやさしい環境です。しかし，夜間になると利用者の安全に配慮しながらも，安眠を妨げない最小限の照明になります。介護従事者は足元がみえない状況で障害物にぶつかったり，床面が濡れていることに気付かず，転倒のリスクも高くなります。

● 業務体制要因

　業務体制も介護事故に間接的な影響を与えています。少ない人員で業務に追われ慌ただしく動いている際や，気持ちが焦っている際に他の要因と重なって生じやすくなります。事故後の対応と日頃の安全対策等リスクマネジメントが不十分な場合も介護事故を招きます。

2）介護事故防止と対策

　介護事故防止と対策は，介護従事者単独の事故の場合も第 11 章で述べられている通りで，リスクマネジメントが必要です。たまたま単独であって，利用者の介助中におこらないとも限りません。介護従事者は介護事故を自分だけのものと考えずに必ず報告する必要があります。また，介護事故を労災保険として認定されるためにも，状況の詳細を記録しておくと役に立ちます。

　訪問介護に向かう途中での交通事故や通所介護の送迎時の交通発生も近年増

加しています。厚生労働省では「交通労働災害防止のためのガイドライン」を示していますが，業務上，車両の運転をする場合は，安全運転はもちろん，万が一，交通事故がおこった際の事業者の管理責任等も確認しておく必要があります。

4 労働安全

(1) 労働安全の確保

介護従事者の生活や健康を守るために，国は労働条件の確保・改善に関する法律を定めています。事業者が法律を遵守することはもちろん，介護従事者自身も労働内容や職場環境に目を向けて，労働安全の意識を高める必要があります。

1) 労働基準法

労働基準法では，事業者は労働条件の基準を示しその向上を図るよう努めなければならないと定めています。労働者を雇い入れた時には労働条件を書面の交付により明示しなければなりません。契約の更新についても同様です。以下の労働条件を，十分確認した上で労働契約を結ぶべきです。[(2)]

① 労働契約の期間（期間の定めの有無，定めがある場合はその期間）
② 更新の基準
③ 就業の場所・従事する業務の内容
④ 労働時間に関する事項（始業・終業時刻，時間外労働の有無，休憩，休日，休暇等）
⑤ 賃金の決定・計算・支払の方法，賃金の締切・支払の時期に関する事項
⑥ 退職に関する事項（解雇の事由を含む）

2) 労働安全衛生法

労働安全衛生法は，労働基準法と相まって労働者の安全と健康を確保するとともに，快適な職場環境の形成を促進することを目的に定められています。内容の主なポイントは以下の4点です。

① 衛生管理体制の整備

労働者の健康障害の防止や健康の保持増進，労働災害の防止等を図るために，労働者の人数に応じ，衛生管理者や産業医の選任，衛生委員会の設置，衛生推進者の選任する必要があります。

② 健康診断の実施

非正規労働者を含めて常時使用する労働者に対し，雇入れの際や1年以内ごとに1回の健康診断を定期的に実施しなければなりません。

③ 過重労働による健康障害の防止

「過重労働による健康障害を防止するため事業者が講ずべき措置」（平成18年3月17日付け基発第0317008号）に基づき，事業者は時間外・休日労働の削減や労働者の健康管理に係る措置の徹底等しなければなりません。

④ 労働災害の防止

事業者は常に労働災害の防止に努め，特に腰痛災害や交通事故の防止に取り組む対策を講じなければなりません。また，業務に実態を踏まえて，安全衛生教育を実施するよう勧めています。

(2) 労働安全への支援

1) 労災保険制度

労災保険制度は，労働者災害補償保険法に基づく制度で，労働者が業務上の事由または通勤により負傷等を被った場合等に，被災した労働者や遺族を保護するため必要な保険給付等が行われます。労働契約の期間や労働時間の長短に関わらず，すべての労働者が対象となります。厚生労働省が管理運営しており，事業者は労働保険に加入し労働保険料を納付しなければなりません。

2) 介護労働者環境向上奨励金制度

介護労働者環境向上奨励金は介護労働者が働きやすい職場づくりに取り組む事業主に対し助成金を支払う制度です。公的に介護労働者を守る制度が充実し，その環境整備が進められているところです。特に介護労働者のストレス要因になっている人材不足や賃金に対する対策や健康管理にいたるまで，現状に即した対象項目であることは，介護従事者にとって安心がもてます。

注）
(1) 厚生労働省・都道府県労働局・労働基準監督署，（一社）日本労働安全衛生コンサルタント会　平成25年度厚生労働省委託事業『社会福祉施設の労働災害防止（介護従事者の腰痛予防対策）』2013年，pp.3-7
(2) 厚生労働省・都道府県労働局・労働基準監督局「介護労働者の労働条件の確保・改善のポイント」2014年，p.2

参考文献

介護労働安定センター『介護労働の現状について　平成25年度介護労働実態調査』2014年

厚生労働省・都道府県労働局・労働基準監督署　（一社）日本労働安全衛生コンサルタント会　平成25年度厚生労働省委託事業『社会福祉施設の労働災害防止（介護従事者の腰痛予防対策）』2013年

厚生労働省「職場における腰痛予防対策指針の改訂及びその普及に関する検討会報告書」2013年

岩切一幸「福祉の現場での腰痛対策―腰痛予防対策指針を理解する―」『月刊福祉

2014 年，July，pp.16-19

ケアポートみまき「NLPの実践による腰痛予防と福祉機器の活用」『月刊福祉』2014 年，July，pp.20-27

原野かおり・谷口敏代・小林春男「介護労働における夜間勤務者の疲労の実態」『川崎医療福祉学会誌』Vol.21，No.2，2012 年，pp.208-216

吉崎貴大・多田由紀・児玉敏明・森佳子・小久保友貴・日田安寿美・三谷健・小松泰喜・東郷史治・川野因「交代制勤務に従事する女性看護師と介護士における食習慣および生活時間とBMIの関連」『日本栄養・食糧学会誌』第 64 巻　第 4 号，2010 年，pp.161-167

今岡洋二・杉原久仁子・藤原和美・小坂淳子「高齢者介護施設における夜勤，残業の現状と課題」『大阪健康福祉短期大学紀要』第 7 号，2008 年，pp.133-141

今井淳「社会心理面からみた介護労働者の状況」JSCI『自立支援介護学』Vol.5，2012 年，pp.112-117

石井享子「介護職員の健康を守る」『介護福祉』2014 夏号　No.94，pp.7-8

小林妙子「職場環境と健康管理」『介護福祉』2014 夏号　No.94，pp.9-22

奈良高志「身体的な健康管理について」『介護福祉』2014 夏号　No94，pp.35-45

鈴木知佐子「高齢者介護施設における感染予防」『介護福祉』2014 夏号

西山悦子『介護者のための腰痛予防教室』中央法規，2007 年，pp.46-60

『おはよう 21』「腰痛にならない　意外と知らない身体の使い方」中央法規，2014 年，p.11-27

小嶋亮平「介護現場におけるメンタルヘルス」『介護福祉』2014 夏号　No.94，pp.61-73

介護施設の重度化に対応したケアのあり方に関する研究事業『高齢者介護施設における感染予防対策マニュアル』2013 年

柴尾慶次『介護事故とリスクマネジメント』中央法規，2004 年

東京商工会議所編『福祉住環境コーディネーター検定試験 3 級公式テキスト　二訂版』東京商工会議所，2004 年

伴　英美子『高齢者介護施設における従業員のバーンアウトに関わる組織システムの調査　―総合政策学的視座―』（総合政策学ワーキングペーパーシリーズ）No.46，2004 年

藤本修・藤井久和『メンタルヘルス入門　事例と対応法』創元社，1996 年

堀之内高久『介護ストレス解消法』中央法規，2004 年

水澤都加佐「もえつきの構造と回復のプロセス」『月刊福祉』2002 年，pp.16-19

介護労働安定センター　平成 25 年度介護労働実態調査，2014 年

厚生労働省『知っておくと役立つ労働法―働くときに必要な基礎知識―』2014 年

厚生労働省・都道府県労働局・労働基準監督局「介護労働者の労働条件の確保・改善のポイント」2014 年

> **プロムナード**
>
> **神経のひと口メモ**
>
> 　人の神経系は中枢神経と末梢神経に分類されます。中枢神経には脳と脊髄が，末梢神経には体性神経と自律神経があります。このような神経が体の隅々まで張り巡らされ生体活動が行われています。人は感情の動物といわれますが，喜怒哀楽や恐怖や怒り，快・不快の感情も中枢神経の脳で司られています。例えば，喜怒哀楽は脳の視床下部で，恐怖や怒り，快・不快の感情は扁桃核で生じます。本文でたびたび出てくるストレスの元になる感情もここから生まれてくるのでしょう。
>
> 　また，ストレスと自律神経は密接に関係していると述べましたが，自律神経は自分の意思でコントロールすることはできません。心臓を自分の意思で止めたり，動かしたりできないのも，内臓が私たちの睡眠中もせっせと働いているのも自律神経のおかげなのです。
>
> 　自律神経には相反する働きをする交感神経と副交感神経があります。それぞれの働きは「緊張」時の自分と「リラックス」時の自分を思い起こすとわかりやすいと思います。緊張していると心臓がドキドキし，唾液が出ずに口のなかがカラカラになるでしょう。このような時には交感神経が活発に働いている証拠で，逆にリラックスしている時は副交感神経が優位に立ち，心拍数が落ち着き，体温も少し下がり，眠気を催したりします。寝る前の入浴は少しぬるめのお湯がよいといわれるのも，体表面から体温を逃し体内深部の体温を下げてくれ入眠を促してくれるからです。日常，何気なく行っている事にも科学的な根拠があるのです。
>
> 　　　参考文献：福永篤志『よくわかる脳のしくみ』ナツメ社，2006年

学びを深めるために

文 のちりょうこ，マンガ 大越京子『すみません　介護の仕事楽しいです。』第三書館，2013年

　　本章があまりに，悲観的な内容になってしまったため，介護は「楽しい」と元気が出るこの本を推薦します。介護専門職の対人援助という固苦しさを抜きにして，利用者とのたわいのない会話のなかに愛情を感じます。そして，このような会話ができる関係と環境がある事にも気付いてほしいと思います。

堀之内高久『介護保険後の戸惑う現場へ 介護ストレス解消法』中央法規，2004年

　　介護業務に医療的ケアが加わった今こそ，入職時の新鮮な気持ちで介護の原点に立ち返る時であると思います。そのためには，気持ちの切り替えが必要です。介護従事者なら，あるあると思えるストレス解消の事例が数多く，悩んでいる当事者にも先輩諸氏にも役立つ一冊です。

索　引

あ 行

ICIDH　97
ICF　96
アイデンティティ　159
アカウンタビリティ　65
アセスメント　123, 170
「いえ」制度　20, 34
医学的リハビリテーション　100
医学モデル　98
医行為　54, 140
医師　138
医療ソーシャルワーカー　154
インクルージョン　37
インフォーマルケア　146
インフォームドコンセント　65
ヴォルフェンスベルガー, W.　10
ADL・IADL　75
NPO法人　122
エビデンス　163
エリクソン, H.　104
エリザベス救貧法　3
エンパワメント　161
延命措置　77
お盆　78
恩給法　22

か 行

介護移住　29
介護過程　170
介護支援専門員　136
介護事故　169
介護の社会化　36
介護報酬と算定基準　127
介護保険施設　137
介護老人福祉　117
介護老人保健施設　117
核家族　24
価値　14
看護師　138
患者配置　177
関東大震災　22
管理栄養士　140
器具　177
危険予知訓練　174
基本的欲求　80
虐待　74
QOL　10
共生　155
キルケゴール, S.　4
グループホーム　118
黒子（黒衣）　82
ケアマネジメント　137
ケアワーカー　6, 8
ケアワーク　108

――の原理　7
経済的自立　86
ケースワーク　108
血液媒介感染　176
言語聴覚士　139
口腔ケア　139
高次脳機能障害　139
公的責任の原理　8
行動時間配分　88
高度経済成長　24
高齢化率　29
高齢者虐待防止法　43
コーディネーション　37
コーポレーション　37
ゴールドプラン　46
国際障害者年　46
互助　161
個人情報の保護に関する法律　65
子どもの権利条約　46
コミュニケーション　37
コラボレーション　37

さ 行

サービス付き高齢者向け住宅　117
座位の基本肢位　172
作業療法士　139
サクセスフル・エイジング　48
歯科衛生士　139
事故情報　171
自助の原則　32
自治会・町内会　144
指定介護療養型医療施設　117
児童委員　143
社会資源　123
社会的自立　86
社会福祉士　136
社会福祉施設緊急整備5カ年計画　52
社会福祉専門職団体協議会　154
社会保険方式　26
社会モデル　98
趣味・娯楽・教養　90
障害児入所支援　118
障がい者　114
障害者支援施設　118
職業倫理　152
食事　90
自立・自己決定（主体性）の原理　9
シルバーサービス　52
ジレンマ　64
人権尊重の原理　7
人口減少社会　29
新ゴールドプラン　46
寝食分離　79
身体的自立　86
睡眠　90

スタンダード・プリコーション　177
ストレス　185
生活の質（QOL）　63
生活リハビリテーション　99, 100
精神的自立　86
精神保健福祉士　137
生命倫理　153
世界人権宣言　8
世界保健機関　185
咳エチケットの3か条　177
接触感染　176
全体性の原理　9
専門的技能・技術　14
専門的知識　14
ソーシャル・インクルージョン　156
ソーシャルワーク　136

た 行

第二次世界大戦　70
ダイバージョナルセラピー　160
ターミナルケア　138
団塊の世代　26
地域包括ケア　58
地域包括支援センター　144
チームアプローチ　136
チーム医療　139
通常疥癬と重症疥癬（痂皮型疥癬）　178
手洗い　177
手袋　177
篤志家　22
特定非営利活動（NPO）　143
特別養護老人ホーム　23

な 行

ナイチンゲール，F.　16
ニーズ　123
日本介護福祉士会　60
日本介護福祉士会倫理綱領　92
日本国憲法　71
ニィリエ，B　10
認知症行動心理症状　173
認定介護福祉士（仮称）　62
ノーマライゼーションの原理　9

は 行

バージェス，E. W.　35
バーンアウト・シンドローム　186
バイステック，F. P　95
バイステックの7原則　95
バイタルサイン　131
ハイデガー，M.　4
廃用症候群　110
ハザードマップ　172

バリアフリー　117
バルネラビリティ　157
バンク＝ミケルセン，N. E.　9
ハンセン病　20
「ハンセン病問題の解決の促進に関する法律」　158
非正規雇用　182
BPSD　130, 173
飛沫核感染　176
飛沫感染　176
ヒヤリハット　171
病原体（病原微生物）　175
フォーマルケア　146
福祉社会　159
福祉ホーム　118
プリセプターシップ制　184
プロダクティブ・エイジング　48
平均寿命　76
偏見　73
保健師　138
ボディメカニクス　191
ホームヘルパー　24
ポルトマン，A.　104

ま 行

マスク　177
マズロー，A. H.　83, 168
マードック，G. P.　35
身のまわりの用事　90
民生委員　143
名称独占　56
メイヤロフ，M.　13
メンタルヘルスケア　188
門地　72

や 行

有料老人ホーム　117
ユニット型介護老人福祉施設　131
養護老人ホーム　117
腰痛　189

ら 行

ラポール　172
理学療法士　138
リスクマネジメント　162
利他　158
リネン　177
リハビリテーション　37, 81
倫理　14
レゼー，L.　157
老人クラブ　144
ロールズ，J.　156
ロック，H. J.　35

[編著者紹介]

成清美治(なりきよよしはる)

兵庫県生まれ
1985年　龍谷大学大学院文学研究科修士課程修了
現　職　神戸親和女子大学客員教授（社会福祉学博士）
主　著　『新ケアワーク論』（単著）学文社　2003
　　　　『介護予防実践編』（編著）中央法規　2006
　　　　『ケアワーク入門』（単著）学文社　2009
　　　　『医療介護とは何か』（共著）金原出版　2004
　　　　『看護・介護・福祉の百科事典』（編集）朝倉書店　2008　他多数

笠原幸子(かさはらさちこ)

大阪府生まれ
1994年　大阪市立大学大学院生活科学研究科人間福祉学専攻前期博士課程修了
2007年　大阪市立大学大学院生活科学研究科生活科学専攻後期博士課程満期退学
現　在　学校法人四天王寺学園四天王寺大学短期大学部　教授　学術博士
主　著　『高齢者へ対する支援と介護保険制度』（単著）ミネルヴァ書房　2014
　　　　『ケアワーカーが行う高齢者のアセスメント―生活全体をホリスティックにとらえる視点―』（単著）ミネルヴァ書房　2014
　　　　『介護福祉用語事典』（編著）ミネルヴァ書房　2014　他多数

介護福祉論

2015年2月20日　第1版第1刷発行

編著者　成清美治
　　　　笠原幸子

発行者　田中千津子

発行所　㈱学文社

郵便番号　153-0064　東京都目黒区下目黒3-6-1
電話　(03) 3715-1501（代表）振替　00130-9-98842
http://www.gakubunsha.com

乱丁・落丁本は，本社にてお取替致します。　　印刷／新灯印刷株式会社
定価は，カバー，売上カードに表示してあります。　〈検印省略〉
© NARIKIYO Yoshiharu & KASAHARA Sachiko　Printed in Japan
ISBN 978-4-7620-2505-1